ARQUÉTIPOS DA SOMBRA

Dra. Joanna LaPrade

ARQUÉTIPOS DA SOMBRA

Uma Jornada de Aceitação e Transformação Pessoal
Por meio dos Mitos Gregos do Submundo

Tradução
Hugo Moraes

Editora
Cultrix
SÃO PAULO

Título do original: *Forged in Darkness*.
Copyright © 2022 Watkins Media Limited.
Copyright do texto © 2022 Dra. Joanna LaPrade
Publicado pela primeira vez nos Reino Unidos e nos EUA, em 2022, por Watkins, um selo da Watkins Media Limited, www.watkinspublishing.com.
Copyright da edição brasileira © 2023 Editora Pensamento-Cultrix Ltda.
1ª edição 2023.
Todos os direitos reservados. Nenhuma parte desta obra pode ser reproduzida ou usada de qualquer forma ou por qualquer meio, eletrônico ou mecânico, inclusive fotocópias, gravações ou sistema de armazenamento em banco de dados, sem permissão por escrito, exceto nos casos de trechos curtos citados em resenhas críticas ou artigos de revistas.

A Editora Cultrix não se responsabiliza por eventuais mudanças ocorridas nos endereços convencionais ou eletrônicos citados neste livro.

Editor: Adilson Silva Ramachandra
Gerente editorial: Roseli de S. Ferraz
Gerente de produção editorial: Indiara Faria Kayo
Preparação de original: Adriane Gozzo
Editoração eletrônica: Cauê Veroneze Rosa
Revisão: Vivian Miwa Matsushita

Dados Internacionais de Catalogação na Publicação (CIP)
(Câmara Brasileira do Livro, SP, Brasil)

LaPrade, Joanna
    Arquétipos da sombra : uma jornada de aceitação e transformação pessoal por meio dos mitos gregos do submundo / Joanna LaPrade ; tradução Hugo Moraes. -- 1. ed. -- São Paulo : Editora Cultrix, 2023.

Título original: Forged in Darkness

ISBN 978-65-5736-249-5

1. Autorrealização (Psicologia) 2. Desenvolvimento pessoal 3. Mitologia - Aspectos psicológicos 4. Psicologia junguiana I. Título.

23-152443   CDD-150.1954

Índices para catálogo sistemático:
1. Psicologia junguiana 150.1954
Aline Graziele Benitez - Bibliotecária - CRB-1/3129

Direitos de tradução para o Brasil adquiridos com exclusividade pela
EDITORA PENSAMENTO-CULTRIX LTDA., que se reserva a
propriedade literária desta tradução.
Rua Dr. Mário Vicente, 368 — 04270-000 — São Paulo, SP
Fone: (11) 2066-9000
http://www.editoracultrix.com.br
E-mail: atendimento@editoracultrix.com.br
Foi feito o depósito legal.

... facilis descensus Averno;
noctes atque dies patet ianua Ditis;
sed revocare gradum superasque evadere ad auras,
hoc opus, hic labor est...

— Virgílio, *Eneida*, VI, p. 126-9

"... é fácil a descida ao Averno: noite e dia
a porta do melancólico Dis permanece aberta; mas, para lembrar
teus passos e perpassar para o ar superior, esta é a tarefa, este é o labor!"

— H. R. Fairclough (trad.)

Para Ben,
por permanecer conosco.

SUMÁRIO

INTRODUÇÃO   9

PARTE I: O CONTEXTO

1. O submundo   39
2. Descendente e ascendente   53
3. A evolução do herói   79

PARTE II: DE HERÓI PARA HERÓIS

4. Hércules   99
5. Orfeu   123
6. Odisseu   153
7. Eneias   171

PARTE III: OS DEUSES

8. Hermes   195
9. Perséfone   231
10. Dionísio   259
11. Forjado na escuridão   305

BIBLIOGRAFIA   311

INTRODUÇÃO

Adentrando o Submundo

Lembro-me bem do longo e sombrio corredor, da arcada distante e das figuras ocultas que se sentavam como sentinelas em incontáveis fileiras. O rosto de cada figura escondia-se atrás de um tecido cinzento, que flutuava com um vento imperceptível. Acordei desse sonho repetidamente, sabendo, por intuição, que se tratava de um mergulho para algum tipo de profundidade. Meu interesse pelo submundo tivera início.

De fato, nunca fui atraída pelo superficial. Sempre xeretei, escavei e explorei as camadas mais profundas e escuras da vida. O fio condutor de minhas curiosidades e paixões prova-se ser o fascínio que tenho pelo mundo interior, em particular por aqueles lugares dolorosos e confusos em nós, mas, mesmo assim, intrigantes – lugares que vim perceber como meu próprio submundo. Acima de tudo, sou estimulada pelas histórias pessoais de cada um e por histórias da humanidade e por mitos contados para nos explicar a nós mesmos e nosso lugar no mundo. Tornei-me psicóloga junguiana porque queria me envolver comigo mesma e com os outros de maneira complexa, criativa e significativa. Desse modo, consigo olhar por baixo da superfície e ver e sentir o que realmente está se passando pela psique.[1]

Aos vinte e poucos anos, eu estava em uma biblioteca pública, quando, ao que parece, tirei da prateleira um livro de introdução à psicologia analítica escrito por Anthony Stevens. Terminei de ler o exemplar em um dia e, em meu diário, rabisquei uma simples pergunta: "Será que encontro o que procuro nestas páginas?". Não tinha certeza, mas achei os tópicos do livro e a pergunta tão chamativos, que ressoaram em mim de maneira profunda, fazendo com que eu desse um salto de fé e me inscrevesse no Pacifica Graduate Institute para obter o doutorado em psicologia profunda – área que retrata o estudo da psique por intermédio das psicologias desenvolvidas por C. G. Jung e James Hillman.

No Pacifica, encontrei um mundo repleto de temas que adoro – mitologia, sonhos, história, religião, teoria – e profundo autoconhecimento. Aprendi com professores inspiradores, como Safron Rossi e Keiron Le Grice e, olhando para trás, vejo que a psicologia profunda era o único caminho que poderia ter tomado. Atualmente, realizo atendimentos como psicoterapeuta e escrevo sobre a viagem ao submundo – mais uma vez, vejo-me caminhar por aquele longo e escuro corredor, em direção às profundezas.

Arquétipos da Sombra é baseado na minha dissertação de doutorado, "Descida e Ascensão: Estilos Arquetípicos da Consciência nas Jornadas do Submundo". Espero que algumas ferramentas, pensamentos e imagens oferecidos nestas páginas possam ajudá-lo a deixar que o submundo o mova em direção à totalidade e clareza de ser que não podem ser encontradas na luz do dia.

O que é o submundo?

Neste livro, reúno alguns mitos, religião, história, psicologia profunda, casos da minha prática clínica, histórias pessoais de colegas, amigos, familiares, personalidades famosas e eventos globais. Também descrevo minha

---

1. Aristóteles utilizou o termo "psique" para se referir "à essência da vida", e outros interpretaram esse conceito como "espírito" ou "alma". No século XX, surgiu um campo de investigação sobre a psicologia profunda, e um de seus fundadores, C. G. Jung, utilizou o termo "psique" para se referir à totalidade da mente, do espírito e da alma humana: consciência e inconsciente.

INTRODUÇÃO

jornada interior para poder guiar vocês – e a mim – rumo à *recordação* e ao *regresso* à riqueza mais íntima do nosso próprio "submundo".[2]

O submundo é o lugar do *desconhecido* – da escuridão, do oculto, dos mortos, dos monstros e demônios, das árvores horríveis e das fissuras que serpenteiam terra adentro. É o lugar onde guardamos as partes descartadas de nós mesmos, dos aspectos de nossa identidade que nossos pais, educadores, a sociedade e nós mesmos consideramos, em algum momento, impróprios e inadequados.

Não há limiar mais desafiador a atravessar que aquele entre os mundos diurno e noturno, entre as partes conscientes e inconscientes de nós. Há séculos os seres humanos transmitem histórias do submundo – assim como seu objetivo e o modo de chegar lá. Seja viajando para as cavernas sob a terra ou para as profundezas de nossa alma, a jornada ao submundo é uma experiência de luto, sacrifício, experiências indesejadas e difíceis, perigo, desavenças passadas, incerteza e, até mesmo, da dissolução de quem fomos outrora.

A escuridão é o lugar aonde vamos para resgatar tesouros esquecidos, e, para chegar lá, é possível que tenhamos de atravessar rios insondavelmente profundos, combater forças hostis e enfrentar os julgamentos dos deuses. Na escuridão, contemplamos coisas que desejamos nunca ter visto, horrores e desafios dos quais jamais esqueceremos. Talvez nossa voz se transforme em gritos, nosso peito aperte, nosso sangue congele, nossos passos vacilem. Trata-se de um lugar onde as luzes se apagam e o mundo para. Quando nos encontramos nas profundezas submersas da mente humana, pode até ser difícil se lembrar da superfície.

Podemos nos encontrar perante a escuridão, que pode aparecer por meio de uma série de gatilhos. Por vezes, isso é resultado de um único evento traumático, como a morte súbita de um ente querido ou uma violação física ou psicológica; outras vezes, pode ser uma doença ou um acidente. Também pode ser uma resposta a atitudes subjacentes e implícitas em nossa família e se mostrar uma referência a outros níveis que permeiam grupos como nossos antepassados, amigos, cultura ou religião. Talvez surja por nos sentirmos

---

2. A título de confidencialidade, deixei de fora nomes e informações que possam identificar pacientes. Em estudos de caso e histórias, a menos que sejam autorizadas informações biográficas, incluo nomes de pessoas que já divulgaram publicamente suas narrativas.

indesejados, órfãos, abusados, subestimados e desvalorizados. Depois de anos de uma relação emocionalmente abusiva e codependente, uma jovem mulher descreveu-se como anestesiada, desconfiada, paranoica e exausta: "Estou fraca por estar em guerra há muito tempo. Tudo o que quero fazer é cair de bruços e me deitar ali. Não tenho mais força ou emoção em mim. Tudo o que posso fazer é ser como uma concha e esperar que o sopro do dia me encha os pulmões". As palavras dela captam o que é nos encontrarmos na escuridão.

A jornada ao submundo é universal e, portanto, comum a todas as culturas, religiões, pessoas e lugares. Em seu estudo dos ritos de sepultamento, Robert Pogue Harrison observa que a palavra humanidade deriva do latim *humus*, que significa "terra" e "enterrar".[3] Ser humano significa colocar partes de nós debaixo da terra e depois entrar em lugares escuros em nosso mundo, para poder fazer rituais, que são como formas predeterminadas de realizar uma cerimônia. Também fazemos sacrifícios para nos reconectarmos com as partes mais profundas de nós mesmos – com os tesouros que escondemos, os elementos que sepultamos. Com proibições e presságios, viajar para as profundezas, ser atraído para a escuridão, sempre fez parte da realidade humana. Isso sugere um antigo anseio.

Há momentos na vida em que nos perdemos em corredores escuros de nossa mente e alma, enfrentamos duras provas de caráter, morremos para o que conhecemos e renascemos. Para a psicologia profunda, a jornada ao submundo é uma metáfora para o *ego* (percepção consciente) entrar em contato com o *inconsciente* (conteúdos psíquicos inacessíveis e autônomos à consciência). Essa "jornada" representa, desse modo, nossos encontros com os aspectos sombrios e insondáveis da vida – enfrentando medos e paixões que ainda não integramos, assim como resistências e complexos que ainda nos agarram e nos controlam. Podemos sentir a presença fantasmagórica do submundo em nossos traumas e incertezas, em nossos ódios e humilhações, em nossos sofrimentos e sentimentos de fracasso.

Quando procuramos dentro de nós, inevitavelmente encontramos o mundo inferior – conexões perdidas, empreendimentos fracassados, melancolia, memórias assombrosas, inseguranças vergonhosas, vazio e segredos

---

3. Robert Pogue Harrison. *The Dominion of the Dead*. Chicago: University of Chicago Press, 2003, p. xi.

INTRODUÇÃO

bem guardados. Todos nós já caminhamos ou fomos arrastados para esse longo e escuro corredor, à medida que sofremos o luto, a vitimização, a doença e a excitação, em conjunto com a promessa e a ameaça de mudança. As amizades terminam, nosso senso de identidade desmorona, a inocência se perde, entes queridos nos partem o coração, e, inescapavelmente, somos puxados para baixo, a fim de enfrentarmos as partes abandonadas de nós que gritam por autocuidado. Experiências sombrias são marcadores naturais que balizam o longo caminho de crescimento e descoberta – todos nós os temos.

A vida está repleta de histórias de descidas ao *submundo*. Uma mulher se lembra de ter 19 anos e de viajar completamente sozinha para realizar um aborto no México. Outra manifesta a própria sensação de fracasso enquanto observa o filho do meio sofrer durante a adolescência. Aos 3 anos, um garoto desenvolve perda auditiva, uma escuridão que vem a moldar seu sentido de si mesmo para o resto da vida. Em meio à tagarelice e a risadas vibrantes, um homem fica paralisado, sentindo-se mais sozinho com outros que consigo mesmo. Pensamentos de inadequação, feiura e isolamento perseguem-no como um predador, com sangue nos olhos. Quando o irmão de uma mulher volta da Guerra do Vietnã, é um fantasma do antigo eu – sua alma sinaliza o preço de ter visto a guerra de perto. Ele se vê encurralado 24 horas por dia, torturado por memórias viscerais da guerra. E, numa cozinha branca, chique e perfeita, um homem diz à mulher que já não a ama mais e que vai deixá-la. Ela desliza até o chão e chora, perguntando a si mesma se poderia se afogar nas próprias lágrimas.

O *submundo* retrata a experiência humana de adentrar esses grandes, poderosos e destrutivos estados inconscientes. Fala sobre estar na depressão característica do fundo do poço, suportando seus pavores e demônios. Relacionar momentos sombrios ou ligados ao submundo com grandes traumas, com a morte ou com o divórcio é um salto significativo para a mente compreender; todavia, por vezes, não tão significativo assim. É sobre a ferida em nós atingida pela experiência (ou pelo "gatilho"). Algo pequeno pode esbarrar numa antiga ferida não percebida. E nossas experiências no submundo podem incluir uma gama de dificuldades, como o vício em açúcar, ser atraído por um impostor, odiar o próprio irmão ou ver-se tomado pelo ciúme. Essas descidas aparentemente banais e cotidianas afastam-nos de nós mesmos, da

13

consciência e da perspectiva de nossa identidade habitual no inconsciente e nos arrastam para a escuridão, a desorientação e a dor. No entanto, se permanecermos presentes a tudo isso, oportunidades valiosas de aprendizagem, aprofundamento e cura podem se revelar.

Nem todas as jornadas ao submundo têm o mesmo peso. Uma ferida permanente, como as reminiscências de uma relação abusiva, salvar um companheiro moribundo do campo de batalha ou sentir-se maculado após um trauma sexual, evoca resposta diferente daquela de ter sido desapontado ou humilhado no trabalho. Há uma hierarquia opaca à escuridão – ela pertence a um espectro. Algumas experiências são desafiadoras e dolorosas, mas podem não ter o mesmo grau de paralisação e dissolução da vida que o diagnóstico de uma doença terminal, um desastre natural, um evento de racismo, a perda de um ente querido ou um episódio psicótico.

Quando digo submundo, refiro-me a todo espectro do sofrimento e da escuridão. A jornada para baixo começa quando estamos às portas do inferno. Não importa se se trata de um derrame avassalador ou do reconhecimento de que a vida que estamos vivendo não é a nossa. Se é algo consciente e doloroso, e queremos ou temos de mudar, então estamos no submundo. Se alguém for questionado sobre o submundo, surgirão todos os tipos de resposta. Alguém poderá contar a você que uma irmã morreu em tenra idade. Outra pessoa dirá que experimentou uma vida inteira de subjugação por causa de determinada identidade social. Já outro indivíduo falará que sofreu *bullying* quando criança e agora se sente feio e indesejado. Alguém pode ter tido uma mãe bipolar ou convivido com uma ansiedade crônica ligada ao passado; outro pode ter sofrido um aborto espontâneo ou tido profunda dificuldade financeira. A ladainha das sombras tudo inclui, perpassando temas relacionados à morte, à insegurança, à negligência emocional, à mágoa, entre outros.

Há dificuldade superior a outra? Frequentemente, vejo pessoas deixarem de lado um sofrimento real ou até se envergonharem por sentir que seus problemas são menores e não devem ser explicitados quando comparados ao propósito de vida de terceiros. Se colocarmos o submundo em uma escala comparativa, estaremos desvalorizando seus inúmeros matizes de escuridão. De fato, esse tipo de comparação é um modo de negação do profundo impacto que as "pequenas mudanças" causam em nosso sistema nervoso.

INTRODUÇÃO

Meu pai viveu uma vida longeva e multifacetada – repleta de alegria e amor, mas também na presença do submundo. Quando lhe perguntei sobre seus episódios ligados ao submundo e a sombra, o primeiro de que se lembrou foi um em que, de manhã, bem cedo, separou com muito cuidado uma tigela de cereais e leite. Acidentalmente, deixou cair a garrafa de leite no chão da cozinha, a qual se quebrou, é claro. Surpreso, apressou-se a subir as escadas para o quarto. Lá, abriu a janela e foi para o telhado, com o intuito de se jogar, para poder fugir e começar uma nova vida. Décadas mais tarde, esse episódio, aparentemente simples, permaneceu, de certa forma. Não foi uma experiência terrível de trauma ou abuso, mas, mesmo assim, evocou nele um peso que anos após a quebra da garrafa ele ainda denominou como "submundo". Não importa se o episódio *parece ser* insignificante. Trata-se de como é processado e quão profunda e aberta é a ferida.

Quando o corpo de um refugiado sírio de 3 anos foi descoberto em uma praia, a foto de sua pequena figura chamou a atenção do mundo. Quando trezentas crianças foram envoltas em vestes mortuárias brancas, a cidade de Alepo viu-se sem uma geração inteira. Estima-se que 20 mil mulheres yazidi tenham sido capturadas e vendidas como escravas sexuais ao Estado Islâmico. No mundo globalizado atual, se compararmos nossas experiências ligadas ao submundo de nossa consciência às das demais pessoas, corremos o risco de menosprezar o que nos aconteceu. Toda escuridão deve ser honrada, explorada e compreendida. *A alma não vos traria isto ou aquilo à atenção se não fosse pedir para ser curada neste determinado momento.*

O problema não é o grau da experiência do submundo, mas sim a forma como a encontramos. Todos se encontram na escuridão em algum momento da vida, mas nem todos são capazes de parar, olhar ao redor e perceber que determinada dor e alteridade podem dar à nossa vida senso de gravidade, propósito e profundidade, além de qualidade de alma que não pode ser encontrada à luz do dia. Generalizar nosso sofrimento em comparação ao dos outros é como dar as costas à mensagem que vem de baixo, endereçada a você.

No livro *Man's Search for Meaning* (*Em Busca de Sentido*), o psiquiatra e sobrevivente do holocausto Victor Frankl relata sua experiência de estar encarcerado, por três anos, em Auschwitz. Rodeadas por arame farpado, as crianças eram arrancadas das mães; homens descalços atravessavam campos congelados; disparos de armas de fogo eram ouvidos à noite, de manhã, à tarde e no

15

entardecer – estes eram tão frequentes que se tornaram rapidamente imperceptíveis. Depois de suportar um horror inimaginável, Frankl lembra-nos de que "o sofrimento preenche por completo a alma humana e a mente consciente, não importando se é grande ou pequeno. Portanto, o 'tamanho' do sofrimento humano é absolutamente subjetivo".[4] Algumas trevas são mais densas, têm mais ramificações e consomem mais de nossa alma. Mas adotar um ponto de vista hierárquico é correr o risco de invalidar a própria escuridão.

No Ocidente, depreciamos o submundo. Não somos uma cultura de profundidade; não valorizamos as partes enterradas de nós mesmos. Valorizamos o funcional em vez da introspecção; o fazer, não o ser; a felicidade, não o sofrimento. Para nós, descer às trevas é contraintuitivo; vai no sentido oposto à essência de nossos valores mundanos superiores – luz, calor, controle, visibilidade, perfeição e realização. Como descreveu o mitólogo Joseph Campbell, "as pessoas resistem aos portões da morte".[5]

Muitos pacientes meus partilham da sensação de que não estão à altura dos padrões de seus pares ou de sua cultura. Vivemos sob o reinado da positividade, e isso é um fardo. Comparando-se com imagens estereotipadas e editadas que veem on-line, pensam que são os únicos com dificuldades. Nas redes sociais, imagens impecáveis são "curtidas", enquanto as partes rejeitadas de nossos amigos do Facebook são enterradas em um submundo sombrio invisível, a menos que se saiba como procurá-las. Perguntamo-nos se somos suficientemente bons, alegres e felizes, não como vamos evoluir a partir da escuridão da vida. Sofremos imensa pressão para não sofrer. No entanto, nossa dor não se evapora. Quando parte de nós está escondida, não nos sentimos íntegros, e, mais cedo ou mais tarde, ela virá à tona nos pegar.

Na Grécia Antiga, a escuridão não era apenas temida; era valorizada e até adorada. Apesar dos terrores do submundo, os gregos tinham profundo respeito pela imaginação mitopoética e religiosa encontrada ali. Em contrapartida, nós, no século XXI, priorizamos o "positivo". Terapia é para os doentes, e o submundo é a morada do patológico. A escuridão representa o fracasso ou, no mínimo, a má sorte. E, quanto mais excluímos a escuridão de

---

4. Victor Frankl. *Man's Search for Meaning* (Part One). Trad. Ilse Lasch. Nova York: Pocket Books, 1946-1985, p. 64.
5. Joseph Campbell. *The Power of Myth*. Sue Flowers (org.). Nova York: Doubleday, 1988, p. 70.

nossa vida, mais ela se torna nossa inimiga. Pensamos que para ter uma vida feliz o submundo deve ser evitado. Esquecemos que a escuridão é o arauto da transformação.

Caindo no abismo

Cerca de seis anos atrás, fui arrastada para a escuridão. Estava sentada às margens do rio Snake, no Wyoming, quando meu irmão mais novo, Ben, me chamou. Conversamos sobre a vida cotidiana – namorado e namorada, cães e aventuras. De algum modo, divagamos até uma conversa sobre Deus: "A fé que temos em nós mesmos é o nosso destino", disse Ben. "Somos nosso próprio Deus. Acredite em sua existência e deixe-a ir. Deixe Deus decidir." No dia seguinte, Ben sofreu uma lesão cerebral traumática e foi resgatado de helicóptero de Santa Fé a Denver.

Ben caiu de um cavalo, partiu o fêmur e perdeu a medula óssea, a qual se espalhou pelo corpo, atravessando a parede atrial. O cérebro sofreu centenas de mini-isquemias. Quando soube do ocorrido, meu coração foi para o fundo do oceano. O submundo corria por meus ossos. Eu soluçava no avião, segurava a mão do taxista e andava trôpega até chegar ao hospital em que meu lindo irmão, cheio de vida, pairava às portas da morte.

Fui dominada por um poderoso impulso de controlar a situação, proteger meu irmão, superar qualquer fraqueza e, acima de tudo, negar a possibilidade de Ben morrer. Como família, mal comemos ou dormimos – só nos alimentamos com aquela determinação e estranha força de vontade, despertada quando a vida de um ente querido é ameaçada. Conversei com os médicos sobre como Ben estava sendo alimentado, vasculhei toda terminologia médica para compreender o que nos estava sendo dito, e, juntos, minha família e eu, ficamos de vigília entre bipes, tubos e o ar estéril do quarto de hospital do meu irmão. Ouvimos inúmeras vezes: "Ben é uma boa pessoa, vai sobreviver, vai lutar contra isso. Ele pode vencer, consegue aguentar", e, o mais interessante, o fato de as pessoas sussurrem a ele: "Seja um herói".

Com o tempo, minha atitude corajosa, que, a princípio, serviu de poderoso escudo, começou a abrir fissuras profundas em minha autoconfiança e em meu autocontrole; e elas passaram a se alastrar cada vez mais. *Determinação não era mais o bastante*; na realidade, estava se tornando contraproducente. Estava começando a me quebrar, e, mais uma vez, eu estava tropeçando no longo e escuro corredor, dessa vez me cortando com minha própria espada heroica.

Com os dias se transformando em semanas, fiquei obcecada com a conversa que Ben e eu tivemos no dia anterior ao acidente. Parecia importante que o que poderia ter sido nossas últimas palavras juntos se tratava da fé em nós mesmos e sobre deixar que outra força molde nosso destino: "Deixe que Deus decida". Perguntas sobre o modo como demonstramos nossa dificuldade, sobre as várias facetas da jornada ao submundo e sobre por que enxergamos o sofrimento de maneira tão unilateral começaram a percorrer minha mente e meu coração. *Deixemos as trevas decidir*.

O herói de mil faces

O heroísmo requer força e visão perante o desafio. O herói depara-se com os demônios mais sombrios a serviço do desenvolvimento, da maturação e de encontrar os próprios recursos. Eu costumava pensar que heroísmo significava força bruta – controlando e conquistando probabilidades adversas, subjugando monstros e vencendo opositores. Embora essas sejam posições válidas diante da adversidade, há outras formas de ser heroico, elaboradas nas tradições míticas do mundo, que não são nem contundentes nem dominantes. A ideia do herói deteriorou-se ao se tornar uma figura grandiosa e celebrada, que, por meio da demonstração de coragem, oblitera todos os opressores e depois salta do abismo. Dos muitos heróis que povoam antigos mitos greco-romanos, apenas Hércules, o Conquistador, era quem enfrentava a vida com a espada em mãos, representando, assim, o tipo de herói abertamente agressivo que hoje tanto valorizamos.[6]

O herói é uma energia arquetípica essencial, mas não se limita às escolhas de estilo de vida do Rambo ou do Exterminador. Como nos lembra o mitólogo Joseph Campbell, o herói tem mil faces. O problema é nossa relação com o submundo e com o arquétipo do herói. Já não estamos ativamente ligados

---

6. Hércules é o nome romano desse deus-herói, chamado Héracles na literatura grega clássica. Embora o mito grego seja anterior ao romano e eu use, neste livro, nomes gregos para todos os outros deuses e heróis, eu o chamo de Hércules aqui porque é um nome mais familiar atualmente.

INTRODUÇÃO

ao submundo e nos esquecemos das muitas facetas do herói. Estamos tão separados da escuridão que o tratamos como patológico.

A imagem do herói esculpida perfeitamente em marfim, sem nenhuma mancha ou imperfeição, carece de nuance. Não é real para Eneias ou Odisseu, cujo coração se partiu ao alcançar os pais mortos, apenas para encontrar sombras vazias. Os heróis do mito, da religião e das lendas são muito mais dinâmicos que as figuras de ação atuais. São guias que permanecem conosco nas correntes da mudança, na cegueira da incerteza e nos perigos da noite escura da alma.

Algumas situações requerem poder hercúleo, enquanto outras necessitam do uso da criatividade, do amor e da aprendizagem com os próprios fracassos. Em outros momentos, canalizamos Odisseu e usamos o questionamento, a aceitação e a paciência como fontes de empoderamento. Já em outras situações, podemos encarnar Eneias e utilizar a reverência, a compaixão e a escuta empática para recuperar o que fora abandonado e evoluir com a jornada.

"Nem sequer teremos que correr os riscos da aventura sozinhos", recorda Campbell, "pois os heróis de todos os tempos nos precederam."[7] Os heróis personificam a luta humana contra as intimidantes forças interiores e exteriores – complexos e restos de sombra, morte e renascimento, doença e violência. A exploração das jornadas dos heróis míticos nos ajuda a enquadrar nossas próprias experiências do submundo. Será que reagimos de maneira agressiva, não aceitamos a realidade, não nos apoiamos em nossa força interior, não avançamos liderados pelo ego, não confiamos em poderes além de nossa capacidade ou não seguimos um guia? Será que encarnamos, de uma só vez, mais que uma dessas qualidades heroicas? Em resposta, como retificamos nossa jornada, entre a escuridão e nós mesmos encontram-se os heróis prontos a trazer força, flexibilidade e imaginação às nossas inevitáveis jornadas rumo ao interior.

Quando enfrentamos a escuridão, é melhor apresentarmos os padrões de nossa própria jornada, para que possamos trazer à luz nossos recursos pessoais e vê-los em ação. Sendo fiéis às nossas particularidades, trazemos à jornada do herói a criatividade e a pluralidade que ela tanto merece.

---

7. Joseph Campbell. *The Hero with a Thousand Faces*. Princeton: Princeton University Press, 1949, p. 25. [*O Herói de Mil Faces*. São Paulo: Cultrix, 1988.]

Encontrando nosso caminho: mito e psique

Por que recorro aos mitos para explorar a psique? Os mitos são histórias tradicionais que, muitas vezes, descrevem a gênese ou a história inicial de um povo ou explicam o que está subjacente a algum fenômeno natural ou social, tipicamente envolvendo seres ou acontecimentos divinos ou místicos. Muitos mitos e contos de fadas que hoje nos são familiares remontam à Pré-história. Como a teóloga Karen Armstrong explicou, "os seres humanos *sempre* foram criadores de mitos".[8]

Os mitos dão forma e significado ao que é essencial sobre o que é ser humano, por meio de imagens em vez de modo literal. Monstros, deuses, guerreiros e demônios encontrados nos mitos são expressões específicas das culturas de onde provêm as histórias, ao mesmo tempo que as questões exploradas são globais, indo além das energias pessoais e tocando em temas universais que moldam a vida como um todo. Os mitos nos permitem enxergar além de nossas perspectivas reduzidas, investigando questões espinhosas por intermédio de grandes histórias e personagens. Ao fornecer um quadro maior para experiências pessoais, os mitos iniciam-nos em dimensões maiores e mais complexas da vida.

Heróis e deuses mostram-nos comportamentos, traços e energias que podemos sentir e com os quais podemos nos identificar. Neste livro, vamos explorar como diferentes figuras míticas incorporam atitudes e qualidades que podem estar presentes em nossa própria jornada ao submundo. Se desejarmos ser criativos e vulneráveis, estaremos na presença de Orfeu, o herói da lira. Se procurarmos a libertação de crenças limitantes, estaremos na presença de Dionísio, deus do afrouxamento e da libertação. Se formos obrigados a buscar a orientação de um poder superior, estaremos na presença de Eneias, o herói de Troia e fundador de Roma. Quando estamos em fluxo, podemos desejar movimento e mudança, entrando no reino de Hermes, deus dos estágios intermediários. Ser levados para as trevas nos remete a Perséfone, rainha do submundo e esposa de Hades.

Desde tempos imemoriais, os mitos apontam para os mistérios mais profundos, revelando camadas de realidade por meio da personificação de padrões arquetípicos. Arquétipos são padrões coletivos e recorrentes de pensamento, emoção e comportamento que moldam toda esfera psicológica.

---

8. Karen Armstrong. *A Short History of Myth*. Nova York: Canongate, 2005, I. Grifo nosso.

INTRODUÇÃO

Derivados do grego *arche*, "o primeiro princípio", são as estruturas primordiais e universais da psique, configurações preexistentes que parecem estar sempre atuantes, independentemente do tempo ou do espaço. Sem considerar a época, o local ou a cultura, os arquétipos constelam-se como predisposições e potencialidades para experimentar as demandas de nossa vida e responder a elas. Herdamos, com a estrutura do psiquismo, as formas arquetípicas encontradas em todos os tempos e entre todos os povos.

Tomemos como exemplo a mãe arquetípica. Como todos os arquétipos, a mãe tem gama quase infinita de configurações possíveis. É *pessoal* – nossas próprias mães, avós, sogras ou qualquer mulher com a qual tenhamos relação que englobe qualidades de nutrição, segurança, criação e calor. A mãe também é *transpessoal*. A religião e o mito cristão falam-nos da mãe de Deus – a divina Virgem Maria –, que se torna mãe da Igreja, o recipiente a partir do qual é possível obter alimento espiritual e graça. Na teologia hindu, o *prakriti* (material primordial do qual nasce toda a matéria) une-se a *maia* (ilusão ou magia exercida por um Deus) para produzir a consciência da totalidade. Todas as grandes deusas-mãe são deusas da fertilidade – Gia, Reia e Deméter, na mitologia greco-romana; Ísis, entre cultos egípcios antigos; Kali, para os hindus; e Ishtar, entre os assírios e babilônios.

A mãe (derivada da mesma raiz etimológica de "matéria") é simbolizada pela terra, pelo mar, por um jardim, um paraíso, uma caverna, pelo ventre, pelos vasos, pelas árvores, pelos círculos, por animais como a vaca ou o urso, ou até por lugares como a cozinha ou a lareira, relacionados à alimentação e à transformação. Nascer é emergir do ventre da mãe, e morrer é regressar à Mãe Terra. O arquétipo da mãe contém, ainda, aspectos ambivalentes e negativos, como a bruxa devoradora que prende e acumula a vida, o dragão, a serpente, a cova ou as águas profundas. A mãe pode limitar os horizontes – dando vida, mas, ao mesmo tempo, podando sua prole. É, simultaneamente, criação e destruição: a matriz original da qual brota toda vida e a qual também é capaz de paralisar o desenvolvimento do ego.

Os arquétipos tornam-se visíveis por meio de ideias e imagens. Na forma bruta, essas estruturas elementares são invisíveis e incognoscíveis, o que os junguianos chamam de *arquétipo per se*. Para se tornar consciente, essa energia bruta assume a identidade, a experiência e as características de uma cultura ou de um indivíduo, tornando-se uma imagem arquetípica. Um arquétipo é a energia que se forma em torno de um aspecto essencial da existência. Tal como limalhas de ferro a um ímã, o conteúdo e as experiências de nossa vida são atraídos para os arquétipos. Nos mitos e nas religiões do mundo, encontramos inúmeras imagens de nascimento, morte, amor, poder, magia, sabedoria e, claro, do submundo.

C. G. Jung foi o único de seu tempo a levar a sério os arquétipos que sustentam nossa psique. Explorou mitos, contos de fadas, folclore, símbolos e sonhos como ferramentas para a compreensão psicológica, acreditando que a imaginação era capaz de nos ajudar a sentir e a trazer consciência aos dramas interiores do inconsciente. Reconheceu os motivos arquetípicos como personificações das dimensões da psique. Quando examinamos mitos de múltiplas culturas, como Jung e Campbell fizeram, observamos padrões que nos oferecem uma visão mais profunda do que são os arquétipos e do que acontece em nossa vida em níveis mais densos que a consciência.

Para explorarmos nossas imagens e experiências em termos arquetípicos, podemos olhar os deuses gregos e reconhecer que temos, de fato, uma variedade de desejos e responsabilidades que recai sobre nós. Em vez de organizarmos esses impulsos sob um único conjunto de características da personalidade, uma abordagem politeísta e mítica nos encoraja a viver sustentando as tensões que surgem entre os vários aspectos de nossa vida. Quando tentamos manter um olhar unilateral, certos aspectos de nossa natureza podem desaparecer. Para nos envolvermos com a complexidade da existência, precisamos superar uma perspectiva literalista e controladora para uma resposta imaginária, a qual que se encontra mais sintonizada com os meandros da vida.

Hoje, mito é sinônimo de mentira, e os mitos são considerados, com frequência, histórias infantis, não mapas de orientação da psique. O junguiano Robert A. Johnson perguntou: "Em que nível isso é verdadeiro?".[9] Os mitos são verdadeiros em nível psíquico. Algo na psique chora de saudade e por reconhecimento quando tocamos algo do reino arquetípico.

Somos literais, científicos, racionais, orientados ao superficial e mantemos sempre ritmo acelerado. No entanto, sem imaginação, o mundo torna-se

---

9. Robert A. Johnson. *Inner Gold: Understanding Psychological Projection*. Asheville: Chiron, 2008, p. 15.

árido. A linguagem mitopoética é mágica; traz mundos à existência. Histórias de guerreiros caçando em planícies ventosas, de deuses que pregam peças e enganam, de donzelas transformadas em monstros marinhos e de aranhas que tecem a teia da vida exercem, há muito tempo, poderoso domínio sobre a história da humanidade. Tocar nas camadas mais profundas da psique utilizando imagens míticas é como descobrir a água na terra ressequida. Os mitos não são frescura ou mentira. São formas de imaginar, mapas para ajudar a visualizar as correntes mais densas que moldam o significado de ser humano. Padrões e histórias como essas, que ainda persistem em existir, ajudam-nos a compreender o fluxo da condição humana. Figuras como Perséfone e Hércules podem pertencer ao passado, mas evocam temas que nunca foram tão importantes.

Nossa vida é grandiosa e, portanto, engendra grandes dramas. A questão não é se Hermes é real e se hoje faz compras na loja X. Não é esse o tipo de verdade que estamos abordando. Essa verdade implica perceber que todos nós experimentamos, diariamente, as qualidades desse deus ágil e jovial: comunicação, conexão e decepção. Hermes nos faz voltar a nós mesmos. Se nos familiarizarmos com o modo como os temas míticos se manifestam em nossa própria experiência, não só poderemos estar mais presentes a eles como também poderemos aprender a cocriar as correntes que subjazem nossa vida. Isso não significa tornar-se ultrapassado. Na realidade, estamos tomando consciência do caminho percorrido.

Os deuses

A mitologia nos conta que deuses e deusas estão constantemente envolvidos em assuntos dos mortais. Podemos ter perdido nossa ligação com eles e suas narrativas, mas eles ainda se intrometem em nossos assuntos – estão bem vivos em nossos complexos, nossas relações, nossos sintomas e comportamentos. As formas e os poderes do mito estão vivos em nossa alma e psique. Quando se tem o impulso de estar na natureza, rodeado de rios imaculados e desfiladeiros remotos, sente-se a presença de Ártemis, deusa da natureza intocada. Quando a raiva nos ferve o sangue e levanta nossa mão sem que percebamos, estamos sentindo a presença de Ares, deus da guerra. Os mitos nos dão compreensão imaginária e simbólica de experiências que, de qualquer outra maneira, seriam absolutamente incompreensíveis.

Há diferenças significativas entre as jornadas dos heróis e as dos deuses. Os heróis nos ensinam a como enfrentar os deuses, a como estar na presença de um arquétipo – o que notar, como estar diante dessas fantásticas realidades e ser afetado por elas. Moisés perante o arbusto em chamas, no livro do Êxodo, é um bom exemplo de quando alguém se vê na presença de um arquétipo – nesse caso, na presença do Deus hebraico, em forma de arbusto.

Os antigos deuses greco-romanos, apesar de serem imperfeitos e inconstantes, são distinguíveis dos heróis humanos, na medida em que os deuses já foram pré-formados. Não aprendem nem mudam, e, nesse sentido, não necessitam de mais desenvolvimento (até para resolver aspectos contraditórios de si mesmos). Hermes, arauto dos deuses, deus das fronteiras e de suas transgressões, patrono dos pastores, dos ladrões e dos sepulcros, foi o protetor dos viajantes e o condutor das almas para a vida após a morte. Representa a comunicação e o silêncio, a ave e a pedra. Observando Hermes e sustentando, ao mesmo tempo, nossos próprios aspectos contraditórios, damos um passo crítico em direção à alquimia da transformação. Quando as tensões entre diferentes ideias e atitudes são mantidas simultaneamente, nasce algo novo. Isso é a cura em nível mais profundo. Perséfone era, ao mesmo tempo, prisioneira e rainha do submundo, virgem e monarca. Dionísio representa o êxtase e o jejum, o crescimento e o desmembramento. Quando exploramos as jornadas dessas figuras divinas, vemos como elementos contraditórios podem ser caminho para a completude.

À medida que explorarmos mais os deuses, é provável que você observe aspectos dos heróis nas personalidades e nos papéis deles. Isso não acontece por acaso; cada herói canaliza uma energia arquetípica diferente. Os deuses são a energia arquetípica.

Este livro como guia

As figuras que povoam as histórias míticas personificam modos de consciência, temas arquetípicos que nos oferecem dicas de como podemos nos envolver com a vida. Em termos simbólicos, representam atributos e estados que

INTRODUÇÃO

encarnam padrões de pensamento, sentimento e ação. Cada figura mítica tem o próprio *motif* – constelação de imagens, características e entonação próprios que oferecem formas singulares de processar a experiência. Explorando caminhos possíveis, conseguimos ressonância com essas figuras. Sintonizando-nos com as correntes arquetípicas que fluem por meio de nossas experiências, podemos compreender tanto a mitologia como o nosso próprio coração.

Agora, como utilizar essa perspectiva? Nossa psicologia está repleta de manuais enigmáticos mostrando o passo a passo de como corrigir um problema com atitude prática e objetiva. Trabalhar com histórias e imagens da psique não oferece cura única; não é disso que se trata. A problemática maior fala da necessidade de *estar com*, deixando que as imagens da psique trabalhem com você, para terem presença e energia suficiente em sua vida, para que você possa sentir, intimamente, seus fluxos mais profundos. A fim de facilitar a aprendizagem, os capítulos sobre heróis e deuses são concluídos com um resumo das principais qualidades arquetípicas encarnadas por cada uma dessas figuras, moldadas em pontos de reflexão. Essa destilação é um convite para entender melhor como diferentes energias se encontram, de maneira singular, em sua própria experiência.

Primeiro, pergunte a si mesmo: como essa energia arquetípica está presente em minha experiência? Depois, aprofunde o questionamento, com perguntas como: por que essa energia chegou até mim? O que ela quer de mim? Como essa presença revela um modo diferente de estar onde me encontro?

Este livro não é uma receita nem uma solução. Não oferece uma linha temporal, uma promessa ou uma forma de medir o sucesso ou o progresso. Apenas nos estimula a olhar, por meio da imaginação e da alma, de maneira aberta e curiosa, aquelas partes de nós mesmos ainda não muito bem conhecidas ou exploradas. Esse empreendimento é vasto. Encorajo-o a prosseguir no próprio ritmo.

É mais fácil compreender algo quando temos uma imagem ou um sentimento associado ela. Isso nos possibilita encarar o que surge sem julgamento ou comparação. Como determinada sensação ou certo pensamento aparece em sua imaginação ou é sentido em seu corpo? Seria como uma serpente enrolada em seu coração? Isso enche o mundo de admiração? É como uma chuva leve e enevoada de flores douradas? Seria uma figura camuflada atrás de você,

25

maldizendo-lhe e apontando seus fracassos, sua inutilidade e sua impossibilidade de ser amado? Em que parte do corpo sente isso: no coração, no ombro ou nas costas? Imagens e sensações são ferramentas poderosas que podem nos ajudar a lidar com aspectos da vida que em determinado momento parecem não substanciais ou apenas inacessíveis. Ao longo da leitura, perceba como certas imagens o fazem se sentir, pare e escreva uma frase que se comunique com você; se precisar, pare mais uma vez e reflita. Seja curioso caso alguma imagem apareça, ou uma canção, um pensamento, uma memória ou uma sensação. Permita que as histórias e qualidades do submundo façam parte de sua experiência.

A jornada ao submundo é assim. Pode ser experimentada como uma sensação percebida, uma imagem (ou série de imagens, às vezes umas após as outras, como em um *flash*), ou de várias outras formas tão antigas como a propensão da humanidade a experimentar coisas novas e contar histórias. Todas as culturas têm rituais que ligam os seres humanos ao submundo, às partes desconhecidas, invisíveis e temidas da psique, aos deuses que a habitam e àqueles que nos guiam para lá e para cá. Os sistemas míticos greco-romanos, assim como os de outras culturas, contam com uma gama de heróis e divindades que viajaram ao submundo e nos mostram (se soubermos como nos sentir inseridos na mitologia) como interagir com os poderes da psique profunda. Nessas narrativas, cada herói e cada deus enfrenta a jornada de determinada maneira, aproximando-se da escuridão com características que mesclam os próprios traços às situações desafiadoras com as quais estão prestes a deparar. Isso resulta em infinitas possibilidades de atuação da consciência.

Neste livro, partilho histórias contemporâneas e mitos antigos. Estes são os heróis e os deuses de sua psique. Não são nem concretos nem literais. Mostram-se tão somente por meio de mudanças sutis no "ambiente". Desacelerar pode trazer à consciência mensagens importantes que provavelmente passariam despercebidas. Use os pontos de reflexão do livro para ajudá-lo a entrar em sintonia com as diferentes características e atitudes que podem estar presentes no momento pelo qual você está passando. Seja lá o que aparecer, deixe a curiosidade aflorar. Siga os fios: Que associações você faz com esta música ou aquela pessoa específica? Essas pistas são dignas de nota – embora pareçam ínfimas ou silenciosas, podem, mesmo assim, conduzir a importantes *insights*.

INTRODUÇÃO

Despertando a imaginação

A cultura ocidental afastou-se, em grande parte, da cura holística, preferindo, em vez disso, suprimir os sintomas. A psicologia em voga é muito semelhante, dominada por terapias cognitivo-comportamentais e outras vertentes baseadas em evidências. Medimos, prevemos e padronizamos a psicologia de uma pessoa. Existe senso de segurança nos métodos baseados em evidências, e, para alguns, essas técnicas trazem benefícios, de fato. No entanto, ao escolhermos a padronização e a medição, encobrimos algumas dimensões mais profundas e complexas da vida. Não podemos medir significado, autoconsciência, vergonha, amor, solidão, fracasso, relacionamentos, medos ou nossos próprios traumas.

Sob a camada de literalismo e racionalismo, encontra-se a capacidade inata da psique de se curar. E um modo de comunicar a complexidade e a completude é por meio do mito. *Star Wars*, uma das séries cinematográficas mais populares de todos os tempos, segue a estrutura da jornada do herói, tal como *O Senhor dos Anéis*, *Harry Potter* e outros filmes e livros premiados. Como cultura, apesar de séculos de separação do corpo e da mente, do homem e da natureza, dos sintomas e de suas raízes, ainda somos atraídos pela mitologia.

Como todos os seres humanos, desde o advento de nossa espécie, vivemos sob a influência de mitos. Eles moldam nosso mundo e limitam nosso campo de ação. A democracia representativa acredita que o poder exercido por uma maioria traz liberdade, equidade e justiça. O patriarcado, outro mito, deriva da ideia de que o macho mais velho é o mais adequado para governar. No mito judaico-cristão, a felicidade costumava ser reservada ao céu, enquanto na terra estamos condenados a sofrer. No entanto, esse mito mudou. Esperamos, agora, que nossa vida seja absolutamente realizada e feliz. Fazemos perguntas para aferir nossa felicidade, não seu significado. Perguntamo-nos como podemos ser positivos, não como devemos compreender o sofrimento. Isso cria a expectativa de estarmos sempre no mundo superior, onde a felicidade é uma obrigação a ser atingida.

Temos tantas noções inconscientes que moldam nossas percepções. Estas incluem, ainda, mitos pessoais – histórias familiares e de nossa infância que contribuem para a formação de nossa identidade. Se não nos esforçarmos para tomar consciência das histórias pessoais e culturais existentes em nosso interior e de suas presunções acerca da vida, poderemos perder de vista uma vasta noção de quem somos e do que nosso mundo nos guarda.

Uma resposta mais sábia pode ser recorrer ao poder da imaginação e à capacidade dela de construir novas conexões neuronais e atualizar nossos mitos. Nossas ideias sobre quem somos afetam o modo como vivemos a vida. Como imaginamos que a jornada de recuperação de nossa totalidade faz diferença, é por essa razão que ter acesso a uma pluralidade de imagens à disposição pode promover mudança de vida. Com a escolha, ganhamos um leque mais amplo de possibilidades. "A máscara do inconsciente", já dizia Jung, "não é rígida; ela reflete a face para a qual nos voltamos."[10] O modo como encaramos a jornada que é viver pode, sim, em boa parte, determinar nossa experiência, em geral, assim como o que acontece conosco.

"Tudo pode ser tirado de um homem", escreveu Victor Frankl, "menos uma coisa: a última das liberdades humanas – escolher nossa atitude em qualquer circunstância; escolher nosso próprio caminho."[11] Todos os dias nos são oferecidas oportunidades para escolher como podemos imaginar nossa vida, que significado dar à nossa dor, quais etapas realizar e como podemos agir. Mesmo com as energias avassaladoras que destroem nosso senso de identidade, ainda assim temos a imaginação e a escolha. Podemos ter uma doença incurável, perder um ente querido, ser vítimas de crueldade ou desenvolver comportamentos limitantes decorrentes de traumas e da necessidade de sobrevivência, mas a pergunta permanece: como podemos estar presentes diante do que está acontecendo? É o modo como encontramos nosso submundo que acrescenta novas dimensões à nossa personalidade e significado mais amplo à nossa vida. Podemos começar aprendendo a reconhecer quando as energias arquetípicas estão se movimentando em nós, e então, com consciência, teremos a oportunidade de participar do processo com nossa própria resposta. Quando estamos resistindo a uma tarefa, agindo de maneiras muito diferentes daquelas de como gostaríamos de nos mostrar, por exemplo, comendo em excesso, sofrendo com gatilhos psicológicos despertados pelo contato com nossos pais, podemos nos sentir inúteis ou até impostores. Quando nos

---

10. C. G. Jung. *Psychology and Alchemy*. Trad. R. F. C. Hull. *Collected Works*, v. 12. Princeton: Princeton University Press, 1944-1968, p. 25.
11. Frankl. *Man's Search for Meaning*, p. 86.

sentimos de qualquer outra maneira que nos faça perder o controle sobre nosso comportamento ou nossos pensamentos, "adentramos o submundo" e, depois, nos vemos em um momento de decisão.

"Uma psique com poucas ideias torna-se facilmente vítima", explicou James Hillman.[12] Para assumirmos a responsabilidade por nossa vida, precisamos nos envolver construtivamente com os obstáculos que surgem. Nossa defesa contra a escuridão é a aceitação, não a negação. Nosso poder é a imaginação, não a rigidez. Sempre que levamos a consciência diante de uma situação, tornamo-nos participantes, não vítimas. Basta continuarmos sendo curiosos, imaginativos e abertos à infinidade de narrativas e diferentes estilos de jornada ao submundo que nós, seres humanos, partilhamos há milhares de gerações.

Desenvolvendo uma perspectiva do submundo

Ter perspectiva a partir do submundo significa desenvolver relação pessoal com ambos os aspectos sombrios, ou seja, com aquilo que ainda não é consciente e com as inúmeras expressões e camadas de sofrimento. O objetivo de uma jornada mítica ao submundo é tornar o inconsciente consciente. É uma experiência transformadora que envolve a dissolução e a reconstrução de aspectos de quem pensamos ser e de como nos envolvemos com o mundo. Esse é o perigo e a sedução da jornada ao submundo: o renascimento advém da escuridão. Morrer para aquilo que já não nos serve nos dá oportunidade de viver plenamente. Deixarmo-nos ir nos permite expandir.

No Ocidente, corremos para mais próximo da luz solar, caminhamos em busca de segurança e previsibilidade, daquilo que pensamos poder encontrar no mundo diurno. O poeta austríaco Rainer Maria Rilke escreveu: "Somos desperdiçadores de tristezas!".[13] Para criar uma perspectiva do submundo, temos de desistir do impulso de evitar mudanças, de quaisquer ideias que tenhamos de perfeição (ou de quaisquer outras formas de nos compararmos aos outros ou a um ideal), de esforços para controlar nossas emoções ou nossos pensamentos, assim como da crença de que nosso sentido de "eu" é a única força em nós. É na escuridão

---

12. James Hillman. *Re-Visioning Psychology*. Nova York: HarperCollins, 1975, p. 118.
13. Rainer Maria Rilke. *Duino Elegies*. Trads. J. B. Leishman e Stephen Spender. Nova York: W. W. Norton & Company, 1939, p. 79.

– no desconhecido e, talvez, no incognoscível, em meio ao caos e ao sofrimento – que a luz da sabedoria e nossa própria capacidade podem resplandecer.

Quando a escuridão é tão cruel que não somos capazes de permanecer nela, isso indica que é cedo demais para iniciarmos algum processo de mudança. A jornada ao interior pode ser insuportável – dolorosa ou assustadora demais para que possamos caminhar. Quando é esse o caso, precisamos dar uma pausa, aceitar onde estamos e perceber que necessitamos voltar nossa atenção a quem somos neste momento. Por ora, o portão não se encontra suficientemente aberto para que se possa entrar. Ainda não somos capazes de tolerar o desconforto. Com o tempo e a ajuda de guias – terapeutas, guardiões da sabedoria e amigos empáticos –, podemos nos tornar capazes de retornar às nossas feridas e cultivar a capacidade de nos mantermos presentes no sofrimento, no medo, na dor, na escuridão e até mesmo em nossas limitações. Quer adentremos o portão ou saibamos que ainda não é nosso momento, começamos a cultivar uma perspectiva de submundo. Ésquilo, pai da tragédia grega, escreveu: "Cai, cai – no nosso sono, sobre o coração, cai a dor, a dor da memória, e, para nós, embora contra nossa própria vontade, mesmo no nosso próprio desespero, vem a sabedoria por meio da terrível graça de Deus".[14] No complexo mundo de hoje, não recebemos muito incentivo para processar nosso sofrimento ou aprender com ele. Esse preconceito contra a escuridão nos deixa mal equipados para enfrentar a realidade tal como é. Tememos o submundo e nos apressamos em sair da escuridão, tentando esquecer nossa dor para nos mantermos sob controle. Estar no território do medo é como estar sempre no lugar e na hora errados, o que representa um fracasso em enfrentar os desafios do mundo diurno.

Essa aversão à profundidade e a preferência pelas alturas é revelada no modo como descrevemos nossos ideais: "leve", não "deprimido"; "espirituoso" em vez de "perdido". Tratamos a morte como inimigo e reunimos todas as nossas forças para bani-la, esquecendo-nos de que a mortalidade dos seres humanos é 100% certa: "Ela perdeu a luta contra o câncer"; "mamãe não sobreviveu".

---

14. Aeschylus, Agamemnon. *In Three Greek Plays*. Trad. Edith Hamilton. Nova York: W. W. Norton & Company, 1937, p. 170.

INTRODUÇÃO

Qual seria o objetivo de sentir o sofrimento do submundo? As palavras "sofrimento" e "relacionar" vêm do latim *suffero* e *refero*, respectivamente. Ambas partilham da mesma raiz, *fero*, que significa suportar, carregar, aguentar. Estas são imagens decrescentes, de ir abaixo da superfície. "Suportar o sofrimento", pondera o analista junguiano Russel Lockhart, é como "ir para o subterrâneo das coisas, ou seja, para as profundezas".[15] *Refero* significa trazer de volta, regressar, ascender.

Não podemos evitar o sofrimento; contudo, podemos cultivar uma relação consciente com essa força natural. Podemos assumir esse peso e aprender a carregá-lo. "E, quando [o sofrimento] vem", escreve Ursula Le Guin, "você o conhece. Reconhece-o como a verdade. É claro que é algo digno tentar curar as doenças, prevenir a fome e a injustiça, assim como é feito pelo organismo social. Mas nenhuma sociedade consegue modificar a natureza da existência. Não temos como prevenir o sofrimento."[16]

Em *Underland*, Robert MacFarlane tece uma fabulosa narrativa sobre a relação contínua da humanidade com o que está sob a terra – cidades perdidas, ossos e estações de pesquisa, águas profundas, cavernas frias e tesouros sagrados esquecidos. Há muito tempo, a jornada para as profundezas da terra integra nossa relação com a vida cotidiana encontrada na superfície. Nas fendas e cavernas obscuras da terra, depositamos nossos mortos, construímos templos sagrados, registramos nossa presença com nossa arte, enfrentamos nossos medos, testemunhamos um mundo estranho e encontramos conforto na ideia da vida após a morte. MacFarlane aprendeu aquilo que chama de *undersight*: como discernir as entradas não muito aparentes e disfarçadas dos sistemas de cavernas. Para compreender a luz, explica ele, primeiro você deve ser enterrado na escuridão.[17]

A alquimia, antecedente medieval da química, preocupa-se com a transmutação da matéria – combinação, transformação e criação. A perspectiva do submundo também é alquímica. Rasga a alma e expõe suas profundezas.

---

15. Russel A. Lockhart. *Words as Eggs*. Dallas: Spring Publications, 1983, p. 116.
16. Maria Popova. "Ursula K. Le Guin on Suffering and Getting to the Other Side of Pain". *Pocket Worthy*, 19 mar. 2020. Disponível em: <https://getpocket.com/explore/item/ursula-k-le-guin-on-suffering-and-getting-to-the-other- side-of-pain?utm_source=pocket-newtab>.
17. Robert MacFarlane. *Underland*. Nova York: W. W. Norton & Company, Inc., 2019, p. 50.

As cavernas dos lugares esquecidos em nós abrigam elementos enigmáticos que, quando misturados ao nosso mundo diurno, carregam o potencial de nos tornar mais fortes e atenciosos, compassivos e inteiros. Quando é mais difícil permanecer na superfície com conforto e agradabilidade que viajar para o interior dela, estamos prontos para enfrentar a escuridão e deixar que suas propriedades alquímicas nos reformulem. Essa escolha raramente é feita de maneira consciente. Encontramo-nos apenas "em uma floresta escura", como pontua o poeta italiano Dante em *A Divina Comédia*.

Em *The Hidden Life of Trees*, a pesquisa pioneira de Suzanne Simard revela que fungos e árvores "forjaram sua dualidade numa unicidade, criando, assim, uma floresta"[18]. Ela demonstra que a saúde das árvores depende da relação com o que cresce sob a superfície. Os habitantes do solo escuro – fungos, bactérias e vírus – fornecem uma matriz de vida aparentemente invisível. Esse extenso entrelaçado de hifas ou micorrizas tece os sistemas radiculares das árvores, repassando a elas nutrientes e alertas. Assim como o inconsciente enriquece a consciência, o bioma do mundo inferior dá vida ao mundo superior.

Os xamãs perpassam as camadas que dividem os mundos por meio de um *axis mundi* (muitas vezes, disfarçados de rio ou de grandes árvores), caminho simbólico que interliga as esferas superiores e inferiores. No reino do meio, a luz e a escuridão misturam-se, e o xamã se comunica com os espíritos dos mortos – representação tangível da perspectiva do submundo.

Muitas de nossas histórias, lendas e experiências contêm trevas. É chegada a hora de oferecermos à perspectiva do submundo o lugar proeminente que ele merece em nossa vida e em nossa psicologia. Precisamos forjar uma relação significativa com a escuridão. Faz parte do mistério e da complexidade, e precisamos incluí-la, para que nossa vida e nosso campo de consciência estejam completos. Não podemos nos conhecer por inteiro até mergulharmos sob a superfície, adentrarmos o submundo inconsciente e explorarmo-nos de dentro para fora e de baixo para cima. Para viver autenticamente, precisamos estabelecer relação com o subterrâneo. A escuridão aprofunda e enriquece a alma.

---

18. Peter Wohlleben. *The Hidden Life of Trees*. Trad. Jane Billinghurst. Vancouver, BC: Random House, 2016, p. 249.

INTRODUÇÃO

Precisamos relembrar a escuridão para nos reunir a ela. A tarefa é desafiadora, mas o custo de banir o submundo, mesmo que pudéssemos fazê-lo, é bem maior. Se não estabelecermos um lugar em nossa vida aos lembretes advindos das profundezas de nossa alma, essas correspondências que começam com sussurros tornam-se gritos e, mais tarde, sintomas que causam doenças. Aceitar o mistério, reconhecer a complexidade e a plenitude da nossa vida, que, afinal, nunca é linear, nos enriquece e nos expande para além de quem somos. Quando aprendemos a arte alquímica de reter a luz e a escuridão simultaneamente, a transformação torna-se possível. Para tal, devemos primeiro honrar o valor da escuridão e depois nos tornar curiosos quanto às suas diferentes imagens e expressões. Abrir-se ao simbolismo e ao significado mais profundo e mais sombrio por trás de tudo prova-se ser o primeiro passo para entrar no processo. Utilizando uma analogia, o equilíbrio é para a psique o que a localização é para a indústria imobiliária. É uma alavanca para nosso crescimento e nossa estabilidade. O equilíbrio entre escuro e claro é algo possível e natural. Nada precisa ser deixado de fora.

Encontrando significado na escuridão

O analista junguiano Edward Whitmont escreveu: "A única coisa que não podemos tolerar, em nenhuma circunstância, é a falta de significado. Tudo, até mesmo a morte e a destruição, pode ser enfrentado, desde que tenha sentido. Mesmo em meio à abundância e à plenitude, a falta de significado interior é insuportável".[19] Victor Frankl descreveu como entre os companheiros sobreviventes do Holocausto o senso de significação se mostrava a motivação mais importante para a sobrevivência.

Há diferença entre significado e explicação – o significado da escuridão e a razão para tal. Em meio às dificuldades, muitas pessoas voltam-se à razão, procurando compreender uma explicação para essa tocha eternamente acesa que é o sofrimento. Um amigo me disse uma vez:

---

19. Edward Whitmont, *The Symbolic Quest* (New Jersey: Princeton University Press, 1969), p. 82. [*A Busca do Símbolo*. 2ª ed. São Paulo: Cultrix, 2024.]

As pessoas racionalizam a escuridão inferindo que deve haver uma razão por trás do trauma. Talvez isso seja um mecanismo de enfrentamento, uma necessidade de encontrar equilíbrio ou mesmo alguma recompensa pelas intermináveis horas de tristeza que usurpam a vida; desse modo, pode-se acreditar que, investindo nosso tempo, poderemos, mais tarde, colher os benefícios de algum grande plano para nós, um plano universal. Lembro-me de tantas pessoas que, durante as fases críticas do que estavam passando, me disseram: "Vai melhorar, tem de melhorar". Mas, no entanto, não acredito que seja assim que a escuridão funcione. Por intermédio da conversação e da terapia, por meio de sentir a tristeza e a reflexão, cheguei à conclusão de que não há razão para prolongar e personalizar o trauma, exceto pelo fato de que a escuridão é uma experiência humana – e, quem sabe, aquilo que nos torna mais humanos.

Podemos deixar para trás a vergonha, a culpa e o castigo advindo de injúrias ou acreditar que, de uma maneira ou de outra, merecemos aquilo que nos aconteceu. A escuridão é uma tentativa de solução para um desequilíbrio, um alerta que possa chamar nossa atenção. Não é um imperativo moral, algo vergonhoso ou errado.

Acertar as contas com o submundo não se trata de compreender a mecânica por trás do porquê algo aconteceu, mas sim de encontrar um sentido. Tentar mudar ou reprimir a realidade diante de nossos olhos é tirar de vista o que é importante. O que é digno de nossa total atenção é examinar essa realidade e responder a ela – expor, da maneira mais flexível e emocionalmente significativa, o que sentimos ser uma imposição ou um obstáculo em nossa vida. "O tempo cura", dizemos para nós mesmos, e assim esperamos que ele seja nossa última fortaleza contra a escuridão não esperada. Mas o que importa é o que acontece no tempo. Nossa tarefa é estar atentos e discernir o significado ou "dar" sentido ao que nos acontece, desenvolvendo uma relação com esse dado, para trazer sua mensagem retificadora para nossa vida. Evitar, temer ou fincar os dentes em algo não é suficiente para deter a escuridão, mas pode acabar paralisando a vida. Se baixarmos nossas armas e vivermos com

INTRODUÇÃO

uma perspectiva que leva o submundo em consideração, poderemos começar a perceber como a vida é valiosa e permitir que o submundo faça parte de nossa vida.

Por milhares de anos, os mitos têm sido janelas para uma compreensão sólida da condição humana. O declínio da sensibilidade mítica deixou um buraco em nossa capacidade de criar e encontrar significado, fonte primária da anomia de nossa época. Estamos desconectados das narrativas arquetípicas que deram significado e propósito aos nossos antepassados.

Embora filmes como *Star Wars* e livros como *Harry Potter* estejam à nossa disposição, não reconhecemos como podem nos oferecer um caminho – um mapa para a experiência transformadora, um percurso para a orientação e a cura que liga nossa vida banal ao sofrimento, à redenção e ao submundo. Esta é uma função sagrada da mitologia.

Narrativas mitológicas universais contam-nos que a escuridão é fonte de revelação, não apenas uma terra devastada. Arthur procura a Dama do Lago, que reside nas profundezas das águas, para recuperar Excalibur, espada que o torna rei. Em *A Bela e a Fera*, Bela precisa suportar o aprisionamento do pai, o próprio medo e os lobos malvados, tudo para conseguir enxergar a doçura do verdadeiro amor. Esses temas também aparecem em nossa própria vida. Aprendemos a lidar com a morte de um membro da família, uma traição, um fracasso nos negócios e encontramo-nos entrelaçados em uma rede extensa de significados que jamais havíamos imaginado antes.

O cristianismo chama de *pleroma* (do grego *plērēs*, que significa "cheio") a totalidade dos poderes divinos. Nosso trabalho deve ser o de nos tornar cheios ou completos. Durante a descida profunda de seis anos ao inconsciente, Jung referiu-se ao pleroma como um abismo escuro, repleto de vazio e completude.[20] Um vazio paradoxal contendo todos os opostos por meio dos quais Deus se manifesta. Os antigos cartógrafos chamavam as áreas não mapeadas de "espaço em branco" e inventaram cidades, montanhas e monstros para preencher esses espaços. Sempre tememos a vacuidade do nada. A escuridão pode parecer desprovida de luz, mas está longe de estar vazia. Nos

---

20. C. G. Jung. *The Red Book: Liber Novs.* Sonu Shamdasani (org.). Trad. John Peck e Sonu Shamdasani. Nova York: Philemon Series & Norton, 2009, p. 346.

35

espaços vazios de nossa alma, mente, sociedade e personalidade descansam uma plenitude, uma profundidade e um poderio difícil de imaginar.

Cada vida contém esses momentos sombrios, e é justamente por meio de dificuldades, sacrifícios e sofrimento que conseguimos suportar o insuportável, podemos retornar fortalecidos e, em última análise, renovados e atualizados. Essas partes mais profundas e luminosas de nós mesmos são, muitas vezes, forjadas na escuridão.

PARTE I

O CONTEXTO

CAPÍTULO 1

O SUBMUNDO

Na antiga imaginação greco-romana, o submundo era o reino dos mortos, chamado de Hades (o invisível), Erebus (o escuro), Aïdao (o imperceptível) e Domos Haidou (a Casa de Hades). A palavra grega *haidou* significa "imperceptível" ou "invisível", enquanto *domos* quer dizer "morada local" ou "reino". O submundo era um domínio obscuro desprovido de luz, "horripilante, decadente... e uma abominação para os deuses".[1] O poeta Ovídio descreveu os caminhos tortuosos ao submundo como vagar por "regiões caladas e silenciosas", por um "lugar desolado e envolto em um frio melancólico".[2] Tal como os corredores não iluminados da psique humana, o submundo era um reino antagônico, estranho, confuso e perigoso. Cercado de pedra negra ou congelada, árvores retorcidas e até rios cegos, a paisagem do Hades recria e confirma sentimentos de isolamento, medo, perigo e entorpecimento.

Escuro e premonitório, dizia-se que o submundo estava localizado nos confins remotos do Ocidente grego, muito abaixo do solo ou em um bosque de álamo-negro ao lado do oceano. Na *Odisseia* do poeta grego Homero, Circe diz a Odisseu que o submundo se encontra nos extremos da terra, além do vasto oceano. Por baixo da terra, onde o ar frio substitui o calor, a degradação, o crescimento, e a escuridão, a luz solar, pouco há para nos lembrar do reino humano que se agita acima. O submundo é um domínio inexplorado que nos leva além dos nossos limites, e, além dos limites familiares, aguardam forças que fogem ao nosso controle. O submundo guarda bem seus segredos e mistérios intocados pela exploração humana, exceto pelo imaginal.

Uma antiga aversão cultural permanece ao redor dos espaços arquetipicamente conectados à ideia de submundo, associando-os à morte, à decomposição, aos demônios, à perda do próprio caminho e ao castigo eterno. O abismo nunca foi um lugar almejado, muito menos de fácil permanência.

---

1. Walter Burkert. *Greek Religion*. Trad. John Raffan. Malden, MA: Blackwell, 1977-1985, p. 196.
2. Ovídio. *The Metamorphoses*. Trad. Allen Mandelbaum. Nova York: Harcourt, 1993, p. 105.

Os rios dos mortos (Lete, Estige, Flegetonte, Cócito e Aqueronte) correm na escuridão. As águas do Lete, "do esquecimento", lavam as memórias terrestres. Caronte, o barqueiro dos mortos, transporta o recém-falecido pelo rio Estige, oferecendo-lhe passagem segura em troca de uma moeda de ouro. Nas terríveis profundezas, o Flegetonte arde – rio de chamas abrasadoras e sangue fervente. As águas do Cócito, rio das lamentações, berram de dor enquanto corredeiras congeladas descem às cegas. Já as correntes do Aqueronte, rio da desgraça, são plácidas e guiam suavemente novas tonalidades de sombra (espíritos ou fantasmas) para o abismo.

O profundo foi adentrado por *Pylae Hadado*, o "portão entre os mortos" difícil de encontrar, imagem que reforça o limite entre aqueles de dentro e os de fora, barreira entre a consciência integrada e o conteúdo sombrio do inconsciente. Depois de adentrar o submundo, o vacante (ou viajante) encontraria uma bifurcação no caminho. Uma direção levava aos paradisíacos Campos Elísios, onde as almas dos bem-aventurados repousavam, enquanto a outra, ao Tártaro, abismo marcado por castigo sem fim. Vários mitos descrevem heróis e deuses que lutaram para encontrar seu caminho em meio a esse labirinto. Eneias necessitou de escolta. Dionísio perguntou as direções necessárias para navegação. Hermes, guia das almas, mostrava o caminho aos mortos, e até o poderoso Hércules se perdeu.

Totalmente inóspito, o submundo era o derradeiro *outro*, lugar onde as sombras do falecido, chamadas *psiques*, vagavam até as águas do rio Lete, do qual bebiam sedentas e se esqueciam de suas identidades, lembrando-se apenas do anseio de viver. Incapazes de se salvar, os mortos procuravam a orientação de Hades e Perséfone, governantes das profundezas. O medo de perder-se no subterrâneo deu luz aos cultos aos heróis, cuja função principal era educar os seguidores quanto às melhores atitudes e caminhos a seguir após a morte.

Na Grécia e Roma antigas, o submundo era lugar de julgamento e punição. Quando Odisseu encontra o fantasma da mãe, Anticleia, ela diz a ele: "Todos os mortais encontram o julgamento [de Hades] quando morrem".[3] Virgílio descreve em detalhes impressionantes os juízes aterradores e suas

---

3. Homero. *The Odyssey*. Trad. Robert Fitzgerald. Nova York: Farrar, Straus & Giroux, 1998, p. 192.

CAPÍTULO 1 – O SUBMUNDO

moradas, destacando as penas que os deuses aplicavam aos condenados. Já Platão narra o submundo como lugar onde a alma encontra juízes que determinarão quem foi justo e quem foi injusto.[4]

O julgamento é uma criação humana desonesta. Construímos sistemas religiosos para organizá-la e evitá-la, forjamos identidades e diferentes *personas* para que possamos nos sentir bem-vindos e menos arbitrados por outras forças. "Quando eu era criança", disse-me um homem, "lembro-me de estar indo, com minha mãe e um amigo, a um banquete de uma equipe desportiva. Estávamos todos cantando uma música do *Dispatch*, quando meu amigo me falou que eu cantava mal. A ideia de ser julgado nunca me ocorrera antes. Eu me fechei e, desde então, não me sinto à vontade para cantar. Levei o comentário nocivo dele tão a sério que evitei qualquer possibilidade de cantar que pudesse surgir ou até de desenvolver meu próprio gosto musical."

Temas relacionados à moralidade, ao julgamento e à punição foram adotados pelo mito judaico-cristão. Essas são ideias quase impossíveis de não ser incorporadas aos nossos pensamentos e comportamentos, nas categorias de bom ou mau. Também julgamos a nós mesmos e aos outros, ruminando se somos, de fato, inteligentes, bons naquilo que fazemos, populares, atraentes, se contribuímos o bastante ou se pertencemos a algo. Ter que manter a autoestima consome todo o nosso poder e nossos recursos internos. Assim, precisamos sempre nos provar e justificar nossa existência.

Homero é famoso pelos poemas épicos *Ilíada* e *Odisseia*. Parece ter vivido em meados dos séculos XII e VIII a.C., e sua escrita teve grande efeito na cultura ocidental. Em sua narrativa, o poder das trevas é banhado pelo brilho de deuses e deusas do Olimpo. Com a preferência homérica pelos olimpianos, a valorização deslocou-se para cima, para qualidades de luz, controle e espiritualidade, temas adotados, por sua vez, por milênios, pela mente ocidental, que culminaram no Iluminismo dos séculos XVII a XIX.

No início do século XIV, em *A Divina Comédia* de Dante, o poeta tem uma crise de meia-idade e lê estas palavras inscritas acima dos portões do Inferno: "Abandonai toda a esperança, vós que aqui entrais". A noção de que

---

4. Platão. *The Republic of Plato*. Trad. Francis Macdonald Cornford. Nova York: Oxford University Press, 1968, p. 351.

43

o submundo é lugar de alienação e desespero está profundamente arraigada na mentalidade ocidental. Convivemos com esse julgamento todos os dias, tentando parecer certos, íntegros, controlados e sempre evoluindo. O consultório terapêutico é, com frequência, o primeiro lugar onde as pessoas sentem permissão para tocar, revelar e admitir as correntes subterrâneas mais escuras de sua vida.

O submundo não é um lugar físico. É uma maneira de ilustrar nossas experiências dolorosas, os traços indesejáveis de nossa personalidade e o conjunto de nossas energias inconscientes. Muitos de nós entram e saem do Hades inúmeras vezes, em um mesmo dia. Por exemplo, uma jovem mãe de duas meninas (uma de 4 anos que se comporta como fada, sendo gentil e reflexiva, e um bebê que engatinha rápido como um raio), conta-me como cavalga as ondas do submundo de hora em hora. Uma delas é marcada por um maravilhoso desenho e pela escuta ativa da imaginação da filha; a outra progride rapidamente em quebra de louças e gritos sem sentido. Essa mudança repentina é acompanhada da noção de que ela poderia, a qualquer momento, morrer de exaustão. Sua psique altera instantes de surtos de choro com outros que carregam aromas agradáveis, como "flor de pêssego".

A escuridão surge em uma mescla complexa de associações e sintomas. Conversei com uma mulher que disse que seu submundo consistia em violações sexuais ocorridas na infância. Anos mais tarde, ela ainda se sente entorpecida e paralisada, dissociando-se das emoções e das pessoas para se proteger. Ela convive continuamente com uma parte de si que a aterroriza, e seus dias são perpassados por viagens de ida e volta às profundezas. A escuridão surge como o trauma em si, como memória e desconexão de seu corpo. Surge como uma vida repleta de ansiedade e ciclos de abuso; na violência de uma representação interior que a aterroriza em sonhos.

Os encontros sombrios acontecem a toda hora, permeando a vida de inúmeras maneiras. Quer se trate de autojulgamento, *pathos* ou ansiedade sobre o olhar dos que nos rodeiam, o submundo precisa ser abordado com cautela. As catacumbas das profundezas seguem leis diferentes das do movimento, da interação e da explicação, características da contraparte diurna. A escuridão requer atenção total. Não é um lugar para ser indiferente.

44

CAPÍTULO 1 – O SUBMUNDO

Psicologia das trevas

O termo "psicologia profunda" foi cunhado no início do século XX pelo psicólogo suíço Eugen Bleuler e descreve abordagens psicanalíticas à terapia que levam em consideração o inconsciente. Desde os anos 1970, a psicologia profunda tem se referido a essas teorias e terapias desbravadas por psicólogos como Sigmund Freud, Pierre Janet, William James e C. G. Jung, e também às modificações de autores como James Hillman e outros pós-junguianos.

A psicologia profunda introduziu a ideia de *mente-ego* que repousa em um domínio mais denso, incognoscível e instintivo, a que chama de *inconsciente*. Estabelecemo-nos na superfície enquanto um mundo invisível pulsa abaixo de nós, influenciando nossa vida de maneira direta. Jung postulou um inconsciente dividido em duas partes: um *inconsciente pessoal*, com conteúdos inaceitáveis ao ego (memórias dolorosas, complexos, conflitos pessoais, problemas não resolvidos e questões morais conhecidos genericamente como "conteúdos da sombra"); e um *inconsciente coletivo*, camada ainda mais profunda que não tem origem na experiência pessoal por ser transpessoal.

Muitas pessoas pensam no inconsciente como "outro" e "de fora" delas mesmas. No entanto, é importante ressaltar que o inconsciente é uma parte mais profunda de nós mesmos, vivenciada, ao mesmo tempo, como "outro" e "de dentro". Os paralelos metafóricos entre "profundidade" e "descida" estavam presentes desde o início da psicologia profunda – e pelo menos desde tempos imemoriais – dos mitos greco-romanos. Sonhos registrados retratam diferentes níveis de uma casa, túmulos subterrâneos e riachos que fluem em bueiros abaixo da terra. No porão, o indesejável se esconde, e a transformação tem início. Seja imaginada como uma cripta, um *iceberg*, uma fissura em pedra, águas azuis densas, uma escada descendente, uma caverna ou um riacho que flui sob a terra, a direção do inconsciente é simbolicamente para baixo. "A fonte [o inconsciente] é subterrânea", escreveu Jung, "e, portanto, o caminho leva para baixo: só abaixo podemos encontrar a fonte ardente da vida."[5] Por excelência, submundo é a metáfora para se referir ao inconsciente. A fim de chegarmos à essência das coisas, adentramos a escuridão.

---

5. Jung. *Psychology and Alchemy*, p. 120.

A palavra "profundidade" deriva do latim *profundum* e denota a profundidade e a intensidade da expansividade ilimitada que se encontra sob a superfície. Nas profundezas do inverno, agrupamo-nos. Estamos perdidos nas profundezas da floresta. Resistimos às profundezas da tristeza. Ao nos depararmos com o desconhecido, expressamos que não temos profundidade no assunto.

A psicologia profunda é aquela das sombras, um modo de experimentar a nós mesmos e a vida, uma abordagem ao mundo interior que busca saber o que ainda não sabemos sobre nós mesmos. Ela se concentra na fonte do problema em vez de se ocupar em aliviar (obliterar ou mascarar) os sintomas. Seu objetivo é *cuidar*, não *curar* – *mergulhar*, não *reparar*. Essa abordagem profunda explora as origens de comportamentos limitantes, ideias e atitudes em busca de identificação mais profunda de si.

Hoje, o termo "psicologia" e, em particular, as terapias comportamentais e aquelas baseadas em evidências implicam o estudo da experiência humana mensurável e consciente. As psicologias do ego nos fizeram abordar o submundo como algo mecânico. Se algo estiver quebrado, conserte-o. Não somos convidados a refletir, a escavar, a permanecer presentes, a imaginar ou a escutar. A psicologia profunda, por outro lado, é o estudo experiencial, por meio do afeto e da inferência, do imensurável, incognoscível e misterioso reino "outro" – o inconsciente. Mesmo que aliviemos nossos sintomas, a fonte real do nosso sofrimento não será sanada, fazendo com que estes, provavelmente, ressurjam de outra forma.

Freud, Jung e Hillman

A divisão entre a consciência do ego e o inconsciente deu origem a uma miríade de metáforas geográficas e estruturais que nos direciona para a fronteira entre o mundo diurno da consciência e do ego e sua contraparte, o inconsciente.

Freud (1856-1939) foi um dos primeiros a imaginar um modelo topográfico da psique, percebendo sonhos, imaginação, instintos e conteúdos reprimidos como existindo nas profundezas das camadas do inconsciente. Na *Eneida* de Virgílio, a deusa Juno diz: "*Flectere si nequeo superos, Acheronta movebo*",[6] que Freud traduziria mais tarde como a epígrafe de *A Interpretação dos Sonhos*: "Se eu não puder modificar as Forças Superiores, moverei as Regiões Infernais". O uso original de *Acheronta* por Virgílio é uma referência a Aqueronte, rio dos infortúnios, e retrata a exploração das correntes ocultas do mundo interior – as águas sombrias que correm abaixo do mundo diurno, entrando em erupção – moldando, corroendo, revitalizando.

A atitude de Freud em relação ao submundo foi paralela à de Homero – hostil: a "parte escura e inacessível de nossa personalidade, do caos, um caldeirão repleto de excitações fervilhantes".[7] Sua psicologia focou em pôr a luz da conscientização nas regiões mais profundas da psique, para que os prejuízos dos instintos e a repressão pudessem ser desfeitos.

O psiquiatra e psicanalista suíço Carl Gustav Jung (1875-1961), seguindo os passos de Freud, contribuiu para a fundação da psicologia profunda. A psicologia junguiana é o estudo do inconsciente a serviço do processo contínuo de individuação, palavra utilizada por Jung para se tornar seu verdadeiro *self*.

Freud e Jung concordaram que o propósito da existência humana era acender uma luz na escuridão da mera existência.[8] No entanto, Jung enxergava como limitado o tratamento que Freud dava ao inconsciente, por este ser visto apenas como uma espécie de recipiente aos desejos e instintos reprimidos por sua característica hostil. Jung tratou o inconsciente como estrato geológico da psique, lugar de desafios, arquétipos, orientação e numinosidade. O psiquiatra suíço explorou o motivo do submundo nas religiões, na literatura, na antropologia, na mitologia, na arte, na psiquiatria, na filosofia e na alquimia, percebendo as jornadas do submundo como narrativas do encontro do ego com o inconsciente pessoal e coletivo. Ao fazê-lo, aprofundou o alcance da psicologia para explorar não só as paixões, os instintos, as fantasias e as psicopatologias como também o simbolismo, a personificação, as imagens, a criatividade, os sonhos, a religião e a imaginação mítica.

Seguindo os passos de Jung, James Hillman (1926-2011), psicólogo estadunidense que estudou em Zurique e depois tornou-se diretor de estudos no

---

6. Virgílio. *Aeneid*. Livro VII, p. 1.312. Juno é o nome romano de Hera, rainha dos deuses.
7. Sigmund Freud. *New Introductory Lectures on Psychoanalysis*. Nova York: Norton, 1933, pp. 105-06.
8. C. G. Jung. *Memories, Dreams, Reflections*. Aniela Jaffé (org.). Trad. Richard Winston e Clara Winston. Nova York: Random House, 1963.

Instituto C. G. Jung na Suíça, fundou a "psicologia arquetípica", abordagem pós-junguiana arraigada na base arquetípica da psique. A psicologia arquetípica concentra-se nas inúmeras fantasias e mitos que moldam nossa vida psicológica. Tanto Jung quanto Hillman enxergaram a psique humana como fundamentada no reino arquetípico. As diferenças entre eles estão no contexto dessa crença compartilhada.

Em 1975, James Hillman apresentou seu *magnum opus*, *Re-Visioning Psychology*, e, com ele, uma releitura radical do pensamento junguiano clássico foi anunciada. Indicado ao Prêmio Pulitzer, o primeiro trabalho importante de Hillman afastou o pensamento pós-junguiano de uma psicologia analítica voltada à integridade para uma que caminhava em direção à compreensão da psicologia como perspectiva.

Assim como no trabalho dos antecessores, na obra de Hillman o submundo tinha bastante peso. "Uma psicologia profunda", ele reconheceu, "que se baseia nas imagens sombrias da fantasia, no aprofundamento e na patologia, assim como na psicoterapia como culto da alma, refere-se, em termos mitológicos, ao submundo."[9] Por "fantasia", Hillman pretende expressar um modo de imaginar, uma espécie de consciência.

Ao trabalhar mais uma vez com o termo "patologia", Hillman considerou "patologizando" a capacidade inata da psique de engendrar sofrimento, depressões e sintomas, assim como de imaginar a vida por essa perspectiva de aflição. Sentiu que a escuridão, a doença, os sintomas, a crise e as insanidades eram mensagens necessárias que, quando "imaginadas", nos levariam ao contato mais profundo com nossa alma.

Do ponto de vista psicológico, "alma" não é um termo religioso ou moral. O ex-monge e psicólogo junguiano Thomas Moore explica: "Tem a ver com profundidade, valor, relação, coração e essência pessoal".[10] É uma ideia que fala de aprofundamento. Cultivar a alma inclui a escuridão, estar presente perante as dificuldades e perceber as pistas que a vida oferece em meio à tragédia, à doença e aos sintomas.

---

9. James Hillman. *The Dream and the Underworld*. Nova York: Harper and Row, 1979, p. 5.
10. Thomas Moore. *Care of the Soul*. Nova York: HarperCollins, 1992, p. 5.

CAPÍTULO 1 – O SUBMUNDO

Conversei com meu pai sobre experimentar o submundo de formas variadas ao longo de sua jornada. Ele compartilhou uma trajetória crucial do submundo que me ajudou a formular melhor como é sua personalidade e orientação de vida:

No verão de 1975, vivi ao longo do rio Skokomish, na Península Olímpica, ao norte de Tacoma, Washington. Como técnico de prevenção de incêndios do Serviço Florestal, dirigia um caminhão do governo para o interior da floresta, verificava a estação meteorológica, visitava áreas madeireiras e comia a torta de mirtilo preparada para mim pelos aposentados dos acampamentos rústicos [...] desde que contasse a eles onde procurar as bagas, que podiam ser encontradas, aos montes, entre as ervas daninhas das flores de salgueiro, em meio às estradas de terra. Eu tinha 22 anos.

Em 18 de agosto de 1975, meus dias tranquilos se foram quando recebi uma ligação de longa distância me informando que meu pai, então com 57 anos, havia morrido, de repente, de ataque cardíaco. Meu pai era amado por muitas pessoas, e sua morte foi lamentada especialmente por minha mãe, meu irmão, minha irmã e por mim. Em choque, voltei para casa. Minha mãe estava em silêncio, desorientada, e ao mesmo tempo resiliente. Minha irmã ficou muito mal; nosso pai era seu melhor amigo e aliado. Meu irmão se via amargurado e zangado. Eu era o filho do meio, o quietinho. Embora tivesse acabado de perder meu primeiro e mais importante mentor, senti que era minha responsabilidade manter o eixo da minha família. Decidi voltar a morar com minha mãe e dei apoio ao meu irmão e à minha irmã, que moravam nas proximidades.

No primeiro ano, muitos amigos entraram em contato com nossa família. Apesar de a intenção deles ter sido genuinamente apreciada, eu me senti sozinho, como se aquilo que estava experimentando fosse algo só meu; senti que apenas eu mesmo poderia compreender, suportar e integrar aquela experiência. Fiquei mais na minha, e minha perda transformou-se em sentido de responsabilidade pela minha família e de expectativa decrescente da minha própria felicidade.

Depois de um período de um ano e meio, minha mãe e meus irmãos encontravam-se mais estáveis, e, assim, vi que era hora de encontrar meu próprio caminho. Entrei para a equipe de uma escola pública de ensino primário no oeste do Colorado. Lá, encontrei uma família diferente, uma conexão gratificante com a energia irrestrita das crianças. Alguns anos depois, conheci minha esposa. Começamos uma família e uma empresa cuja missão era capacitar os jovens a realizarem uma "conexão autêntica consigo mesmos e a comunidade".

Olhando para trás, percebo que meu senso inato de identidade e lugar foi destruído pela morte de meu pai. Nunca fiquei triste ou me desesperei. Refugiava-me na responsabilidade. Agora, quando estou sozinho na natureza, conecto-me a esses dias formativos. Também falo com o Pai em sonhos.

A morte de um membro da família pode ser um abismo sombrio, mas para meu pai também foi uma chance de descobrir o profundo cuidado com os outros. Por meio da solidão, ele abraçou uma carreira que ajudava os outros a se encontrar. A escuridão pode ser infernal e, ao mesmo tempo, a construção da alma. Entender isso pode nos ajudar a encontrar significado nas noites mais escuras da alma. A angústia do submundo pode nos fazer recuar, assim como fornecer um ingrediente sagrado para o crescimento.

Hillman acreditava que integridade psicológica significa incluir todos os fenômenos à medida que se apresentam, não como os interpretamos. A integridade não tem a ver com equilibrar ou conciliar opostos, mas em perceber que as diferenças são potentes – que ambas as "metades" têm valor. "Até a unidade de personalidade deve ser um objetivo", argumentou; "somente coisas separadas podem se unir".[11] Hillman nos convida a tratar a escuridão como parte de um tecido maior, com significado próprio. Ele chamou a isso de cultivo das almas (*soul-making*).

A preocupação moderna com consistência e contenção nos ensina a ver a contradição como negativa. Higienizamos a escuridão, cobrindo-a em nome do controle. Acreditamos que a psicologia é uma maneira de ser salvos da bagunça

---

11. Hillman. *Re-Visioning Psychology*, p. 31.

CAPÍTULO 1 – O SUBMUNDO

que é o sofrimento – na realidade, da bagunça que é a vida. Mas o sofrimento faz parte do que nos torna humanos. Se colocarmos energia em evitar o submundo, perderemos a fecundidade que poderá nos ajudar a nos curar e crescer.

Hillman chamou a perspectiva arquetípica de politeísta: reconhecemos nossa posição relativa em um mundo interior infinitamente fragmentado. O politeísmo é uma preferência pela complexidade. Assim como as personalidades discordantes de deuses e heróis da mitologia, temos partes contraditórias em nós mesmos. Podemos ser violentos e pacíficos, amorosos e distantes, orgulhosos e inseguros, tudo ao mesmo tempo.[12]

Para afastar a psicologia da psicodinâmica e aproximá-la das perspectivas (visão de que a percepção, a experiência e a razão mudam de acordo com o ponto de vista do espectador), Hillman concentrou-se nas imagens como sendo o fator psicológico mais importante. Ponderou que apenas no fundo da psique, sob camadas de literalização e reificação, é dado o devido valor a elas.

Descendo, dissolvemos nossos pontos de vista egoístas e nos voltamos aos sonhos, às imagens e até às "patologias" para orientação. Hillman chamou essa abordagem de imagística e utilizou-se do pensamento personificado para observar semelhanças arquetípicas entre nós e as imagens em mitos e narrativas. A inventividade, por exemplo, toma forma como Hermes, mensageiro divino e criador da música. O desejo e a beleza emprestam o rosto de Afrodite, deusa do prazer. A construção da nação está incorporada em Atena, deusa da sabedoria, estrategista de guerras e protetora das cidades-Estados.

A psicologia profunda é uma psicologia do submundo. Parece ir mais fundo, no escuro, e não garimpa para encontrar clareza ou alívio, mas enriquecimento, expansão e conexão. Sobre a porta da casa de Jung em Küsnacht, Suíça, está gravado em pedra: "*Vocatus atque non vocatus, Deus aderit*" – Chamado ou não chamado, Deus estará presente. Convidado ou não, reconhecido ou negado, o submundo nos influencia. Nossa tarefa não é ignorar esse crasso fato, mas trazer nossa sagacidade e imaginação para a jornada interior.

---

12. Hillman acreditava que a individuação junguiana fora cooptada pela cultura monoteísta ocidental, fazendo da psicologia prisioneira da fantasia judaico-cristã de completude e integração. Em contraposição, o politeísmo psicológico oferece contentores arquetípicos à inerente fragmentação e diferenciação da vida psicológica. Não se trata de adorar aos deuses, de idolatria, de identificação sombria com eles ou de inflação, mas de os servir, tratando como perspectivas as ideias que temos sobre nossa vida e sobre nós mesmos.

De acordo com a psicologia profunda, a teoria do inconsciente significa que parte importante da vida psicológica é incognoscível. Não sabemos nada ao certo sobre as profundezas. Só podemos inferir essa fonte misteriosa explorando as atividades maravilhosas de sonhos, simbolismos e contação de histórias.

Na mitologia romana, o deus do submundo era chamado de *Dis Pater* (*dis* significando riquezas, e *pater*, pai, outro nome para Plutão ou Hades). Em termos coloquiais, *Dis Pater* foi encurtado para *dis*, e hoje o usamos como prefixo que quer dizer "ruim" (disfunção, distúrbio, disforme etc.). Acreditamos que isso é um problema a ser superado e nos esquecemos de que *Dis*, governante do submundo, também era conhecido como Pai das Riquezas. As partes dilapidadas e disfuncionais da vida são ricas; podem nos mostrar quem realmente somos. A escuridão tem sua genialidade – amplia, desafia e anima.

Abrir-se à profundidade pode parecer ameaçador aos nossos valores diurnos, levando-nos da estabilidade ao caos, do conforto ao desconforto. Mas se rejeitarmos o submundo perderemos o acesso às suas propriedades regenerativas singulares. A sabedoria das trevas pode ser difícil de ser assimilada. Vem em disfarces dramáticos e desestabilizadores. Aprender a estar com nosso sofrimento é muito mais difícil que deixá-lo passar ou ultrapassá-lo. Construir uma psicologia das sombras é muito mais difícil que permanecer na superfície. Contudo, há uma convocação misteriosa – um canto de sereia – que nos atrai para baixo.

CAPÍTULO 2

DESCENDENTE E ASCENDENTE

Na esfera diurna, organizamos, identificamos, reconhecemos e distinguimos – desenvolvemos um sentido de "eu" essencial a uma personalidade madura e estável. Sem forte identidade de ego é difícil até mesmo viver o dia a dia. No entanto, a exigência do ego por constância de si, de hábitos e do uso excessivo da racionalidade tende a tornar a consciência unilateral.

Muitas pessoas buscam a psicoterapia por causa de noções e percepções distorcidas do "eu". Trabalhei com uma mulher que estava convencida de que os pais preferiam a irmã. Quer na amizade, quer no trabalho, ela se sentia invisível. "As pessoas nem sequer reparam em mim na mercearia. Sou um fantasma", disse-me ela. A sensação de invisibilidade a impediu de se mostrar aos outros (e a si mesma) ou de ser reconhecida ou validada. Isso limitou sua capacidade de viver plenamente. Para uma amiga minha que sempre foi brilhante, popular e talentosa, o elogio é como parte de um grupo alimentar, um componente nutricional de sua dieta. "Meu constante submundo", disse ela, "é o perfeccionismo. É perspicaz e reservado. Estou presa em uma prisão com grilhões de minha própria criação. A perfeição arrasta-se atrás de mim como correntes – agitando-se com o peso de uma vida inteira me sentindo menos do que sou e sem correr tantos riscos porque tenho muito medo de desapontar alguém ou de pisar em falso." Com medo do fracasso, a necessidade de perfeição a impede de fazer algo em que ainda não é boa o bastante, inibindo, assim, sua capacidade de experimentar coisas novas.

Sem ligação com o inconsciente – com a perspectiva da profundidade –, o ego pode tornar-se frágil, míope, solitário e, muitas vezes, despótico. Para nos atualizarmos, temos de aumentar as perspectivas estanques do ego, frequentemente baseadas em traumas, ampliando sua contraparte inconsciente, que tem a própria riqueza. Temos de encontrar formas de esbarrar, caminhar, cair e nos esgueirar para baixo do mundo iluminado, descamando a pele de nossa autopercepção limitada, para que possamos despertar para as possibilidades adormecidas em nós. A descida e a subida ao submundo são uma imagem mítica e arquetípica para essa exploração.

Variações do tema descida-subida aparecem em narrativas por todo o mundo. Jesus desceu ao Inferno e foi ressuscitado. Inana viajou para e regressou de Cur, antigo submundo sumério. Na mitologia grega, heróis e deuses viajavam constantemente para dentro e fora do Hades. Durante séculos, os bardos têm contado histórias de heróis que deixam para trás a própria vida a fim de embarcar numa grande aventura e, por meio de provações e tribulações, são transformados pela experiência. Batman conta com o passado para salvar Gotham. Nos contos de fadas, o terceiro filho atravessa o bosque encantado e regressa à casa fortalecido. Caminhar os passos desses heróis, heroínas e deuses permite-nos "imaginar o interior" dos conflitos primordiais da vida humana.

Por vezes, fazemos a viagem intencionalmente. A psicoterapia é um tipo de recipiente no qual nos envolvemos, por livre e espontânea vontade, com as profundezas. E, outras vezes, caímos de cabeça na escuridão. Entrar no submundo nunca é fácil, tampouco é comum que os vivos façam essa viagem. Descrevendo a própria descida involuntária no início do século XX, Jung afirmou: "Fiquei impotente diante de um mundo alienígena; tudo nele parecia difícil e incompreensível".[1]

Por que somos tão indefesos quando nos confrontamos com a psique profunda? Há poucos recipientes que podemos utilizar para nos ajudar nesse confronto. Nossa cultura demoniza o desconhecido. Há estigma em admitir que as coisas não estão correndo bem. Valorizamos a compostura; procurar ajuda é para os fracos e perturbados. No entanto, fracassos e frustrações cotidianas, dúvidas e vergonha são muito mais comuns que a chamada normalidade. Apesar da onipresença da escuridão, temos profunda convicção de que a comodidade é nosso direito, e a escuridão representa fracasso. Impulsionados por esse sistema de crenças, fazemos tudo ao nosso alcance para remover a dor.

Durante séculos, os seres humanos contaram uma narrativa diferente sobre a escuridão. A relação de nossos antepassados com o submundo era simbólica, cerimonial, imaginativa, equilibrada e respeitosa. As viagens ao abismo foram reconhecidas como momentos importantes para o crescimento espiritual. Voltando ao nosso passado, reconectamo-nos com as partes de nós

---

1. Jung. *Memories, Dreams, Reflections*, p. 201.

CAPÍTULO 2 – DESCENDENTE E ASCENDENTE

que "sabem" que descer e subir do submundo não se trata apenas de parte natural da vida, mas sim da necessidade de expansão e aprofundamento de nossa vida como um todo.

Iniciação

Narrativas míticas e ritos religiosos têm o poder de nos guiar por meio das mudanças em nível pessoal e coletivo. O mais comum é o rito de iniciação – representação psicoespiritual de transformação por meio da encenação de grande provação e julgamento. No ritual, representamos para o coletivo um mito pessoalmente significativo – as comunidades reúnem-se para dar testemunho da mudança de vida do iniciado. Cultos eleusinos, bacanais e cerimônias órficas da Grécia Antiga, por exemplo, tiveram rituais nos quais os viajantes desciam ao Hades, confrontavam os poderes dentro de si e regressavam transfigurados por causa do encontro com a escuridão. Quanto disso era verdade? Será que eles realmente adentraram o Hades? Estaria o Hades "dentro" da terra ou "dentro" de nós? Esses tipos de pergunta (e as respostas) estão disponíveis no poderoso campo de um ritual.

A iniciação é, portanto, um rito de regeneração. O espírito da vida renasce na terra da morte. Michael Meade, um dos líderes do Movimento dos Homens no fim do século XX, explica que, nos ritos iniciáticos, "a morte é o oposto do nascimento, não da vida".[2] Para que uma transformação seja significativa, devem-se honrar as dores do sacrifício e as maravilhas necessárias à restauração. A mente e a alma sentem a morte da velha personalidade e o nascimento da mudança.

Como parte de longo ritual para se tornar guerreiros entre a etnia indígena brasileira Sateré-Mawé, rapazes de apenas 12 anos são picados por formigas-cabo-verde, cujo veneno pode causar, por horas, desorientação, alucinações e paralisia muscular. Na Libéria, os noviços são "mortos" por um espírito da floresta e depois ressuscitados para uma nova vida; são tatuados e recebem nomes de adultos. Em muitas culturas oceânicas, os neófitos são isolados em cubículos remotos com formato de monstro marinho. Foram engolidos

---

2. Citado por Mircea Eliade. *Rites and Symbols of Initiation*. Trad. Willard Taske. Putnam, CT: Spring, 1994, p. 7.

por um leviatã e morrerão em seu ventre – serão digeridos e iniciados como adultos perante a sociedade, no processo de renascimento.[3]

Medo e terror tão habilmente incorporados nesses cenários ritualísticos incitam fortes emoções que despojam o iniciado do antigo modo de ser. Golpes, mutilações, picadas de insetos e queimaduras simbolizam a morte da personalidade imatura e a emergência da adulta. Embora esses ritos de iniciação sejam recriações conscientes e intencionais dos grandes desafios da escuridão, por vezes apenas "caímos" em uma iniciação. Cada escuridão pode ser chamada de iniciática, uma vez que você está contido em algo com potencial de – ao tentar sair – transformá-lo.

Em tempos modernos, a influência de iniciações religiosas dessa natureza tem diminuído. Sem qualquer tipo de estrutura ritualística ou espiritual, perdemos a oportunidade de processar a morte simbólica e abraçar a mudança da vida, em especial nas fases de desenvolvimento, quando ela acontecerá, de um jeito ou de outro, com ou sem a nossa consciência. A falta de reconhecimento real sobre essa condição pode gerar uma série de sintomas físicos e psicológicos.

Ao recontar o conto de fadas *João de Ferro*, dos irmãos Grimm, o poeta Robert Bly observa como os varões de hoje são prejudicados pela falta de ritos e de exemplos vivos.[4] Ele acredita que os jovens, quando iniciados com rituais para a vida adulta, são recepcionados por pais ancestrais e isolam-se sem essa recepção, tornando-se raivosos e até entorpecidos. Militares podem iniciar os jovens no "complexo de guerra", mas o papel do sargento é dessensibilizar homens e mulheres jovens para que possam causar, no futuro, o máximo de danos possível, sem culpa. Os corpos são tonificados, o trabalho em equipe é aprendido, mas a vida da alma não é abraçada ou incluída.

A masculinidade contemporânea é moldada por papéis cinematográficos representados por artistas como Jason Statham, transmitindo dureza hercúlea, e falta de emoção estoica. Exemplos como esse contribuem para que muitos sejam incapazes de transcender a adolescência. Sem contar o treinamento de guerra oferecido por nossa sociedade nos campos de treino, gangues procuram preencher esse vácuo, mas, em vez de vermos homens com

---

3. Eliade. *Rites and Symbols of Initiation*, pp. 66, 104, 107.
4. Robert Bly. *Iron John*. Boston: Da Capo Press, 1990.

58

CAPÍTULO 2 – DESCENDENTE E ASCENDENTE

preocupação cultural, testemunhamos jovens em sofrimento, infligindo as próprias dores nos outros.

Na Grécia Antiga, a deusa Ártemis presidia as transições biológicas femininas da virgindade à procriação. Em Ática, na cidade de Brauro, jovens moças reuniam-se para dançar para sua deusa. Em um rito chamado *Arkteia*, as moças imitavam uma ursa, *arktoi*. As pequenas ursas de Ártemis aprendiam os modos de *arktoi* – como dançar e correr usando túnicas de cor açafrão e joias de âmbar. Aprendiam a honrar os últimos anos da virgindade e a se preparar para tornar-se mães.

O ritual é uma forma de manter abertas ao sagrado as portas da percepção. Pode ser estabelecer uma nova intenção ao mudar-se para um novo lar; cruzar um novo limiar como casal recém-casado; ou parar debaixo de uma árvore para depositar ali uma flor e agradecer aos espíritos da natureza pela nutrição da própria alma.

Ritos ainda praticados que celebram as transições da vida, desde o bar-mitzvá ao chá de revelação, tornaram-se, muitas vezes, um tanto superficiais – falharam ao despertar a atenção para seu poder psicológico transformador. O sentido mítico do nascimento e renascimento fora adaptado para nossas sensibilidades modernas. Em vez disso, adoramos o hino do Iluminismo, acreditando que a razão acaba com nossa necessidade de explicações mágicas e instintivas do mundo, e, ao fazê-lo, isolamo-nos dos nossos próprios impulsos e de nossa inconsciência. Algo essencial para dar sentido à nossa vida se perde, à medida que passamos por cima desses importantes níveis de realidade.

Um paciente com o qual trabalhei estava lutando com a grande mudança na vida de se tornar pai de gêmeos. Ele não sabia bem como processar o que estava sentindo. Aconselhei-o a ir a um lugar de quietude, por exemplo, em meio à natureza. "É necessário um ritual", eu disse a ele. Para que essa transição de vida fosse emocionalmente satisfatória e devidamente arraigada, ele precisava desistir de algo para que novas águas fluíssem.

A iniciação inclui descida à morte e subida ao renascimento; presume a alteração da própria identidade; o velho, agora de partida, abre espaço para o novo, nascendo diante de todos. Isso marca o início de um novo eu e a libertação de potenciais ainda não realizados. Cada passagem limiar é um enterro do velho, assim como o nascimento do novo. Necessitamos de rituais de perda e renovação para mantermos a capacidade de experimentar o leque de tristezas e alegrias tão vital para nos sentirmos plenamente humanos.

Por que é importante ritualizar a escuridão? Porque, sem um ritual para conter e processar as feridas da vida, uma mudança significativa pode ser bloqueada e o sofrimento surgirá nesse espaço. Incontido, o submundo flui para a vida, e suas corredeiras negras permeiam tudo o que fazemos.

Para ritualizar a escuridão, não é preciso seguir os preceitos de uma cerimônia formal. Jung lembrou-se de uma época, nos primeiros anos escolares, na qual um professor o acusou de plágio, exigindo dele que confessasse quem escrevera o trabalho submetido. Jung gritou sua inocência em vão. A experiência foi excruciante; ele se sentiu marcado como trapaceiro. Incapaz de partilhar seus tormentos com a família religiosa e austera, iniciou um ritual em que criou uma pequena figura e guardou-a cuidadosamente no sótão. Pensar nessa figura bem escondida o tranquilizava sempre que surgiam dificuldades em casa.[5] Quando a escuridão se aproximava, o ritual de Jung tomava conta dele, unificando o sentido fragmentado de si ao preservar um segredo que protegia uma parte vulnerável dele mesmo. Trancar esse segredo no sótão sombrio salvou sua jovem alma de uma angústia insuportável.

A morte como transformação

Não há metáfora mais profunda para a mudança que a morte. Seu simbolismo – caveiras, suicídio, queda de uma montanha, assassinatos, cadáveres, figuras camufladas e túmulos – nos permite imaginar que partes de nós precisamos liberar para que o renascimento possa vir. "Quando o lado da vida sobre a morte é negado", escreve Michael Meade, "o lado do nascimento torna-se obscurecido, e parte da importância de cada vida é perdida."[6]

A morte (literal ou simbólica) é um desafio para manter na psique. Um encontro com a escuridão é com frequência vivenciado como o desaparecimento daquilo que nos torna reconhecíveis e seguros. Apesar da dor do abandono, a morte interior é pré-requisito para o renascimento. A floresta queima antes de crescer;

---

5. Jung. *Memories, Dreams, Reflections*, pp. 21-2.
6. Citado por Eliade. *Rites and Symbols of Initiation*, p. 12.

CAPÍTULO 2 – DESCENDENTE E ASCENDENTE

os campos ficam ressequidos antes da primavera; e a lagarta morre e volta à antiga forma antes de se tornar borboleta. "Apenas o nascimento pode conquistar a morte", diz-nos Campbell; "nascimento não da coisa antiga, mas de algo novo."[7]

O submundo tem a misteriosa capacidade de nos transformar. Meu pai lembrou-se de ter-se mudado, aos 25 anos, para uma cidade remota onde não conhecia ninguém. Tinha diploma do magistério, mas nunca lecionara. Conseguiu um emprego em uma escola novinha em folha. Eram 35 alunos de uma turma do 7º ano do ensino fundamental, na qual ele era o único professor. Não havia carteiras, livros ou cronograma a ser seguido. Sozinho e desmotivado, ele se viu no que, desde então, tem descrito como "um bate e volta ao submundo". Essa situação desconfortável e assustadora o obrigou a descobrir do que ele próprio era feito.

Aquilo que éramos morre inúmeras vezes ao longo de nossa vida, e sempre que morremos nos atualizamos. Uma mulher desabrocha da virgem; um homem se aparta do menino; e o conforto da infância chega ao fim à medida que a maturidade e a independência têm início. Nenhum mito nos diz que a jornada é fácil. Há sempre testes – demônios, confusão e conflitos – que desafiam a mente-ego quando se volta ao desconhecido.

Na astrologia, o retorno de Saturno é um trânsito que ocorre quando o planeta regressa ao mesmo lugar que ocupava no céu no instante do nosso nascimento. Acontece no fim de nossos vinte e poucos anos e pode ser sentido até o início de nossos trinta. Em idade mais avançada, esse trânsito nos surpreende de novo, quando temos entre 57 e 60 anos. Saturno, deus do tempo, da tradição, da manifestação e da ordem, começa a sufocar a vitalidade juvenil. "Escolha", exige o Pai Tempo. "Escolha um caminho." O retorno de Saturno é um despertar para muitas realidades dolorosas, como o fim da liberdade pueril e das infinitas possibilidades. Nessa encruzilhada, a alma precisa de nova dieta alimentar; a disciplina e o sacrifício substituem o ser livre e despreocupado. O retorno de Saturno pode ser doloroso, pois é uma época que marca o fim de um ciclo de vida. Mas também é gratificante; a maturação constrói um tipo diferente de satisfação interna. Esse é um ritual de passagem cósmico.

À medida que nossa vida avança e entramos em diferentes fases dela, nossas percepções e atitudes exigem reinvenção. Precisamos de novas perspectivas

---

7. Campbell. *The Hero with a Thousand Faces*, p. 16.

para lidar com as novas situações. Se continuarmos a ser infantis (*puer aeternus* é o nome do complexo do "eterno jovem"), será impossível funcionar como adulto. Se tivermos saudade da virgindade (Cora, arquétipo virginal de pureza juvenil), será difícil estar com um parceiro para toda a vida. Se não estivermos conscientes de nosso complexo paterno (que trata da aprovação externa, da proteção e da condução), procuraremos sempre por pais substitutos. Não podemos evoluir sem mudança nem mudarmos sem evolução. De uma perspectiva analítica, não chegaremos à completude até ultrapassarmos um estado potencial para uma vida integrada e atualizada. O primeiro baile do ensino médio exige atitude diferente daquela da festa do seu casamento. O primeiro acampamento de férias requer atitude completamente diferente daquela do primeiro dia de aula. Cuidar de uma boneca exige perspectiva totalmente diferente daquela de criar uma criança.

Durante o ano que antecedeu meu casamento, tive uma série de sonhos nos quais enterrava, lentamente, um corpo. No início o corpo estava vivo, mas, com o tempo, começou a apodrecer. Um mês antes do casamento, o corpo estava tão frágil e apodrecido que eu sabia que estava morto. Era hora de colocá-lo para descansar. Depois de sepultá-lo, pressionei as mãos sobre a terra macia, então pequenas bolhas douradas escaparam da terra escura. Ajoelhei-me e, com tranquilidade, admirei-as enquanto subiam ao céu.

Parte minha temia abandonar a identidade como namorada. Para seguir adiante de maneira consciente, certos aspectos de minha personalidade precisavam ser colocados em paz. Esses sonhos apontavam partes minhas, como liberdade, autoconfiança e identidade juvenil, que precisavam morrer para que eu pudesse estar presente na fase seguinte de minha vida.

Se o submundo oferece potencial de crescimento, por que enfrentar nossa escuridão é tão avassalador? É, em parte, porque o ego se inclina mais para a estabilidade e o controle, enquanto o inconsciente engloba todo tipo de experiências, como vergonha, amor, medo, luxúria, maldade e poder. Enfrentar a vasta escuridão do inconsciente pode ser insuportável e até alarmante. A mente egoica sente-se dominada por forças não liberadas.

E há riscos. Podemos rever traumas e, mais uma vez, sentirmo-nos com medo, solitários, envergonhados, incompreendidos e abandonados. Todavia, se apenas tentarmos nos proteger dos perigos da escuridão, diminuiremos nossa capacidade de nos curar e evoluir.

Para nos sentirmos seguros o bastante a fim de viajarmos para a escuridão, precisamos de um sentido de identidade que reflita a realidade e faça que nos sintamos minimamente confortáveis. Ao contrário, desviarmo-nos de espaços seguros pode desintegrar os edifícios que construímos e deixar-nos à deriva. Uma paciente disse-me certa vez que, se fizesse as mudanças sobre as quais estávamos conversando, não saberia quem seria. Se nos submetermos a uma viagem transformadora, o primeiro desafio será, antes, fazermos as pazes com quem estamos nos tornando.

O segundo desafio será descobrir se seremos aceitos por amigos e familiares por quem nos tornamos. É provável que nossa antiga comunidade não se tenha transformado conosco. Uma das tarefas do herói é honrar a forma em que a jornada nos transformou. A metamorfose pode ameaçar a estabilidade de antigos padrões e relações, por isso parte do regresso ao submundo é resistir à solidão e forjar novos meios de nos ligar a nós mesmos e àqueles que amamos. Podemos aceitar uma nova percepção de nós mesmos mais atual, profunda e realista? E os outros?

Confrontando a sombra

A sombra é o repositório dos aspectos deserdados de nossa identidade. É o lado negativo e indesejado da personalidade – a soma de todas as possibilidades rejeitadas na vida. Parte de descer às profundezas diz respeito a enfrentar esse lado negligenciado e desgrenhado de nós.

O desenvolvimento da cultura divide as características pessoais em duas categorias: as consideradas aceitáveis e as que devemos repudiar para fazer parte da civilização – ego e sombra, certo e errado, bom e mau. Cada uma de nossas sombras é singular. Para alguns, a liberdade é ameaçadora, enquanto para outros a moralidade ou a responsabilidade ameaçam o sentido de "eu" que tentamos manter. Apesar da vibração provocada pela ideia de enfrentar a sombra, confrontá-la é da maior relevância psicológica, pois revela o que nos impede, o que não é nosso ou não conhecemos sobre o âmago de nosso eu e as formas como limitamos nossa expressão.

O processo de divisão e subjugação que engendra nossas sombras acontece porque desejamos ser vistos de determinada maneira. Não é questão de preferência; para a maioria de nós, é questão de sobrevivência. Nossos cuidadores, quando somos jovens, querem ou precisam que sejamos de certa forma, e é fundamental que correspondamos a isso. Tornamo-nos o que esperam de nós para sermos aceitos por aqueles que nos alimentam e apoiam, por isso abandonamos elementos essenciais de quem somos. Essa imagem idealizada é chamada de *persona*; é uma identidade exterior (ou máscara) utilizada pelo ego.

O ego tem as próprias ambições e defesas, e tudo o que inibe esse objetivo é relegado à sombra. Robert Bly compara a sombra a um saco que se carrega nos ombros: cada vez que um dos pais, um professor ou até você mesmo identifica algo inaceitável, isso é posto no saco, e, passado algum tempo, você está carregando um fardo cada vez mais pesado.[8]

As características da sombra têm energia muito grande, senão superiores à do ego. As partes reprimidas de nossa personalidade não desaparecem; permanecem nos lugares escuros do inconsciente. Infeccionam, corroem nossa autoconfiança e lançam suas gavinhas sombrias cada vez mais fundo, até assumirem o controle. Aqueles de nós que põem muito da autoestima na sombra acabam atormentados por uma desconfiança paralisante: "Sempre soube que a autoestima era um desafio para mim", disse-me uma amiga. "Tenho dificuldade de estabelecer limites pessoais." Pergunte-me o porquê, e lhe direi: "Porque estou sempre à procura da aprovação dos outros – dos colegas de trabalho, do meu namorado e até do meu cachorro." Para que essa mulher reconheça o próprio valor, deve trazer de volta à vida as joias escondidas de sua personalidade outrora banida e negligenciada.

A pessoa que escolhemos ser tem duplo sombrio: aquele que escolhemos não ser. No livro *The Wizard of Earthsea* (*O Feiticeiro de Terramar*), de Ursula Le Guin, o protagonista, Ged, liberta sua sombra (gebbeth) ao mundo. Em Terramar, cada ser tem nome real que detém imenso poder. Quando se revela que o gebbeth conhece seu nome verdadeiro, Ged é privado de seu poder e de suas capacidades. À medida que a narrativa se desenrola, torna-se evidente que o gebbeth conhece Ged melhor que ele mesmo. Por fim, após muito se esconder e fugir, Ged confronta a sombra e começa a aprender o que, de fato, ela é. Nos confins do mundo, encontra o gebbeth e descobre que o verdadeiro nome dele é seu próprio nome.

---

8. Robert Bly. *A Little Book on the Human Shadow*. São Francisco: HarperOne, 1988.

CAPÍTULO 2 – DESCENDENTE E ASCENDENTE

Essa é uma narrativa sobre como se tornar inteiro. A sombra não pode ser transformada, a menos que o eixo mente-ego a reconheça como contraparte. Estamos todos encarregados de integrar nossas sombras e, assim, recuperar nossas qualidades rejeitadas – aquelas partes nossas que não se enquadram no que nossa família ou cultura consideram aceitáveis. Em alguma medida, temos de viajar até os confins mundo, descer até as trevas, nomear e recuperar a parte perdida de nós.

Um jovem na casa dos vinte e poucos anos veio me ver porque se sentia desligado do mundo e estava se fechando de um jeito que limitava suas relações. Quando não estava ativo, talvez enquanto descansava, assistia a um filme ou se sentava em silêncio, sentia medo e ansiedade em torno da temática rejeição.

Esse jovem cresceu com pais emocionalmente negligentes. Eles queriam corrigir a raiva experimentada durante a própria infância, enfatizando o equilíbrio e a estabilidade, mas, no processo, sufocaram, sem perceber, a expressão do meu paciente. Embora fornecessem tudo de que uma criança necessita (alimentação, lar, brinquedos etc.), não enxergaram o filho por quem realmente era, nem sequer prestaram atenção às necessidades emocionais dele. Por esse motivo, meu paciente se fechou em um mundo interior carregado de energia.

No início de nosso trabalho conjunto, ele relatou dois sonhos. No primeiro, zumbis saíam de um lago escuro e faziam lavagem cerebral em pessoas sentadas em um bar. No segundo, os zumbis atacaram-no em uma torre. Lá, ele morreu e renasceu, apenas para reviver o ataque repetidamente.

Os zumbis simbolizam um estado entre os vivos e os mortos, uma representação de existir sem vida legítima. O zumbi, que continua mantendo aparência humana, carece de consciência e, assim, simboliza a degradação – não percebendo o mundo que passa. É um estado vazio de ser, uma interioridade no vácuo que torna impossível a ligação com a vida ou mesmo a afirmação de nossa própria realidade.

Quando partes de nós não são espelhadas e tratadas por nossos pais ou responsáveis, podemos renegar as partes sentidas como inaceitáveis. Abandonamos nosso potencial essencial e transformamo-nos no que pensamos que deveríamos ser. Quem realmente somos, toda nossa maravilhosa criatividade e identidade, é delegado às sombras.

65

Esses sonhos eram janelas à extensa sensação de distanciamento que o jovem tinha em relação aos acontecimentos da vida real, não sendo capaz de pensar por si mesmo ou ter desenvoltura, assim como os mortos-vivos. O zumbi representava a sombra de sua personalidade – feridas não integradas desejando vida; partes não assimiladas de sua personalidade. Essa energia zumbi o atacava, aumentando-lhe a falta de vitalidade e a incapacidade de se envolver com o mundo. "Ou estou no momento presente", disse ele, "ou só mato o tempo." O zumbi olha para o mundo com olhos apáticos. Ocultou a centelha da vida, encontra-se incapaz de acordar com a própria autoridade e identidade.

Os sonhos com zumbi ajudaram meu paciente a explorar as raízes de sua "inatividade sem sentido" e a importância de sua centelha de vida. Como o filósofo grego Sócrates nos lembrou, a vida não examinada não vale a pena ser vivida. Do ponto de vista onírico, já era tempo de meu paciente acordar, e, não surpreendentemente, os sonhos com zumbis prefiguraram um rico período de crescimento.

A menos que façamos brilhar a luz da consciência sobre a sombra, em geral com a ajuda de um psicopompo, um guia, ela será projetada sobre alguém ou algo fora de nós. Essa é a maneira de aprender dos seres humanos. Quando uma característica de outra pessoa tem carga voltaica, é um bom indicativo de que estamos projetando nossa própria sombra, expulsando inconscientemente um conteúdo psicológico subjetivo de um objeto externo.

O mundo natural é feito de polaridades – morte e renascimento, luz e escuridão, feminino e masculino, inverno e verão. A psique segue estrutura dupla semelhante – inconsciente e consciente, ego e sombra. Segundo Jung, ego e sombra vêm ambos da mesma matriz da psique, o inconsciente, e juntos oferecem a totalidade. Não podemos conhecer a nós mesmos sem conhecermos nossa sombra. Não pode haver luz sem a escuridão.

O tesouro difícil de encontrar

Como os ritos iniciáticos, a jornada ao submundo é simultaneamente perigosa e transformadora. Hades também recebia o nome de *Ploutos* ("provedor de riqueza") e *Torphonios* ("nutritivo"). Viajar para o Hades e experimentar o inconsciente é infundir nossa vida com tesouros geradores de riqueza e profundidade nutritiva.

CAPÍTULO 2 – DESCENDENTE E ASCENDENTE

Jung chamou o prêmio escondido no mundo interior de "o tesouro difícil de encontrar".[9] Acreditava que a viagem descendente e ascendente tinha mais a ver com a completude que com a perfeição; não com o regresso sem falhas, como algo fixo ou curado, mas com a recolha de algo de nós que fora escondido nas profundezas. Disse que, para se desenvolver como indivíduo, "é necessário o 'espinho na carne', o sofrimento dos defeitos sem os quais não há progresso nem ascensão".[10]

Rápido a enfatizar a relação entre a escuridão e o progresso, Jung afirmou que só por intermédio de um reencontro com a escuridão, com as partes sombrias da psique, podemos aprofundar o sentido da vida e expandir nosso senso de identidade. Lembro-me das palavras de Shakespeare: "Doce são os usos da adversidade, que, como o sapo, feio e venenoso, usa, ainda, uma joia preciosa na cabeça".[11]

Em Gênesis (32:22-32), Jacó passa a noite sozinho ao lado de um rio, na viagem de volta a Canaã. Lá, encontra um "homem" com quem combate até o amanhecer. Finalmente, o homem toca na anca de Jacó, ferindo-o e terminando o confronto. Diz-lhe, então, que já não se chamará Jacó, mas Israel, do hebraico *sara* – "ele lutou, disputou" – e *El*, "Deus". Israel é aquele que "lutou com Deus". Em resposta, Jacó diz: "Tenho visto a Deus face a face, e a minha alma foi salva". Em Oseias (12:4), o homem é descrito como *malakh*, "anjo". Seja como for, a narrativa é sobre se confrontar com um arquétipo e sustentar seu toque. Jacó é ferido pelo encontro, suportando sua lesão como sinal de ter sido tocado por Deus. No entanto, pelo confronto, sua alma foi salva. A experiência direta e afetiva do *self*, do encontro com a base arquetípica do ser, o transpessoal, deixa cicatriz. A escuridão fere, mas também oferece ligação com o *self*, a fonte e a cátedra de nosso ser. Combater com um anjo e ser atingido implica ter acesso aos tesouros que a vida tem a oferecer.

Nós, seres humanos, desde muito tempo, colocamos debaixo da terra o que é mais valorizado. As lendas nos contam que dragões acumulam joias cintilantes nas entranhas da terra. Ocultamos o que é precioso em corredores

---

9. Jung. *Psychology and Alchemy*, p. 335.
10. Ibidem, p. 159.
11. William Shakespeare. *As You Like It*. Barbara Mowat e Paul Werstine (orgs.). Nova York: Simon & Schuster, 1997, p. 49.

escuros, imaginamos tesouros escondidos em ilhas desoladas, enterramos nossos mortos e mineramos encostas inteiras para encontrar diamantes, o que simboliza, hoje, amor e compromisso.

Mais de 5 mil artefatos foram enterrados com o faraó egípcio Tutancâmon, em um túmulo fechado e protegido por quase 3.500 anos. Estes foram cuidadosamente desenterrados, e milhões de turistas visitam agora o túmulo para admirar tesouros outrora inimagináveis aos vivos.

Na Caverna de Chauvet, na França, os seres humanos vagaram para o interior da terra há 36 mil anos, para imortalizar a vida em muros de pedra. "Escondam-nos em grutas e cavernas", declarou Winston Churchill em 1940, quando a Galeria Nacional enviou sua coleção de obras-primas para uma mina de ardósia galesa, a fim de as proteger dos bombardeios da Luftwaffe.[12] E em Svalbard, na Suécia, nas profundezas da terra, há um banco de sementes; o potencial para a renovação da vida hiberna em um verdadeiro ventre de gelo que mais parece algo de outro mundo. Viajamos para baixo, em direção à escuridão, para *esconder* o que tem mais valor, assim como para o *encontrar*.

Minha mãe cresceu com um pai emocionalmente distante que tinha estresse pós-traumático. Era um veterano da Segunda Guerra Mundial que sofria com episódios de violência e retraimento. Quando o pai dela estava com mais de 80 anos e à beira da morte, ela voou até a Flórida para se despedir dele. Ao chegar ao hospital, a família estava paralisada, incapaz de ver como o pai estava pronto para fazer a passagem. Ela tomou a decisão de desligar o aparelho de respiração assistida.

Nos últimos momentos dele, ela lhe disse: "Você foi o melhor pai que conseguiu ser". Ele gentilmente levantou os ombros. Ela interpretou isso como: "Sério?". Esta foi a primeira vez que o pai dela reconheceu não ter sido o pai de que ela necessitou. Ela descreveu esse "momento submundo" como um dos mais pesados de sua vida, mas também como um presente de cura – uma pérola na escuridão que abriu caminho para uma compreensão conclusiva entre gerações.

Adentrar o submundo revela tesouros inestimáveis que parecem ser visíveis apenas na escuridão. Durante toda a vida, o pai da minha paciente foi crítico em relação a ela. Como piloto de helicóptero no Vietnã, a exposição ao napalm

---

12. Holly Williams. "The Art Hidden from Nazi Bombs 2018". *Culture*, BBC, 16 abr. 2018. Disponível em: <www.bbc.com/culture/story/20180413-the-art-hidden-from-nazi-bombs>.

CAPÍTULO 2 – DESCENDENTE E ASCENDENTE

acabou causando-lhe leucemia e câncer de próstata. Perto do fim da vida dele, ela se submeteu a uma craniotomia para avaliar o próprio diagnóstico recente de tumor cerebral. "Senti como se alguém tivesse atado um pneu à minha cabeça", recordou ela, "mas, quando saí do hospital, um amigo me levou para ver meu pai." No leito de morte, ele finalmente lhe disse tudo de que ela precisava – a morte deu-lhe permissão para ser alguém diferente, o pai de que ela sempre precisou: "Ele tinha um amor nos olhos que jamais tivera antes".

O submundo nunca deve ser encarado levianamente. Elie Wiesel sobreviveu ao Holocausto antes de ter a profundidade de compreensão para escrever suas comoventes memórias na obra *Night* (*A Noite*). Nelson Mandela cumpriu vinte e sete anos de prisão enquanto se tornava a bússola moral de todo o mundo. Não é fácil enfrentar nossos demônios interiores; no entanto, no fim, as recompensas quase sempre compensam os riscos.

Quando um ente querido morre, quando a adversidade nos esmaga, quando somos vítimas de violência, depressão, distúrbios de humor ou abandono, podemos tropeçar em direção a uma poderosa escuridão. Se nos permitirmos sentir ansiedade e desconforto, medo e fúria, a jornada oferecerá a possibilidade de *insights* e a expansão da consciência. Marion Woodman, uma analista junguiana, confessou ter se forçado para fazer a longa e dolorosa viagem interior motivada pelo "medo de chegar ao leito de morte e perceber que nunca vivera a própria vida".[13]

Sacralizando a escuridão

O antigo cosmos grego abrangia tanto o mundo diurno como o submundo, o telúrico ("terra superior") e o ctônico ("debaixo da terra"). De acordo com essa visão, o panteão divino foi separado em deuses que pertenciam à terra profunda, *cthonioi*, como Perséfone, Hades e Hécate, e olimpianos, como Atena, Apolo e Hera, das altas e sagradas montanhas.

Essa distinção cosmológica começou quando – em um drama mítico conhecido como Titanomaquia, série de batalhas que durou dez anos – os olimpianos mais jovens alcançaram dominância sobre os Titãs mais velhos e,

---

13. Marion Woodman. "Spiralling Through the Apocalypse". *In*: Daniela Sieff (org.). *Understanding and Healing Emotional Trauma*. Nova York: Routledge, 2015, p. 65.

consequentemente, sobre o Universo. Quando Zeus destronou o pai, Cronos, baniu os Titãs para o Tártaro, e "os antigos poderes foram lançados ao abismo pela nova ordem de deuses".[14] Após esse momento, os poderes primitivos e essenciais foram considerados separados da glória dos olimpianos.

Os olimpianos, iluminados e humanistas, caracterizados pela leveza, sanidade e ordem, foram separados das temidas contrapartes ctônicas – obscuras e reprimidas. Apolo, Senhor da Luz, foi incapaz de contatar os mortos. Sua irmã, Ártemis, não podia macular os olhos com os moribundos. E Hera, rainha dos olimpianos, teve de "preparar-se" para adentrar o submundo.[15]

A noção de que os olimpianos são incompatíveis com os ctonianos rege o cosmos mítico grego. Os olimpianos eram adorados à luz do dia, vestidos com trajes festivos, carregando copos repletos de ambrosia, e seus cabelos eram adornados com grinaldas. Os ctonianos, por outro lado, eram adorados à noite, em silêncio. Hades, o temido deus da morte, não podia ser admirado. Aqueles que ofereciam sacrifícios aos seres do mundo inferior faziam-no com olhos desviados.

Os deuses do submundo eram ameaçadores e indesejáveis, mas continuavam sendo deuses; logo, parte intrincada e importante de uma visão cosmológica equilibrada que venerava tanto a luz quanto os aspectos sombrios do divino. O submundo era complemento do Olimpo – diferenciado, porém não separado; remoto, mas tratado com respeito.

No Ocidente moderno, perpetuamos o medo dos gregos em relação ao submundo, porém acabamos deixando de reverenciá-lo. As neuroses são reprimidas, não veneradas; a depressão é "tratada"; e as experiências "negativas" são cortadas e abafadas. Em vez de divinizar a escuridão, nós a reprimimos.

Cientistas acreditam que mais de 68% da massa total do Universo é energia escura, força misteriosa que parece impulsionar a expansão do cosmos. A matéria bariônica, que constitui a massa do nosso mundo tangível, contempla apenas 5% do Universo. E os restantes 27% são matéria negra, partículas que não interagem com a matéria bariônica. A matéria e a energia escuras podem ser invisíveis; todavia, são as arquitetas do cosmos, unindo e desenhando todas as coisas juntas. Acredita-se que, sem a presença de matéria escura,

---

14. Walter F. Otto. *The Homeric Gods: The Spiritual Significance of Greek Religion*. Nova York: Pantheon Books, 1954, p. 133.

15. Ovídio. *The Metamorphoses*, p. 106.

CAPÍTULO 2 – DESCENDENTE E ASCENDENTE

galáxias, planetas, oceanos, seres humanos, leões, samambaias, insetos e o próprio solo não existiriam. Em nível cósmico, a escuridão torna a vida possível, mas, em nível psicológico, pensamos que a escuridão não é essencial – que pode ser considerada desnecessária, por mais que se trate de um bloco de construção da vida.

A conexão entre os mistérios das sombras e os mistérios da vida não se perdeu em nossos predecessores. A representação da morte e nossa relação com ela provou-se o início da mitologia; as primeiras provas do pensamento mitológico estão associadas a sepulturas e à crença na vida após a morte. Na Grécia Antiga, Hades, Perséfone, Hécate, assim como outros poderes do abismo, eram temidos, mas, ainda assim, santificados. O submundo – os aspectos sombrios e indignos da natureza humana – eram honrados como parte de um sistema religioso holístico.

O submundo é um poderoso unificador; é capaz de aproximar o mundo. Assim como a matéria escura, a escuridão tem gravidade invisível que tudo une. O sofrimento atravessa o tempo e a divisão, a cultura e a tradição – permeia os sobreviventes dos campos de concentração e aqueles aprisionados de forma velada nas próprias casas. Retrata aqueles separados por gerações e continentes, gênero e idiomas distintos. Devastados pela exposição incessante aos horrores das trincheiras, soldados da Primeira Guerra quebraram toda ilusão mundial sobre honra e glória no campo de batalha. Confinados em rios de lama e sangue, desamparados e forçados a testemunhar a morte de amigos, sem esperança de vida ou fuga, colapsaram de maneira nunca antes vista. Foram chamados de "neuróticos de guerra". Hoje, o distúrbio é chamado de transtorno do estresse pós-traumático (TEPT). Veteranos da Primeira Guerra Mundial trouxeram consigo, para casa, o campo de batalha, adentrando e mergulhando para baixo da superfície envernizada e polida característica da vida civilizada. Esses soldados choraram, congelaram, desapareceram em silêncio e perderam a capacidade de sentir. O mundo viu como combatentes de todos os países caíram na escuridão; o submundo anímico foi introduzido em escala global, e nossa compreensão do verdadeiro custo da guerra mudou para sempre.

"O reino dos deuses antigos", escreveu Walter F. Otto, "é sempre tangencial à religião dos mortos; na realidade, a vida é irmã da morte."[16] A psico-

---

16. Otto. *The Homeric Gods*, p. 136.

logia profunda partilha da crença de que o inconsciente é parte necessária da vida, procurando diferenciar, não dividir, construindo, assim, a integridade por meio da conexão. Para fazer uso da palavra cunhada pelo mestre zen Thich Nhat Hanh, eles "interestão", ou seja, estão inextricavelmente interligados. Sem tempestade, não há chuva; sem umidade, a floresta não pode crescer, e os animais não podem comer. A tempestade é essencial à existência dos animais. Ambos estão, portanto, interligados. Luz e escuridão, profundidade e altura, morte e renascimento seguem os mesmos padrões de entrelaçamento.

Atualmente, auxiliamos por intermédio da terapia cognitivo-comportamental, ou com medicamentos, aqueles que passam por uma fase difícil. Isso não é integração, menos ainda adoração. Raramente nos reunimos para homenagear esferas instintivas ou reconhecer as possibilidades advindas do enfrentamento de desafios da vida. Esquecemo-nos, quase por completo, de que a escuridão é a irmã da vida, um tesouro a ser temido e valorizado, ao mesmo tempo. Quando reprimimos a escuridão, perdemos a vivacidade e a fertilidade.

O desejo de diminuir ou evitar a dor é compreensível. Livrar-se da ansiedade, vencer o medo, reencontrar-se consigo mesmo após uma doença, estabilizar um transtorno de humor e curar-se de traumas agudos são objetivos importantes. Não estou encorajando ninguém a deixar que a escuridão o tome. Ao contrário, estou dizendo que o submundo, por mais difícil que seja, faz parte da vida, e ignorar o material que surge das profundezas não o faz desaparecer. Tomar um comprimido ou dominar uma técnica não cura a ferida na raiz do nosso sofrimento. Filtrar a vida por meio da perfeição e do controle nos impede de descobrir o significado e a oportunidade transmitidos das profundezas por esses grandes professores fantasmagóricos. Em vez de mascararmos os sintomas, permanecermos presentes com nossa ferida, na medida do possível, pode promover a integração.

Ascendendo

No mundo todo, há mitos e religiões que retratam as descidas e subidas ao submundo. Essas narrativas nos lembram de que é essencial experimentar o inconsciente e igualmente necessário retornar. A palavra "retorno" data do século XVI e significa "dar em troca" ou "restaurar". "Retornar ao submundo"

CAPÍTULO 2 – DESCENDENTE E ASCENDENTE

significa oferecer, retribuir e restaurar nossa ligação com o inconsciente. Retornar não é apenas regressar; significa integrar, ser verdadeiramente afetado pelas experiências sombrias e tentar fazer uso dos aprendizados para caminhar para a frente. O que é exigido de nós durante a ascensão é imensamente desafiador. É tentador procurar soluções mais fáceis ou rápidas. Contudo, se desejamos nos curar e ascender à plenitude, de verdade, temos de empreender as tarefas de reparação e mudança, integração e ascensão.

Ascensão (*anodos*) deriva do grego *ana* (subida) e *hodos* (caminho), o que significa subir para o próximo estágio. Os gregos chamavam *athanaton hodos* o caminho dos imortais. Ao regressarmos à luz do dia transfigurados pela experiência, evoluímos como indivíduos e entramos no estágio seguinte do nosso crescimento.

Cair na escuridão é algo que costuma acontecer conosco – a depressão toma conta de nós; os acidentes acontecem; a cirurgia de emergência repara o corpo, mas abala a mente; e os complexos nos invadem. Somos levados, sem querer, às profundezas. Nesses casos, são a ascensão e a integração que apresentam os maiores desafios. Depois de experimentarmos o pior que a vida pode oferecer, a tarefa é chacoalhar e deixar que a sabedoria da escuridão nos modele de novo.

Apesar da importância de retorno do submundo, inúmeros mitos gregos oferecem pormenores intrincados da descida e do tempo passado no Hades e, depois, passam brevemente pela parte que retrata a ascensão. Odisseu descreveu numa única frase seu voo rodopiante de volta ao navio. A descida é formidável; já a subida traz alívio. No entanto, a ascensão pode demorar uma vida inteira.

É uma observação minha que a subida pode ser ainda mais difícil que a jornada descendente. Integrar mudanças em nossa identidade, aprender a viver com o que foi revelado e experimentado na escuridão exige tempo e paciência. Campbell classificou isso como "o trabalho de trazer os símbolos da sabedoria [...] de volta ao reino humano".[17] Ao ler os clássicos, parece-me que os gregos deram pouca relevância a esse importante desafio. Nesse movimento, vemos o início da preferência da mente ocidental pelo mundo diurno.

---

17. Campbell. *The Hero with a Thousand Faces*, p. 193.

73

O pai de minha amiga sofreu um AVC grave e, dez meses depois, a sogra dela morreu de câncer. "A escuridão clareia com o tempo", refletiu ela e, a seguir, continuou a expressar os desafios da integração. "Assim que a fase crítica ameniza, você coloca a camisa, faz a maquiagem, conversa sobre as diferentes castas de vinho ou ri com os colegas, avançando impetuosamente pelos próximos meses, demonstrando uma fachada inquestionável de profissionalismo e, atrevo-me a dizer, felicidade e contentamento. Mas logo abaixo da superfície desse semblante corajoso espreita a escuridão. E, para mim, isso fica no limiar de minha atitude obstinada, necessitando apenas da mais leve agulhada para estourar o balão todo que é meu semblante de sanidade."

Muitos daqueles que estão no âmago da escuridão visualizam alívio, conclusão, sentido e normalidade. Imaginam que, se conseguirem voltar a ficar de pé, tudo retornará à normalidade, o fardo desaparecerá, e poderão "seguir em frente". Claro que queremos alívio da escuridão, mas as verdades das experiências ligadas ao submundo não desaparecem tão fácil. Ou são integradas, ou voltam para baixo da terra. Se a experiência não for "processada", é provável que voltemos a enfrentar desafio semelhante. E, da próxima vez, os sussurros poderão se tornar gritos; os desconfortos, sintomas; e o esquecido e negligenciado voltará a escorrer além de nossos muros.

Naturalmente, é necessário o alívio das fases agudas do trauma para que possamos funcionar e termos força para enfrentar a escuridão. No entanto, apenas seguir em frente não valoriza a depressão ou a perda; a mensagem da alma ao trazer-nos para o submundo, ou o processo contínuo de integrar a experiência, ocorre por meio de sustentar sua presença. O alívio por si só não é, na maior parte das vezes, uma ascensão legítima. A integração que é.

Não conheço ninguém que tenha experimentado tragédia, depressão, divórcio, tentativa de suicídio, violência, vergonha ou trauma que não continue a sofrer com o impacto desses episódios. Não se trata de se livrar deles ou até de superá-los. Trata-se de estabelecer uma relação significativa com eles que nos ofereça informações contínuas.

O comovente e célebre livro do veterano de guerra Tim O'Brien sobre a Guerra do Vietnã, obra-prima do poder redentor da narração de histórias, chama-se *The Things They Carried*. "Lembro-me do osso branco de um braço", escreve ele. "Lembro-me dos pedaços de pele e de algo úmido

CAPÍTULO 2 – DESCENDENTE E ASCENDENTE

e amarelo que deveriam ter sido os intestinos. A sanguinolência era um horror, e continuou comigo."[18]

Se víssemos o trabalho interior como um ato de cuidado em vez de conserto, "reascendendo" ao longo de nossa vida, nossa psicologia mudaria sobremaneira. Poderíamos ficar curiosos com as mensagens reveladas em meio à agitação; poderíamos acreditar que os problemas oferecem oportunidades de reflexão em vez de obstáculos a serem transpostos e aceitar as mudanças imprevistas e não planejadas da vida.

A cada respiração, meu irmão precisava aprender a conviver com as mudanças que a lesão cerebral lhe impunha. Todas as manhãs, meu pai acende uma vela ao pai dele, que morreu há cinquenta anos, e também à mãe, que se foi décadas após essa passagem. O ritual de meu pai retrata como ele se lembra dos pais e os invoca para sua vida dia após dia. Bebendo vagarosamente seu café, minha colega dirige até o trabalho onde ajuda adolescentes com traumas sexuais. Todas as manhãs, ela também se confronta com as violações do próprio passado. Estas são janelas para a vida diária de pessoas que vivem com perspectiva do submundo – em estado ritualístico que integra a escuridão continuamente.

A valorização da ordem e da luz precisa apenas da negação da escuridão. Não podemos correr o risco de revelar que ainda estamos em uma relação com o submundo, enquanto outros à nossa volta parecem tão bem-compostos: "Não quero participar de um grupo de luto", disse-me uma mulher: "O meu não é tão organizado quanto o dos outros".

Sobrepomos a moralidade à escuridão. As sombras são más; os instintos, pecaminosos; a morte é uma espécie de fracasso. Essa perspectiva interpreta mal a ascensão como ascendência – elevar-se acima dos conflitos e da bagunça que fazem parte da vida. A ideia de ascensão singular e sublime oriunda do mito judaico-cristão é uma narrativa que despreza a escuridão. Reprimimos as experiências sombrias em nossa consciência e controlamos nossos instintos para podermos nos erguer acima da matéria e estarmos mais próximos de Deus. Na minha opinião, isso não é útil.

---

18. Tim O'Brien. *The Things They Carried*. Boston: Houghton Mifflin, 1990, p. 89.

Viagem de ida e volta

A vida está repleta de movimentos de descida e subida. Os gregos chamavam a ascensão de *palingenesia*, "o regresso à vida depois da morte", uma nova geração e regeneração da vida. Nunca ascendemos totalmente do submundo. Estamos em processo constante de descida, seguido de integração, e cada ida e vinda afeta o restante de nossa vida. Não é necessário sobrepor a moralidade a isso. Nossa relação contínua com o submundo está além da vergonha, da repressão ou do pecado. Consiste apenas em estar vivo e em aprender a enfrentar os desafios da vida da melhor maneira possível.

O poeta, romancista e crítico literário britânico Robert Graves refletiu sobre como o submundo não digerido da Primeira Guerra Mundial permeou sua vida. "Eu ainda estava mental e nervosamente organizado para a guerra", explicou. "Os cartuchos das balas costumavam avançar sobre minha cama, em ritmo frenético, à meia-noite. [...] Desconhecidos à luz do dia assumiam o rosto dos amigos que haviam sido mortos. Quando forte o bastante para subir a colina atrás de Harlech e visitar meu país favorito, não consegui deixar de vê-lo como um campo de batalha potencial."[19] Uma vez que se tenha conhecido o submundo, este não pode se tornar "desconhecido".

Hillman acreditava que a ascensão alimenta o vício do ego por significado e desenvolvimento, criticando a preocupação de Jung com a interpretação, a criação de sentido e a integração. Para que o ego ascenda, Hillman pensava, ele bifurca a psique artificialmente. Deve haver uma esfera *de onde* ascender e outra *para onde* ascender, e Hillman opôs-se a essa percepção. Essa psique, disse ele, não é uma bolacha cortada ao meio; é uma bolacha esmagada em centenas de migalhas. Para Hillman, o viajante não desce a um caminho bem traçado e retorna dele, trazendo consigo um pedaço de si mesmo que lhe falta. A psique é demasiada complexa para isso, fragmentada demais para ser contida ou experimentada de maneira tão singular.

À primeira vista, a abordagem de Hillman pode parecer irrealista – por que não nos esforçaríamos para ascender, integrar e regressar à normalidade? Por que não haveríamos de procurar significado e compreensão? Mas a perspectiva dele é menos sobre descer ao submundo para nunca mais voltar e muito mais

---

19. Robert Graves. *Goodbye to All That*. Nova York: Doubleday,1957, p. 257.

CAPÍTULO 2 – DESCENDENTE E ASCENDENTE

sobre criar uma consciência imaginária que aceite as condições do submundo. É uma preferência pelos infinitivos – descender e ascender – como processos ativos, contínuos e familiares do envolvimento constante da relação com o submundo. A sensibilidade de Hillman vê o submundo como parte, embora periférica, de nossa vida cotidiana, permitindo que a escuridão tenha lugar à mesa.

"A escuridão é uma experiência polarizadora", compartilhou comigo um amigo cujo pai teve AVC. "Era evidente que havia pessoas com as quais eu queria lamentar minha tragédia e outras com as quais não queria. As pessoas com as quais decidi não me abrir pareciam não ter ideia do que eu estava vivendo. Elas mesmas nunca tinham experimentado aquele nível de escuridão. Um amigo me disse em tom de brincadeira: 'Pelo menos agora sua família terá de desacelerar!'. Outro queria apenas ouvir os detalhes mais tristes. Alguns não queriam 'me incomodar', por isso jamais me procuraram. Muitos apareceram no início e depois nunca mais voltaram. Quanto mais distante da realidade cotidiana for a fase crítica que está vivenciando, menos pessoas vão querer mergulhar com você na escuridão."

As palavras dele apontam para um fator essencial da ascensão. Precisamos de apoio, e muitas pessoas se aproximam de nós durante as fases críticas da escuridão oferecendo-nos comida, companhia, literatura motivacional, flores, fotografias e telefonemas. Contudo, após o acolhimento inicial, tratam a dor como se tivesse desaparecido, como se já não precisássemos mais da presença delas. Como se tivéssemos ascendido em vez de continuarmos a ascender. Estar com alguém no olho do furacão é complicado. Todos desejam que a vida volte ao "normal". O tempo suaviza e, muitas vezes, diminui a acuidade do sofrimento. Mas nem o tempo é um apagador mágico que não deixa vestígios. Anos mais tarde, ainda podemos precisar de uma luz noturna. Se praticássemos a ascensão, talvez pudéssemos compreender a necessidade de apoiar continuamente os outros e a nós mesmos, testemunhando nossa relação mútua e ininterrupta com a escuridão.

Se considerarmos os sintomas apenas como negativos, perderemos a capacidade de vê-los como mentores – como caminhos para uma vida de autoexploração. Convencermo-nos de que o submundo não permeia toda a vida é um equívoco grave. Jamais me verei livre do acidente do meu irmão. Pais que perdem um filho nunca se curam por completo. Vítimas de traumas não superam suas experiências. Veteranos de guerra jamais esquecem o combate. Lesões morais e físicas permanecem conosco pelo resto da vida. O psiquiatra Elvin Semrad disse: "Pensamos, muitas vezes, que a melhor maneira de lidar com qualquer situação difícil é não lidar com ela – esquecê-la. Mas [...] a única maneira de esquecer é lembrar-se".[20]

Se o fizermos, começaremos a ver a escuridão como vitamina de crescimento. Se ignorarmos o trabalho de integrar sua sabedoria, mesmo que leve uma vida inteira, perderemos a oportunidade de evoluir. Quando alguém vem até mim com uma experiência aparentemente insuperável do submundo ou uma pequena pista apontando para uma grande ferida, isso retrata, tão somente, a vida se manifestando. Precisamos de estruturas construtivas o bastante para conter essas experiências e começar a processar o que encontramos. Precisamos das enzimas digestivas necessárias.

Quer vejamos a jornada como precursora da individuação, da criação de alma em tempo real ou da capacidade de suportar e eventualmente abraçar os transtornos e as provações da vida, o ponto primordial é que a valorização da jornada descendente e ascendente, em combinação com a visão reverente do submundo, pode nos fornecer um modelo para tratarmos a escuridão não apenas como alienígena e aterrorizante, mas também como potencialmente enriquecedora. Isso significa desenvolver uma perspectiva do submundo que aprecie a riqueza de nossa profundidade e teça o submundo em nosso ser, não sendo ingênuos em relação aos desafios de integrar as lições aprendidas. Ascender, seja uma ou várias vezes, faz parte de nossa jornada contínua para a completude, o que é bastante diferente da busca por perfeição. Se nos esforçarmos por viver uma vida imaculada, nada mudará. A natureza complexa da jornada é, em si mesma, o custo do renascimento. Vamos olhar uma panóplia de jornadas míticas de descida e ascensão para mostrarmos o que parece ser cultivar uma relação construtiva com o submundo.

---

20. Susan Rako e Harvey Mazer (orgs.). *Semrad: The Heart of a Therapist*. Lincoln, NE: Universe, 1980, p. 106.

CAPÍTULO 3

A EVOLUÇÃO DO HERÓI

De todos os viajantes do submundo, nenhuma outra figura capturou a imaginação mítica – de leste a oeste, de norte a sul – tanto quanto o herói. Por dezenas de milhares de anos, contamos histórias de grandes heróis que viajam para a escuridão inimaginável, lutam contra monstros e retornam à superfície transformados e empoderados.

Pinturas rupestres na Europa, na Indonésia e na Austrália, que datam de 30 a 40 mil anos atrás, mostram que contar histórias sobre heroísmo é algo muito antigo. Em várias culturas, mitos falam de provações, tribulações e triunfos de personagens poderosos que enfrentaram grandes adversidades. Algumas das primeiras narrativas conhecidas, como *Gilgamesh*, *Beowulf* e *Odisseia*, são de heróis que evoluíram sobremaneira por meio do confronto com as adversidades. E nos últimos mil anos William Wallace lutou contra os ingleses, esforçando-se para unir o povo escocês; James Bond enfrentou supervilões; e a Mulher-Maravilha, com exuberância, integridade e força, seguiu o caminho da virtude. Pessoas comuns também são chamadas de heróis quando inspiram coragem e sacrifício excepcionais. As maneiras pelas quais a mente ocidental imagina o herói mudaram ao longo do tempo, e, neste capítulo, exploraremos a evolução do herói ao longo da história, com foco nos desenvolvimentos na visão de mundo ocidental que moldaram o caráter desse personagem cativante. Heróis são de extrema relevância para nossas próprias experiências, porque são imagens da transformação humana.

Idolatria

No mundo antigo, os heróis ajudaram a construir uma ponte entre as fraquezas humanas e o poder absoluto do divino; estavam entre os deuses e nós, seres humanos. Na maioria das vezes, eram semideuses nascidos tanto do sangue mortal quanto do icor imortal. Hércules era filho de Zeus, governante dos deuses, e da rainha Alcmena de Tebas. Eneias era filho de Anquises, membro da família real de Troia, e de Afrodite, deusa do amor, do prazer e da procriação.

Era sacrílego e perigoso a um mortal comum aproximar-se demais dos deuses, então distantes e onipotentes, afinal, mas os semideuses provaram-se ser exceção. Heróis semidivinos como Orfeu e Hércules, embora metade humanos, eram adorados por apresentar relação apropriada com o divino, guiando experiências religiosas que conectavam os adoradores a seus deuses.

Rituais de culto a heróis marcavam o fim do isolamento, da mortalidade individual e da conexão emergente com os deuses. Os gregos chamavam esse estado de ser de "nascido em espírito", ou *epopta*, significando, literalmente, "aquele que enxerga". Os heróis eram personificações da possibilidade de renascimento e expansão de si e da capacidade dos seres humanos de enfrentar as grandes incógnitas da vida – incluindo a morte e a divinação.

Em uma sociedade que temia o submundo, as pessoas dependiam de ritos de preparação para a morte. Sozinhos entre os mortais, os semideuses poderiam guiar os indivíduos ao submundo, servindo como portas de entrada entre o mortal e o divino. Já tendo viajado para o abismo, heróis como Orfeu e Hércules sabiam o caminho certo a seguir e como apaziguar os poderes das profundezas. O classicista Walter Burkert chamou os heróis de "contraparte ctônica à adoração dos deuses".[1] Para fazer as pazes com as trevas, entrar no submundo, era necessário confiar nos heróis míticos que haviam viajado para o Hades.

De todos os heróis gregos, Orfeu era o mais adorado, e o culto ao orfismo trouxe luz a um elaborado sistema de recompensas e punições póstumas. Para alcançar um lugar ideal no Hades após a morte, os seguidores do culto delinearam um regime didático diário, não muito diferente do mito judaico-cristão, de que viver de determinada maneira significava receber reciprocidade ao morrer (lei do retorno). Como descendentes dos Titãs, os seres humanos eram inerentemente pecadores e, para superar o DNA titânico, mostraram-se favoráveis a Hades e a Perséfone. Com tal aprovação divina, poderiam ser purificados dos aspectos negativos da humanidade. A escatologia órfica oferece uma explicação detalhada da vida após a morte que poderia ser seguida recebendo orientação de um herói que sabia como apaziguar os poderes das profundezas.

O poeta e dramaturgo Aristófanes descreveu a consequência de não receber lugar favorável no Hades, como passar a eternidade em "uma poça

---

1. Burkert. *Greek Religion*, p. 205.

CAPÍTULO 3 – A EVOLUÇÃO DO HERÓI

de lama e sujeira sempre fluindo".[2] Para evitar esse destino, os mortos eram enterrados junto a tábuas douradas gravadas com instruções descrevendo marcos importantes e alertando sobre erros cometidos por terceiros ao longo do caminho, como: "Há uma fonte no lado direito e, ao lado dela, um cipreste branco. Não se aproxime dessa fonte. À frente, você encontrará o Lago da Memória, com água fria jorrando; há guardas que lhe perguntarão o que está procurando. Diga: 'Sou filho da Terra e do Céu estrelado; conceda-me água do Lago da Memória rapidamente'".[3]

O historiador cultural Richard Tarnas descreveu as características e virtudes dos antigos heróis gregos como sendo "coragem, astúcia e força, nobreza e luta pela glória imortal".[4] Eu acrescentaria (postumamente) orientação e iniciação. Com o tempo, a visão dos antigos gregos sobre o herói decaiu e se fundiu com as características do nosso tempo, resultando em mudança de propósito.

Cristianismo

A primeira grande mudança no caráter heroico foi provocada pela ascensão do cristianismo. Com a declaração do único Deus verdadeiro, a adoração de um panteão de muitos deuses e deusas tornou-se blasfêmia. Embora o monoteísmo seja anterior ao cristianismo, a ascendência deste último é fator primário na ascensão de um herói único e monoteísta – Jesus Cristo. Cristo como herói está associado à ressurreição e à redenção. Com a ascensão da fé cristã, o heroísmo tornou-se uma narrativa sobre a participação em Cristo.

Deus resgatou Cristo do submundo, pois era impossível para o Filho de Deus ser mantido pelo poder da morte. Durante três dias e três noites, Cristo desce ao abismo – o *tis katabesetai eis ten abysson* –, antes – o *ek nekron anagagein* –, ressuscitando dos mortos. Cristo é um herói que vence o submundo para que seus seguidores possam superar os limites da condição humana e estar mais próximos de Deus. Ao descer ao inferno, poupa seus discípulos de

---

2. W. K. C. Guthrie. *Orpheus and Greek Religion: A Study of the Orphic Movement*. Nova York: Norton, 1966, p. 160.
3. Fritz Graf e Sarah Iles Johnston. *Ritual Texts for the Afterlife*. Nova York: Routledge, 2007, p. 98.
4. Richard Tarnas. *The Passion of the Western Mind: Understanding the Ideas that Have Shaped Our Worldview*. Nova York: Harmony Books, 1991, p. 18.

terem que fazer o mesmo ("Ele morreu por nossos pecados"). Eles só precisam acreditar nele. Assim, a visão de mundo cristã modificou a função espiritual do herói de um culto associado à morte e ao renascimento ctônico e iniciático e de ritos funerários para uma figura que anulou o submundo, transformando-o na morada dos maus.

A Queda do Homem alienou a humanidade de Deus, retratando a natureza humana como pecaminosa. Instintos como luxúria, ganância, ciúme e poder passaram a ser associados ao Diabo e ao proibido. O objetivo moral cristão de evitar impulsos pecaminosos significa que os seres humanos precisam estar atentos aos seus pensamentos e às suas ações. A consequência torna-se prioridade da consciência racional, com a repressão de instintos e desejos inconscientes. Isso cria uma visão de mundo teologicamente orientada que coloca o racional contra o instintivo.

A visão cristã postula uma Divindade que governa a humanidade e o cosmos, mas, apesar da onisciência de Deus, o divino também está potencialmente disponível a todos. Deus dá à humanidade o livre-arbítrio e a capacidade de transgredir sua soberania, estabelecendo a necessidade do sacrifício de Cristo para redimir essa humanidade. Ao conceder valor à alma individual, o cristianismo priorizou o crescimento da consciência pessoal e da responsabilidade moral.

No mito cristão, cada vida humana é importante para Deus, sensibilidade que difere da crença grega de que colocar a humanidade em pé de igualdade com o divino seria um ato grave de arrogância – da húbris grega, o que significa orgulho excessivo ou autoconfiança associada ao desafio aos deuses. No paradigma cristão, os mortais procuram ficar ao lado de Deus, enquanto na religião grega apenas o herói semidivino seria capaz desse feito. Assim, o heroísmo começou a se concentrar na capacidade individual de se elevar sobre a escuridão e ascender em direção a Deus.

A visão do submundo como recipiente pecaminoso que nos desconecta de Deus inspirou a repressão à escuridão. O cristianismo trouxe divisão moral e dramática para o mundo interior. Deus e suas qualidades associativas de pureza, moralidade e prudência eram vistos como bons (luz); e a natureza humana, como pecaminosa (obscura). A civilização ocidental concentrou-se no mundo diurno, na luz, no espírito, na razão e na bondade, e o instinto, a natureza, as paixões, a sexualidade e o corpo passaram a ser vistos como nocivos.

CAPÍTULO 3 – A EVOLUÇÃO DO HERÓI

Começamos a acreditar que nos lugares profundos, aos quais a luz não chega, se esconde um universo de horrores e tentações demoníacas.

A cosmovisão ocidental

A conexão dos gregos com o submundo como forma de oferecer orientação rumo à transformação metamorfoseou-se primeiro em redenção por meio de Cristo e depois, aos poucos, em nossa noção moderna de "herói" como alguém extremamente individualista e desafiante da morte, exercendo o livre-arbítrio pela força do poder. Os personagens heroicos perderam a natureza ctônica, depois a redentora, e tornaram-se solares, personificando, assim, a realização pessoal, a ascensão e as competências individuais.

Em 1300, a ascensão do Renascimento marcou o início da era moderna e de uma mudança importante na mentalidade ocidental. A personalidade moderna, escreve Tarnas, é "marcada pelo individualismo, pela laicidade, pela força de vontade, pela multiplicidade de interesse e pelo impulso, pela inovação criativa e pela vontade de desafiar as limitações tradicionais da atividade humana".[5] A nova personalidade era expansiva, inventiva, individualista, curiosa e autocontida – qualidades projetadas no rosto em construção do herói.

No início do século XVII, a era moderna inaugurou uma expressão totalmente nova da atitude heroica. O herói de hoje, explicou Campbell, simboliza uma combinação do "ideal democrático do indivíduo autodeterminado, a invenção da máquina movida por um motor e o desenvolvimento do método científico de pesquisa".[6] À medida que a visão de mundo ocidental se solidificava, o rosto do herói adotou a personalidade do indivíduo que emergia.

A secularização, a ascensão da democracia, a liberdade de vontade, a autodeterminação e a ação extrovertida combinaram-se para criar a tradição do Iluminismo. O novo *Zeitgeist* (espírito de época) inspirou um individualismo bem definido. A personalidade moderna é assertiva e autossuficiente, intencional e independente, muito parecida com Hércules.

---

5. Tarnas. *The Passion of the Western Mind*, p. 228.
6. Campbell. *The Hero with a Thousand Faces*, p. 387. [*O Herói de Mil Faces*. São Paulo: Cultrix, 1988, p. 372.]

85

Por outro lado, a individualidade apoia a liberdade de expressão e a capacidade de cada um de nós de buscar, de maneira independente, nossa personalidade e nossos desejos singulares; sobrecarrega cada um de nós com a responsabilidade de escolher o próprio caminho. Somos responsáveis por moldar as condições de nossa vida – para qual universidade vamos, qual vocação seguiremos, em que fé acreditamos, o parceiro romântico que escolhemos, onde moramos e em que lugar seremos enterrados. Embora essas ideias inspirem um grau estimulante de ação pessoal, também criam um senso de obrigação e responsabilidade, muitas vezes desacompanhado de orientação ou de recursos.

Nossos predecessores culturais foram muito mais apoiados por práticas e rituais espirituais de sua visão de mundo religiosa e mítica. Livres da religião e de comunidades estáveis, cabe a nós determinar o curso de nossa vida – respondendo por conta própria às grandes questões relacionadas a propósito e significado. Essa dissolução dos sistemas tradicionais de conexão, ricos em simbolismo e animismo, aumenta a pressão sobre o ego para se distanciar da psique profunda. A tela do pintor norueguês Edvard Munch, *The Scream* (*O Grito*, 1893), torna-se uma representação da situação do homem moderno: sozinho, com o céu em chamas, preso a um raio de sofrimento.

"O mito do herói", explica o psicólogo Keiron Le Grice, "leva o individualismo ocidental à sua conclusão lógica, cumprindo seu ideal espiritual, levando o *self* individual à própria transformação, por meio do encontro interior com as profundezas da psique e do espírito."[7] Adaptando as características da mente e da cultura ocidentais, a imagem do herói tornou-se mais relacionada às realizações do indivíduo autodeterminado que às do coletivo, uma reviravolta no retrato mítico de um personagem originalmente preocupado em ensinar a adentrar o submundo.

Ciência

Nos séculos XV e XVI, surgiu a visão de mundo cartesiano-newtoniana, ao lado da ideia moderna de ego. O trabalho do filósofo, matemático e cientista

---

7. Keiron Le Grice. *The Rebirth of the Hero: Mythology as a Guide to Spiritual Transformation*. Londres: Muswell Hill Press, 2013, p. 60.

CAPÍTULO 3 – A EVOLUÇÃO DO HERÓI

francês René Descartes (1596-1650) lançou as bases para o racionalismo do século XVII, levantando a hipótese de que há distinção nítida entre a realidade interna e subjetiva e as dimensões objetivas da experiência. Isso criou uma dicotomia entre psíquico e físico, mente e corpo, conhecida hoje como divisão mente-corpo. O dualismo cartesiano acredita que a humanidade habita duas realidades distintas, uma acessível pela experiência sensorial, e outra, pelo autoexame. Teorias do dualismo combinadas com o trabalho de Isaac Newton (1643-1727) para criar uma visão cosmológica dividida que poderia ser entendida por meio de causas e efeitos mecanicistas.

O novo paradigma científico provocou mudança colossal na relação da mente ocidental com a vida instintiva. A priorização da consciência, do espírito, da racionalidade e da energia "masculina" extrovertida levou à exclusão e à repressão de outras qualidades opostas: o poder visceral da natureza, o feminino e o corpo, a sexualidade, os impulsos irracionais e os desejos não civilizados.

A religião, o mito e a expressão criativa eram vistos como de alcance do mundo interior subjetivo, enquanto as explicações do mundo exterior eram domínio exclusivo da ciência. Ciência e religião foram separadas, e o cosmos, despojado de seu encantamento. Onde antes narrativas de mito forneceram portais significativos às correntes coletivas da mente, agora ofereciam verdades vazias e esperanças infantis. Freud apropriou-se desse tipo de pensamento redutivo, percebendo os mitos como patológicos e falaciosos, e os sonhos, como fantasias infantis. Para ele, a religião forneceu ilusões reconfortantes àqueles que não podiam enfrentar a realidade. Em vez de ritos e religião, fumaça e talismãs, símbolos e conhecimento ancestral, começamos a idolatrar medição e replicabilidade. Os laboratórios tornaram-se nossos templos, e a ciência orgulhosamente erradicou explicações originárias, animistas e mágicas do mundo, assim como de nosso lugar nele.

No século XVII, a mentalidade ocidental via a natureza como matéria sem vida – um domínio a ser conquistado e controlado. O conhecimento já não vinha mais de sistemas religiosos, mitos ou símbolos, mas da experimentação, da previsibilidade e de ferramentas da mente racional. A lógica substituiu a fé como força explicativa governante. No entanto, a barbárie, o conflito, a psicopatologia e o sofrimento que povoam o submundo não desapareceram. Continuaram a prosperar nas sombras da sociedade polida, racionalizada e civilizada.

87

No século XVIII, o desenvolvimento econômico abrangente levou grandes porções da população para as cidades, e a Revolução Industrial criou uma sociedade massificada, na qual a experiência individual era menos importante que a produção coletiva. Padrões de uniformidade obscureceram a singularidade pessoal, tudo alimentado pela ciência, que favorecia as estatísticas médias em detrimento da particularidade.

O Instituto Nacional de Saúde Mental estima que quase 47 milhões de estadunidenses já experimentam algum transtorno mental, dos quais 11 milhões vivem com psicose grave. A indústria relata que a depressão, por si só, custa à economia quase 200 bilhões de dólares por ano. Estatísticas indicam que a saúde mental dos jovens está se deteriorando, com aumento de mais de 4% no número de casos nos últimos seis anos. Patologias relacionadas a ideias suicidas saltaram para mais de 10 milhões de casos em adultos.[8]

Como essas normas sugerem, o mistério e a complexidade da mente humana estão sendo traduzidos em médias estatísticas. Menos atenção é dada ao cuidado do caráter distintivo de cada um, e isso se acentua ainda mais quando pensamos no cuidado com a alma. Vivemos em uma época em que as pessoas se sentem banais e deficientes, como se estivessem sendo varridas por blocos estatísticos. Algo se perde ao abordar a vida dessa maneira. Sem conexão com as profundezas, perdemos o acesso a fontes de inspiração, união, sentido e autoconsciência. Rotulamos essa desconexão de "neurose".

Psicologia profunda e a mente ocidental

A psicologia profunda surgiu no século XIX como resposta às mudanças religiosas, científicas e pessoais na mente e no modo de vida ocidentais. Reagindo à ênfase do Iluminismo no empirismo, no individualismo e na razão, a psicologia profunda procurou equilibrar a exploração do mundo interior com o questionamento científico. Utilizou a metodologia do Iluminismo (observação, hipótese e racionalidade) para entender o terreno do Romantismo: religião antiga, paixão, arte e visão de mundo animista – a crença de que todas

---

8. Nicole Fisher. "State of the States: 2020 Mental Health Rankings". *Forbes*, 5 fev. 2020. Disponível em: <https://www.forbes.com/sites/nicolefisher/2020/02/25/state-of-the-states-2020-mental-health%20rankings/?sh=764980db4658>.

CAPÍTULO 3 – A EVOLUÇÃO DO HERÓI

as coisas, incluindo animais, plantas, rochas e rios, têm essência espiritual. A intenção era encontrar um meio-termo entre a racionalidade e a ciência, por um lado, e as dimensões mais inefáveis da vida, por outro.

Jung estava preocupado com o impacto que o *Zeitgeist* moderno tem sobre a psique. O indivíduo contemporâneo, escreveu, "quer viver com todos os lados de si mesmo – saber quem é". O indivíduo rompeu a tradição, acrescentou, a fim de "experimentar a vida e determinar que valor e significado as coisas têm em si mesmas".[9]

Jung observou várias pessoas afligidas por sentimentos de insignificância, perda de raízes, inadequação e falta de sentido, percebendo tudo isso como um problema espiritual. O declínio das religiões tradicionais forçou muitos a enfrentar os dilemas existenciais da vida sem suporte simbólico ou religioso. A combinação de inflação do ego individual, ascensão da ciência mecanicista e empírica e "desanimação" do mundo contribuiu para o descrédito das compreensões espirituais; consequentemente, deuses, deusas e até Deus não tinham mais a mesma importância psíquica para um grande número de pessoas. Os mistérios das profundezas e os símbolos das religiões tradicionais não interessam mais as multidões em nossa sociedade. Com o secularismo do Iluminismo, deuses, demônios e espíritos foram racionalizados para fora da existência.

Todas as eras anteriores à história da humanidade acreditavam em deuses, de um modo ou de outro. "Apenas um empobrecimento incomparável do simbolismo", argumentou Hillman, "poderia nos permitir redescobrir deuses como fatores psíquicos, isto é, como arquétipos do inconsciente."[10] Jung chamou esse empobrecimento simbólico de *Kairós*, momento oportuno para os deuses se transformarem de princípios e poderes externos a nós em fatores psicológicos internos.[11]

Culturas da Antiguidade tinham sistemas míticos, visionários e religiosos que davam significado à relação da humanidade com o desconhecido. Hoje, essas abordagens são vistas como primitivas, irracionais ou até delirantes. A famosa máxima de Descartes, *cogito ergo sum* ("penso, logo existo"), resume

---

9. C. G. Jung. *Modern Man in Search of a Soul*. Nova York: Harcourt, 1933. p. 238.
10. Hillman. *Re-Visioning Psychology*, p. 36.
11. C. G. Jung. *The Archetypes and the Collective Unconscious. Collected Works*, v. 9, pt. 1. Princeton: Princeton University Press, 1959-1969, pp. 23-4.

89

o indivíduo contemporâneo – existo porque sou consciente e capaz de entender intelectualmente a minha realidade. É tudo sobre o neocórtex, com o restante do cérebro trino relegado à parte de trás do ônibus. Banimos o inefável em nome da clareza; evitamos o inexplicável em detrimento daquilo com o qual podemos nos envolver de maneira tangível; e negligenciamos o simbólico, favorecendo o concreto.

Uma psicologia profunda repousa desconfortavelmente na mente ocidental. A psicologia convencional lida com a superfície, tratando os sintomas sem mergulhar fundo para descobrir sua fonte. No entanto, apesar da repressão, da negligência ou de "soluções" rápidas, as demandas do mundo interior sugerem seu caminho para nossa vida, expressando-se em forma de sintomas, compulsões, depressões e neuroses. As técnicas da superfície, muitas vezes, ignoram as partes mais profundas e desconhecidas de nós mesmos, o reino do significado, a espiritualidade, a imaginação, a emoção, a alma, os sonhos e a escuridão. Para acessar esse poço de conhecimento, devemos voltar nossa atenção ao mundo interior, inclinando-nos à jornada ao submundo. Precisamos nos voltar para as partes de nós mesmos dispostas a deixar o conforto do mundo diurno para trás, em busca de uma história de vida mais abrangente – as partes de nós mesmos que chamamos de heroicas, que podem resistir aos campos de batalha até mesmo nas noites mais escuras –, dando os próximos passos rumo à escuridão.

A jornada do herói: a partida

Apesar das formidáveis mudanças na cultura ocidental, o herói continua sendo o protótipo para enfrentar desafios, seja navegando pelo processo de morte, como fez com os gregos antigos, ou reunindo a coragem necessária para o desenvolvimento pessoal. Em uma cultura em que religião, ciência e identidade acabam caindo numa cosmologia bifurcada, o papel unificador e balanceador do herói é ainda mais importante. Se acreditamos que aspectos essenciais de nós mesmos estão enterrados nas profundezas do nosso ser, optar por reengajar e reconstruir uma relação com eles é fundamental ao processo de autodesenvolvimento.

Em 1949, Joseph Campbell publicou *O Herói de Mil Faces*, estudo detalhado do padrão arquetípico do herói. Ao destilar uma riqueza de mitos

CAPÍTULO 3 – A EVOLUÇÃO DO HERÓI

transculturais e cruzar traços heroicos culturalmente específicos, foi capaz de identificar fases arquetípicas da jornada do herói, chamando-a de *monomito*, ou jornada do herói.[12]

A jornada do herói narra a história das provações do crescimento individual. O "efeito da aventura bem-sucedida do herói", explicou Campbell, "é a abertura e a liberação do fluxo de vida no corpo do mundo". Desse modo, o caminho do herói leva as pessoas a cruzarem "difíceis limiares de transformação que requerem uma mudança dos padrões, não apenas da vida consciente, como da inconsciente".[13] O ardor do crescimento pessoal inspirou mitos heroicos que falam da força interior necessária para seguir em frente, abandonar a zona de conforto e enfrentar a perigosa experiência de morte e renascimento essencial à transformação. Trata-se de uma narrativa sobre deixar o fluxo acelerado da vida, onde qualquer coisa pode acontecer na próxima fração de segundo.

A jornada do herói começa quando a energia psíquica fica represada, limitada ou agitada. Pode ser desencadeada por um choque de ideias, por emoções descontroladas ou por algo que nos corrói de dentro para fora, quando percebemos nossos próprios padrões restritivos e reconhecemos a necessidade de nova perspectiva. Talvez tenhamos chegado ao fundo do poço, e os modos como enfrentamos o momento já estejam ultrapassados. Talvez tenhamos avançado de um estágio vital para outro, e esse novo estágio da vida requer algo novo de nós.

A jornada do herói é uma metáfora para a energia e os recursos que desafiam ativamente nossa identificação com a autopreservação e o controle, assim como o confronto com os obstáculos da vida e a dificuldade de sustentar o sofrimento presente associado ao autodesenvolvimento. A capacidade interna de sacrificar a estabilidade e o conforto em nome da busca pelo aperfeiçoamento pessoal é um ato heroico.

---

12. A sequência mitológica comum a todas as viagens heroicas é: o chamado à aventura, a recusa do chamado, a ajuda sobrenatural, a travessia do primeiro limiar, o ventre da baleia, a aproximação da caverna oculta, a provação suprema, a recompensa, o caminho de volta, a ressureição, o retorno com o elixir e mundo comum. Veja Campbell, *O Herói de Mil Faces*. São Paulo: Cultrix, 1988.
13. Campbell. *The Hero with a Thousand Faces*, p. 10.

A jornada do herói: a morte

Quando sabemos que nossos velhos hábitos não são mais úteis, a jornada se inicia. Viajamos ao submundo, encontrando energias terríveis, destrutivas e combativas, assim como forças inesperadas e mágicas.

A ação heroica trata de superar resistências e desafios. Pode se dar por identificação avassaladora com figuras arquetípicas, complexos ou fantasias que nos roubam de nossa individualidade. Precisamos de energia heroica para enfrentar esses desafios do mundo inferior. "Uma reivindicação genuína de autoconfiança", escreveu Jung, "vem de enfrentar o terreno sombrio de nós mesmos e, assim, conquistar a nós mesmos."[14] Sem contato com as profundezas, não pode haver mudança fundamental na consciência.

No submundo, as luzes estão apagadas. A jornada interior é uma escolha inquietante de *se voluntariar para morrer para nosso antigo eu*, "a fim de gerar uma nova e frutífera vida na região da psique até agora inativa na mais escura inconsciência".[15] Na escuridão, as velhas partes de nós – vozes roteirizadas as quais nos dizem que temos de agir dessa maneira e não daquela, edificações construídas sob a dor, as violações, os erros ou os medos que se tornaram complexos autônomos – ganham a chance de se despedir, de desaparecer.

Adentramos o abismo porque sabemos, no fundo, que, ao fazê-lo, ganhamos a possibilidade de acessar um poço mais profundo de potenciais, uma liberdade há muito perdida. Nossa consciência deve se conectar com o *si-mesmo*, com uma expressão maior da totalidade psíquica – não muito diferente do que os religiosos chamariam de Deus ou Alma – que envolve e, ao mesmo tempo, é maior que o consciente e o inconsciente.

Meu pai me falou sobre sua experiência de "morrer" por um período de um ano. Nos últimos cinco anos, pensava em se afastar das responsabilidades diárias de administrar sua empresa. Com o objetivo de ajudar nessa mudança, contratou uma pessoa para gerir sua transição de líder para ancião. Sorrindo tristemente, ele me contou:

---

14. C. G. Jung. *Mysterium Coniunctionis. Collected Works*, v. 14. Princeton: Princeton University Press, 1955-1970, p. 531.
15. Jung. *Psychology and Alchemy*, p. 334.

CAPÍTULO 3 – A EVOLUÇÃO DO HERÓI

Ano passado foi uma morte lenta para mim. Senti-me ativamente banido. Vivi exilado, vendo escolhas e decisões desenrolarem-se na minha empresa, à qual, naquela época, eu mal comparecia, e me sentia impotente em barrá-las. Minha família e meus funcionários sofreram com *gaslighting*. Quando o dinheiro da subvenção de um fiduciário acabou, nosso administrador renunciou ao cargo de maneira inesperada. Analisamos nossos registros para descobrir que nosso salvador roubara mais de US$ 200 mil da empresa e contratara todos os amigos com salários exorbitantes, deixando-nos em apuros.

Embora nossos outros funcionários tenham se recuperado, minha conexão com o trabalho foi profundamente rompida, talvez morta. A equipe me trata como um estranho, alguém que deve ser administrado. Agora, continuo indo lá porque preciso; porque sou o dono. Tenho responsabilidade financeira e legal pelas operações. Em vez de um caminho gracioso para a aposentadoria marcado pela celebração, pela gratidão e pelo respeito, meus últimos anos foram marcados pela sensação de perda e profundo fracasso.

Pedi a ele que me contasse um pouco mais sobre como essa jornada ao submundo foi uma espécie de morte. "Minha jornada em direção a essa morte", disse ele, "foi marcada por noites insones, suor frio, sentimentos de desespero, depressão, fraqueza, decepção comigo mesmo e incapacidade de lidar bem com responsabilidades, pela primeira vez na vida, desde que tinha 20 anos. Deixei-me ser lesado. Senti-me vítima.

"Talvez o amor e o apego ao meu negócio tivessem de ser esmagados até o fundo da lama para que eu pudesse 'largar mão'. Mas não creio que isso seja verdadeiro. Faz algum tempo que estou pronto para 'largar mão', para conseguir ver o que está por vir. Só não sabia como me livrar da responsabilidade. E ainda não sei."

A reflexão de meu pai demonstra a complexidade, as diferentes camadas, o fluxo e refluxo e a dor que acompanham a morte interior. Desgastado, ele ainda não ascendeu dessa jornada ao mundo inferior. Permanece no processo de deixar que a morte da antiga vida e identidade se elabore nele. E para averiguar o significado mais profundo do que ainda parece ser traição por parte do outro.

Muitas vezes, não somos imaginativos o bastante no modo de tratar a morte. Nós a tomamos literalmente e procuramos soluções exatas. A morte psicológica não é igual à morte física. Se não formos imaginativos, correremos o risco de nos apegar a velhos padrões inúteis à melhoria e integridade do nosso desenvolvimento.

A morte é o derradeiro *outro*. É natural que o ego se defenda contra a alteridade dessa presença. É uma reação comum do ego, possível de ser encontrada no trabalho onírico. O ego pula para interpretações agradáveis de si que se encaixam com sua visão preexistente. O que ele não compreende é que os sonhos são de outro mundo, traduzem as mensagens do inconsciente por meio de símbolos e emoções. Sonhos não nos são dados para fortalecer o cronograma de nossas formas corriqueiras de pensar.

Buscamos compartimentos e conclusões, destinos bem-arrumados para encerrar nossa busca por significado. O ego quer se identificar com o herói, mas o herói verdadeiro é de outra esfera. Como veremos nos próximos capítulos, o que todos os heróis têm em comum é o fato de encontrarem e enfrentarem a morte para que a regeneração possa acontecer.

A jornada do herói: o retorno

A etapa final da jornada do herói – o retorno – é sobre a volta ao mundo diurno e a integração da nova atitude do ego à personalidade, como um todo.

A integração é o tecido conjuntivo entre a jornada do herói e a individuação, porque ambas se concentram na ativação e na canalização da energia psíquica em nome do desenvolvimento pessoal. A individuação não é nem um objetivo nem um destino: é o processo de nos tornarmos quem realmente somos, descobrindo nossa identidade particular nos conectando ao aspecto mais profundo e completo de nosso ser – o si-mesmo. Certa vez, Jung disse que nunca conheceu um "homem individuado". Tornar-se você mesmo é um processo contínuo; não há ponto de "parada" ou "chegada". O sol nasce e se põe. A lavadora lava, enxágua e repete o processo mais uma vez. A vida nos traz um fluxo constante de dificuldades, desenvolvimentos e mudanças. O herói personifica nossa capacidade de enfrentar esse ataque, confrontando o grande desconhecido a serviço da vida. O herói sustenta a tensão entre evitar o perigo e enfrentar a escuridão.

Integrar conteúdos inconscientes de modo que leve à maior totalidade é um processo denominado "assimilação". É tentador querer voltar ao conforto do antigo mundo, aos padrões de comportamento ultrapassados, aos pensamentos automáticos, às páginas de livros gastas. Essa porta já se fechou. Não vai mais abrir. No entanto, é preciso força para resistir à tentação do regresso. *Retornar* significa aceitar ser modificado de maneira irreversível e concentrar-se em incorporar, na vida, as mudanças em curso.

A sombra do monomito

Joseph Campbell utiliza o termo "monomito" para descrever as semelhanças do arquétipo do herói ao longo das diferentes épocas e culturas. Está correto em deduzir que a jornada do herói varia pouco sob uma perspectiva mais ampla – coragem, integridade e força. Todavia, ao nos concentrarmos nas similaridades de cada herói, não nas nuances, simplificamos sobremaneira a jornada do herói. A maneira pela qual deixamos a zona de conforto, lutamos contra monstros e clamamos por tesouros interiores pode ter inúmeras variações. Heróis míticos lutam contra monstros no topo das montanhas, em cavernas remotas e em ilhas dos confins do mundo; pessoas reais como nós devem levar seus monstros de volta para casa e integrar suas sombras e seus tesouros na própria personalidade. E cada um de nós realiza esse trabalho meticuloso de maneira diferente.

O heroísmo tem mil faces. Hércules enfrenta a escuridão de modo diferente do de Orfeu, e este, de modo distinto do de Eneias. Assim como compartilhamos emoções e experiências humanas comuns – necessidade de ser amado, lidar com adversidades da vida ou com o envelhecimento, desejo de ser visto –, cada um de nós tem os próprios traumas, identidades e histórias que tornam nossa jornada distinta. Não respondemos nem podemos responder a todos os obstáculos da vida de uma só maneira.

Os mitos de Hércules, Orfeu, Ulisses e Eneias nos mostram diferentes maneiras de viajar ao submundo. Somos arrastados para ele? Entramos de modo voluntário? Somos espirituosos ou compassivos? Fazemos isso de modo arrogante, sacrificial, por amor, pela sociedade ou para escutar, questionar e aprender? Buscamos ganhos pessoais? Falhamos? Somos transformados, desmembrados, ou apenas sofremos um arranhão?

Às vezes, precisamos ser hercúleos – conquistando, demonstrando, realizando, vencendo e subjugando os poderes do inconsciente. Outras, precisamos ser órficos – charmosos, persuasivos e até vacilantes em nossa jornada. Às vezes, podemos agir de forma odisseica – negando o chamado, fazendo mudanças conscientes e aceitando a realidade diante de nós pelo reconhecimento do que está além do nosso controle. Talvez sejamos parecidos com Eneias – empáticos, respeitosos, seguindo um guia interior para que possamos encontrar nosso verdadeiro poder.

Nenhuma circunstância, adversidade, força nem ninguém podem retirar nossa capacidade de nos reinventar e encontrarmos significado na escuridão. A expansão de quem somos, e, portanto, nossa qualidade de vida, surge pela escolha psicológica realizada. Uma maneira de alcançar isso é utilizando vários padrões míticos para trazer imaginação e diversidade à nossa vida psicológica. Uma perspectiva do submundo consiste em estarmos conscientes no sofrimento, abertos por completo à intensidade dele, sabendo que, se ficarmos com ela, é quase certo que vamos crescer. Podemos optar por nos relacionar com nosso sofrimento em vez de tentarmos fugir dele.

PARTE II

DE HERÓI PARA HERÓIS

CAPÍTULO 4

HÉRCULES

Hércules, filho mais poderoso de Zeus, adorado como *heros theos* – herói deus –, foi o mais celebrado entre os heróis gregos. Sempre invocado como aquele que "fica com tudo" e permanece "inexpugnado".[1] O "Hino a Hércules" ilustra uma imagem vívida de seu caráter:

> Hércules, determinado e poderoso Titã,
> De mãos capazes, indomável, ator de feitos valentes,
> metamorfo, ó gentil e infinito pai do tempo,
> inefável, senhor de tudo, muitos rezam para você, conquistador e
> potente arqueiro e vidente, procriador de tudo,
> cume do todo, auxiliar de todos, para o bem de todos os homens
> você subjugou e amansou raças selvagens.[2]

Hércules confronta o mundo. Da infância à morte, sua vida é uma série de aventuras, batalhas, vitórias e tragédias. O herói hercúleo enfrenta a vida com força de vontade para superar e controlar tudo aquilo que é desconhecido; levanta-se com vigor e destrói todas as criaturas que se escondem nas profundezas. Representa aquela parte de nós implacável e poderosa, confiante e corajosa, repleta de poder extraordinário e intensidade sobre-humana. Empunha uma espada combativa e vê a vitória mesmo diante da destruição. Hércules representa nossa capacidade de realizar o que é aparentemente impossível.

Todos nós o conhecemos. Ele vive em nossa luta, em nossa resistência, nos momentos em que usamos pura e obstinada força de vontade para superar o que está acontecendo. A porção de Hércules em nós parte para a batalha. Isso pode acontecer lutando contra uma memória avassaladora; resistindo à dor, forçando-a para as sombras; ou jamais desistindo de um sonho ou valor.

---

1. Virgílio. *The Aeneid*. Trad. Allen Mandelbaum. Nova York: Bantam Classic, 2004, p. 197.
2. Trad. Apostolos Athanassakis e Benjamin Wolkow. *The Orphic Hymns*. Baltimore: Johns Hopkins University Press, 2013, p. 15.

Durante o cerco de Sarajevo, franco-atiradores faziam chover a morte invisível sobre os moradores que, corajosamente, arriscavam a vida para atravessar as ruas, a fim de coletar água, lenha e comida – 1.425 dias infernais. Coragem hercúlea manifestando-se nas ruas de paralelepípedo atingidas pela guerra.

Quando William Ayotte abriu a porta da frente de casa no Alasca, deparou-se com um urso-polar atacando uma mulher. Ele pegou uma pá e correu em direção ao animal, atingindo-o no olho. O urso voltou-se contra ele. Mais tarde, sem uma orelha e com vários pontos pelo corpo, os jornais ao redor do mundo chamaram-no de herói.

Quando a mulher de Zeus, Hera, soube que uma das amantes do marido estava grávida e daria à luz Hércules, enfureceu. Determinada a destruir o bebê, impediu-o de se tornar herdeiro do reino de Micenas e enviou duas cobras para matá-lo no berço. O bebê estrangulou as duas serpentes. Quando Hércules se tornou homem, Hera lançou um feitiço que o levou a assassinar a amada esposa, Megara, e os dois filhos. Depois de se recuperar da loucura, Hércules foi ao Oráculo de Delfos perguntar como poderia expiar os assassinatos. O Oráculo disse a ele que fosse até o primo, o rei Euristeu de Micenas, e completasse os doze trabalhos. Em troca, seria recompensado com penitência e imortalidade.

O décimo segundo e último trabalho de Hércules foi sequestrar Cérbero, o cão de três cabeças do Hades. Hércules disse que o rei Euristeu "me fez caçar, desta vez, para pegar o cão de guarda dos mortos: não há tarefa mais perigosa que poderia existir, pensou. Mas eu trouxe à tona aquela besta lá do submundo".[3]

Preparação

Durante a quarta tarefa, ao matar o javali de Erimanto, Hércules chegou à morada do centauro Folo, que tinha um barril de vinho do deus Dionísio. Folo implorou a Hércules que não o abrisse, mas Hércules o ignorou. A fragrância do vinho atraiu outros centauros, que sitiaram a casa de Folo e, em frenesi, o mataram. Hércules os expulsou, mas os centauros, em fuga, correram para a casa de Quíron, centauro treinador de heróis (incluindo Hércules). Enquanto os perseguia, Hércules acidentalmente feriu Quíron. Inundado pela dor, ele

---

3. Homero. *The Odyssey*. Trad. Robert Fitzgerald. Nova York: Farrar, Straus & Giroux, 1998, p. 205.

CAPÍTULO 4 – HÉRCULES

tentou, em vão, aliviar o sofrimento do mentor. No entanto, como Quíron era imortal, estava fadado a sofrer com suas feridas pela eternidade. Hércules suplicou ao pai, Zeus, que abrisse mão da imortalidade do centauro. O pai atendeu ao pedido, e Quíron morreu.

Para os gregos antigos, a violência não santificada precisava ser ritualmente purificada antes que se pudesse viajar para o submundo. Com o intuito de honrar essa crença, Hércules preparou-se para a jornada ao Hades indo a Elêusis a fim de poder ser purificado pelo assassinato dos centauros.

A purificação é a remoção simbólica de contaminantes – livrando-se de comportamentos e pensamentos indesejados ou limitantes. A purificação de Hércules sugere que, às vezes, aspectos da consciência egoica – nesse caso, sua natureza viciosa – precisam ser lavados para que um desenvolvimento maior seja possível. No mito cristão, a purificação requer a descida ao inferno e a passagem pelo mundo inferior. Em *A Divina Comédia*, os desejos e instintos pecaminosos são expostos e purificados no Purgatório.

Purificação é sobre liberar o passado para poder seguir em frente, "lavando-se do pecado". Quando um relacionamento, um trabalho ou uma amizade terminam, quando algo precisa ser deixado para trás, quando queremos quebrar uma conexão, "lavamos as mãos". Um pré-requisito para a mudança e seguir adiante pode ser lavar nossos apegos e especificar nossas ideias. A aceitação substitui a vitimização; o reconhecimento enfraquece o sentimento de não valorização; ser menos crítico abre espaço para a compaixão. Purificação não se trata de descarregar ou entorpecer, mas de perdoar, expiar e liberar.

Rituais de ablução estão presentes em todas as religiões. Às vezes, o corpo é lavado (o mikvá judeu ou o *hi'uwai* havaiano), as roupas são trocadas ou o indivíduo é envolvido em fumaça sagrada (queimando-se sálvia ou incenso, olíbano e mirra). Às vezes, uma oração ou um encantamento são recitados, ou um objeto é ungido com alguma substância pura, como óleo, água de rosas ou vinho. No ritual hindu *abhisheka*, o murti, ou imagem do deus ou mortal sagrado, é banhado com água, coalhada, leite e mel. Em várias tradições, quando você adentra uma casa recém-visitada pela morte, toma banho ou lava as mãos antes de entrar.

A água é a substância mais utilizada para lavar o passado. Muitos ritos começam com a lavagem das mãos ou a aspersão de água para remover velhos pensamentos e compromissos, lembrando-nos de que a necessidade psicológica

103

de renovação e liberação não pode ser ignorada. "Alimentar segredos e conter emoções", escreveu Jung, "são contravenções psíquicas para as quais a natureza finalmente nos visita com doença."[4] Às vezes, precisamos nos apropriar de faltas passadas para que possamos remover a vergonha, a ansiedade ou o medo que, de outro modo, poderiam calcificar. Isso pode assumir a forma de reparação, reconhecimento ou honrar o remorso. Se não nos lavarmos da coragem interior, poderemos perder a oportunidade de redenção e transformação.

A preparação ritual pode assumir muitas formas. Na Segunda Guerra Mundial, os pilotos japoneses *kamikazes* "Vento Divino" beberam saquê infundido com "mágica" para fornecer "ascensão ao espírito" antes de embarcar em seus aviões e despencar até a morte. Guerreiros nórdicos conquistaram a glória de *berserker* depois de viverem em território selvagem e ser possuídos pela alma de um javali, um urso ou um lobo. O guerreiro, então, bebia o sangue do animal escolhido, tornando-se mais fera que homem.

Às vezes, paramos e respiramos com consciência, para estarmos presentes no que está por vir. A preparação interior pode incluir definição de metas ou intenções; fazer terapia ou realizar rituais, como acender velas e escrever em diários; visualizações; ou caminhadas. Pode ser atenção plena (*mindfulness*), respiração, criatividade, oração ou meditação. A preparação tem a ver com definir uma intenção de como usar bem o tempo. Isso pode permitir que você enfrente os próximos passos com aceitação, estabilidade e força. Os preparativos de Hércules nos dizem que sua jornada ao Hades foi repleta de propósito.

Dominando o submundo

Durante a jornada, Hércules desafiou violenta e reativamente várias figuras do mundo inferior. Lutou contra Caronte, barqueiro que atravessa os mortos pelos rios Estige e Aqueronte. Querendo fornecer sangue às sombras, massacrou um dos gados sagrados de Hades. Feriu o pastor Menoities, adulterou a punição reforçada de Hades ao libertar Teseu e rolou a pedra colocada sobre Ascálafo, jardineiro do abismo que Deméter puniu por dizer a Hades que Perséfone comera seis sementes de romã.

---

4. Jung. *Modern Man in Search of a Soul*, p. 34.

CAPÍTULO 4 – HÉRCULES

No submundo, Hércules fez o que quis, sendo o "terror e controlador do mundo fantasmagórico".[5] Reorganizou os ritmos do abismo, para que este se adequasse aos seus desejos, viajando ao Hades e o perturbando à sua vontade. Enfrentou a escuridão com atitude orientada a objetivos – provando sua bravura e seu valor por meio da realização de tarefas. É difícil discernir sua agressividade de seu foco na realização de tarefas, porque Hércules alcançou seus objetivos, mas por meio da violência. Antes de sequestrar Cérbero, subjugou Hades, brandindo uma pedra nele. Em alguns relatos, feriu Hades tão severamente que este fugiu para o Olimpo, para ser tratado por Péon, médico dos deuses.

Hércules confrontou a vida pelo ponto de vista da mente egoica – do desejo de controlar e superar o desconhecido até sua submissão. Seu ego era tão denso que quase afundou a balsa de Caronte. Essa atitude organizada, delineada, masculina, autodeterminada e individualista nos é familiar hoje; é tudo sobre conquista. Quando queremos realizar algo por meio egoísta, levantamo-nos, reunimos nossas forças, traçamos um plano e exercemos todo nosso empenho. E temos caminhonetes com pneus enormes para nos levar até lá. Quando nossa tarefa é aparentemente insuperável, nos é dito que será necessário esforço hercúleo. Hércules representa o vencedor final, impedindo que nada aconteça com ele, exceto as tarefas e os objetivos estabelecidos e desafiadores que realiza de acordo com sua vontade.

A natureza de Hércules é primordial e sanguinária, progressista e evolutiva, sempre cometendo equívocos e sempre batalhando. Ele puxou a espada contra a sombra da górgona Medusa – cuja cabeça estava coberta de serpentes e tornou pedra todos que a olhavam –, atacando-a cegamente, até que Hermes lhe lembrou de que ela era apenas um fantasma. Apesar da força extraordinária, Hércules não é onisciente ou perfeito. É bruto, falho e humano, porém focado e obstinado.

A história está repleta de heróis hercúleos. Quando um time de futebol tailandês ficou preso na caverna Tham Luang Nang Non, com o oxigênio diminuindo e a escuridão se aproximando, uma força de resgate de mais de 10 mil pessoas seguiu para o interior do sistema subterrâneo de cavernas. Oskar e Emilie Schindler salvaram mais de mil judeus de mortes assombrosas em campos de

---

5. Lewis Farnell. *Greek Hero Cults and Ideas of Immorality*. Nova York: Elibron Classics, 2005, pp. 149-50.

105

concentração, arriscando tudo em nome de suas crenças. E policiais, bombeiros, enfermeiros e médicos são chamados de heróis – "trabalhadores essenciais" – quando lutam contra o inimaginável para nos salvar do insuportável.

O poder da psique profunda não assusta aqueles com perspectiva hercúlea. É um conquistador que quebra todas as barreiras. Na *Eneida*, Virgílio disse que, para Hércules, "os lagos do Estige tremeram, e o guardião de Orco recolheu-se para dentro de sua caverna sangrenta, repleta de ossos semimastigados. Nenhuma forma seria capaz de causar pânico em você, nem mesmo o gigantesco Tifão, trajado com suas armas; nem a serpente de Lerna, com todas as cabeças o cercando, seria capaz de roubar-lhe a razão".[6] Momentos hercúleos ocorrem quando caminhamos para a escuridão com a força de nossa determinação. Nenhum desafio é tão grande, nenhum inimigo é tão forte, nenhuma situação é insolúvel. É preciso perseverança e vontade para sofrer com o desconhecido em nós mesmos e no mundo.

A experiência hercúlea manifesta-se quando não estamos prontos para desistir. Embora dores permeiem nossos corpos e o medo contenha nossa alma, continuamos seguindo em frente.

Durante a Segunda Guerra Mundial, o primeiro-ministro britânico, Churchill, foi muito hercúleo: "Você pergunta qual é o nosso objetivo? Posso responder com uma palavra: vitória. Vitória a todo custo. Vitória apesar de todo terror. Vitória, por mais longa e difícil que seja a estrada. Pois sem vitória não há sobrevivência".[7]

Hércules divide o mundo em bom e mau, vivo e morto, vitória e fracasso; e sua clareza moralista permite que avance em direção à vitória, apesar de todas as particularidades e dificuldades. O pensamento hercúleo é preto e branco. Reduzir as complexidades da vida permite-lhe atacar qualquer coisa percebida como ameaçadora, ou mesmo desconhecida, conquistando, assim, o epíteto *Aretos* – bélico.

Refletindo sobre tentar terminar os estudos após se recuperar o bastante da lesão cerebral, meu irmão me disse: "Fui levado por algo em mim que não conseguia tocar. Foi, de algum modo, a única maneira que encontrei de

---

6. Virgílio. *The Aeneid*, p. 197.
7. "Churchill's greatest speeches". Disponível em: <www.historyextra.com/period/second-world-war/churchills-greatest-speeches/>. Acesso em: 6 jan. 2020.

CAPÍTULO 4 – HÉRCULES

olhar para a frente, e sabia que ninguém poderia fazer isso por mim. Eu precisava concluir os estudos, de um jeito ou de outro. Alguma parte oculta de mim sabia que a vida acabaria sendo mais harmônica se eu fizesse o que pudesse, naquele momento, para que isso acontecesse. Foram coisas simples, uma após a outra. Foi bem difícil suportar a passagem do dia e, muito mais, reescrever meu roteiro do jeito que desejava. Só tentei focar nas pequenas ações que me permitiram enxergar minha situação com otimismo e até mesmo como oportunidade". A estrela do basquete Kobe Bryant* respondeu notoriamente a uma pergunta, da mesma maneira: "Então, começo a desmembrar o problema em pequenos pedaços, aí concentro-me neles".[8]

Dividir a complexidade em partes nos permite enfrentá-las uma a uma. Às vezes, não somos capazes de realizar grandes feitos como desejamos. Quando for esse o caso, passos diários são importantes. Devemos primeiro ir ao banheiro, para depois tomarmos banho. Reduzimos o cenário maior em partes menores, para que a vida seja mais digerível. Alguém traumatizado não pode simplesmente se sentar e se debruçar sobre algo, sem que reminiscências passadas retornem. Precisam começar recuperando o senso de segurança – praticar a respiração consciente e sentir o corpo; então, depois de um tempo, poderão se conectar com a dor e a raiva e mudar a relação com suas experiências.

O pensamento tem seu lugar; contudo, isso também limita o valor que pode ser obtido por meio das falhas e dos equívocos. A polarização de grandes fantasias bem-sucedidas ou a absorção de sentimentos de fracasso nos impedem de aprender com nossos erros. A terapeuta belga Esther Perel perguntou, certa vez, a um paciente: "Você está aqui para ouvir ou estar certo? Se quiser ouvir, terá que estar menos certo".[9]

É fácil ignorar a perspectiva do submundo quando saltamos para as soluções. Quando dividimos a vida em categorias simples e intelectualmente elevadas, perdemos a chance de permanecer em regiões cinzentas, e é lá que a complexidade e a exuberância da vida são reveladas. A redução limita o

---

* Kobe Bryant faleceu em 26 de janeiro de 2020, vítima da queda do helicóptero em que se encontrava.
8. Entrevista com Arianna Huffington. *New York Times*, 26 set. 2014. Disponível em:
<www.nytimes.com/2014/09/28/fashion/arianna-huffington-kobe-bryant-meditate.html>.
9. Esther Perel. "There's You There's Me and There's Us", 2 nov. 2017. *In: Where Should We Begin*, produzido por Esther Perel (*podcast*).

107

conjunto de possibilidades – se prestarmos atenção apenas a uma cor, perderemos de vista o arco-íris.

O herói hercúleo enfrenta os desafios da vida frente a frente, superando as dificuldades e conquistando a aprovação dos deuses. A mitologia de Hércules nos diz que a invencibilidade e a brutalidade não são apenas distintas da mente espirituosa e idealizada, mas favorecidas por ela. Hércules é força primitiva, "derrotando serpentes em meu berço".[10] Já no século V a.C., Hércules era adorado em Elêusis como figura que quebrara os horrores da morte e poderia proteger os iniciados dos perigos do submundo. Não nasceu imortal; conquistou as honras dos deuses por meio do sangue, suor e labuta, lembrando-nos de que há grandes recompensas ao enfrentar o desconhecido com coragem.

Sempre que alguém entra no meu consultório, parte dele é como Hércules. Na porta, o indivíduo atravessa o limiar corajosamente, para se expor a outra pessoa – mostrar seus ferimentos e segredos, admitir suas inseguranças e dar os próximos passos, não importa quão dolorosos sejam, em direção à autodescoberta.

Hércules personifica a luta contra o submundo e a resistência à sua sabedoria, assim como representa a força necessária para superar o poder destrutivo do inconsciente – domar Cérbero, o cão de guarda de três cabeças do Hades. É preciso coragem profunda, força de vontade e determinação para enfrentar os conteúdos inconscientes, voltar-se para os traumas e as memórias encarnadas e permanecer firme durante as rupturas em meio às dificuldades e às mudanças.

Matando a imaginação

Hillman acreditava que Hércules usava a espada para cortar a imaginação – separar o imaginário do discernimento racional típico da consciência do ego. Em vez de metaforizar, literalizamos tudo, diminuindo nossa capacidade de nos envolver imaginativamente conosco mesmos e com a vida.

A natureza guerreira de Hércules é simbolizada por sua espada e sua clava. A espada é a expressão mortal do poder divino. Ao contrário do pai, Zeus, Hércules não luta com um raio celestial, mas com uma arma forjada do metal

---

10. Ovídio. *The Metamorphoses*, p. 205.

CAPÍTULO 4 – HÉRCULES

da terra. A espada é símbolo de sabedoria discriminativa – bordas afiadas de metal polido que se dividem habilmente. O mundo é mais simples e fácil de navegar se estiver dividido em dois: digno e indigno, isto e aquilo, nós e eles, sim e não, vitória e fracasso.

Se eu fosse lutar contra uma besta real, talvez tivesse que matá-la. Mas uma besta psicológica pode ser enfrentada com imaginação. Muitas vezes, o maior dos monstros é aquele que criamos. Para algumas pessoas, os demônios internos evocam pensamentos de inutilidade e falta de habilidade. Para outras, é a besta da autoimagem – sou magra, bonita ou forte o suficiente? Somos todos vítimas dos inúmeros monstros de nossa mente.

Este é o dilema herculeo: matamos nossos demônios internos ou os encontramos com a mesma imaginação mitopoética que os criou? Sem imaginação, é fácil tomar o desconhecido como algo a dominar ou matar. Esse é o equívoco herculeo – destruir o desconhecido e o inesperado. A busca obstinada da estabilidade pode impedir a transformação substantiva. Brandir uma arma ao desconhecido não nos ajudará a crescer. Estabelecer uma relação com ele, sim.

Minha reação inicial ao acidente do meu irmão foi herculea. Estava determinada a controlar a situação, dormir no hospital, participar de todas as conversas médicas, aprender a língua dos profissionais de saúde, cuidar dos meus pais e superar a possibilidade da morte de Ben. Entrei no hospital com a espada em mãos, pronta para lutar. Queria um mundo mais simples, no qual meu papel fosse claro e eu pudesse aparecer "da forma certa". Encontrei conforto em acreditar que, se resistisse aos fatos do plano terreno, a realidade nunca me alcançaria, meu irmão ficaria bem e o pesadelo terminaria.

Minha cura começou quando percebi que, para onde quer que olhasse –membros da família, funcionários, praticamente todos –, via Hércules com sua energia densa e determinação obstinada – algo que não era mais útil à recuperação do meu irmão ou, em caso de não recuperação, à sua transição da vida para a morte. Vi Hércules na enfermeira que me pediu que fosse forte, nos médicos que tentaram prolongar a vida de Ben a todo custo, nos amigos que ligavam com votos encorajadores e, acima de tudo, em mim – a irmã e a filha que lutaram para proteger todos ao redor (incluindo a mim) de sentir tudo o que estava acontecendo. A energia herculea fora imensamente fortalecedora. Seu foco único e a negação das trevas nos ajudaram a sobreviver. No entanto, com o passar

109

do tempo, carregar uma clava tão pesada estava nos impedindo de sintonizar, de maneira mais profunda, o que, de fato, Ben precisava. Ser herói continuou a salvação, mas ser Hércules não servia mais à causa.

Nossa sociedade é orientada à resolução, e muitos de nós nos sentimos encarregados de consertar o mundo. Na terapia, muitas pessoas querem ser "consertadas" e acreditam na fantasia de que há uma solução fácil para o que sentem estar quebrado. A dura realidade é que o Mágico de Oz não existe; não há nenhuma máquina de poções mágicas que possa nos livrar do sofrimento. As resoluções rápidas são fantasias do ego; a alma conta com a eternidade, não se apressa.

Hércules adentra o submundo para tomar alguma coisa e lá, como Hillman aponta, "lutou, puxou a espada, matou e ficou confuso quanto à realidade das imagens. Cada um de nós tende a ser Hércules no ego, quando começamos a confrontar figuras imaginárias.[11] Se olharmos o inconsciente pela perspectiva herculéa, criaremos uma atitude que acarreta problemas semelhante ao ego herculéo – enfrentando o ambíguo com as ferramentas de combate.

No Ocidente, a doença é abordada, em geral, com atitude herculéa: a complexidade é simplificada, e a moralidade, incluída em nossa compreensão de patologia. Sobrevivência e saúde são vistas como boas; morte e doença, como ruins. A simplificação excessiva tem seu lugar, mas a jornada interior da psique engloba mais que fatores genéticos e ambientais; tem dimensão simbólica não apenas imaginária, mas expressa na matéria, no corpo. Para ativar nosso potencial de cura, temos que ir além do paradigma restritivo de culpa e lógica e distinguir significado de causa, símbolo de sintoma. Quando abordamos o sofrimento como lutadores de sangue quente, sem considerar o significado oculto em nossa escuridão, limitamos nossa capacidade de encontrar soluções duradouras.

Limites

Perséfone deu a Hércules permissão de tomar Cérbero somente *se ele pudesse fazê-lo sem armas*. Apesar da força incomparável, Hércules foi subserviente aos governantes do submundo, lembrando-nos de que o inconsciente

---

11. Hillman. *Re-Visioning Psychology*, p. 38.

CAPÍTULO 4 – HÉRCULES

"se importa" pouco com a programação do ego. Mesmo os mais fortes entre nós encontram seus limites e têm que se curvar às autoridades mais profundas. O trabalho interno não tem atalhos – todos nós, em maior ou menor grau, acabamos nos ajoelhando perante as forças imprevisíveis da psique e os momentos sombrios da vida.

Hércules encontra seus limites novamente com o fantasma do herói Meleagro. No início, tenta forçar sua vontade na sombra, e Meleagro narra a história de quando matou os tios, e, em resposta, a mãe queimou a clava que representava sua vida útil, e assim ele morreu. Compadecido com o destino de Meleagro, Hércules prometeu casar-se com sua irmã, Dejanira.

Esse momento ilustra um lampejo incomum de empatia e reflexão, uma fissura no verniz de Hércules que, em última análise, leva o herói à queda. Mais tarde na vida de Hércules, o centauro Nesso tenta se impor a Dejanira. Defendendo a esposa, Hércules atira um dardo envenenado em Nesso. Na morte, o centauro diz a Dejanira que seu sangue aumentaria o amor de Hércules por ela. Convencida, ela mergulha uma túnica no sangue do centauro e a dá ao marido. Mas o sangue é venenoso e causa tanta dor a Hércules que ele implora pela morte. Os deuses ouvem seus gritos e permitem que sua parte mortal pereça.

Hércules adentra o submundo com força e convicção, mas não com reflexão. Lá, encontra uma perspectiva maior – um destino que lhe rouba a vida mortal. Ninguém está imune à experiência no submundo. Não importa quão fortes sejam nossos sistemas de proteção, nossa determinação ou nossa bondade, jamais poderemos prever como a escuridão nos afetará. Mesmo quando nos sentimos no controle, não o estamos. O inconsciente sempre tem a última palavra.

Cérbero

Na entrada dos portões da morte, Hércules capturou Cérbero, o cão demoníaco que impede que as sombras escapem dos domínios das trevas. Perséfone disse a Hércules que ele só poderia pegar a besta se a superasse com força bruta, não com compostura, reflexão ou refinamento. Não era a força de suas armas, mas sim sua própria capacidade física bruta.

Hércules é guerreiro. Honrar quem ele é significa honrar sua proeza física e sua capacidade de confiar na força ao deparar com as adversidades.

Cada um de nós tem as próprias forças internas de sustentação; todavia, quando confrontados com a escuridão, lutamos, muitas vezes, para encontrá-las. Convocar o que nos dá suporte é uma prática importante. Se caminhar ou correr é o que nos liberta, podemos praticá-lo. Se estabelecer conexão com os outros é o que nos cura, podemos nos aproximar. Conhecer e ativar nossos pontos fortes únicos pode nos ajudar a enfrentar grandes tempestades.

Ao deixar Perséfone, Hércules retornou aos portões do Hades, onde encontrou Cérbero e o sufocou até a submissão, acorrentando-o e levando-o até a superfície. O antigo estudioso grego Apolodoro de Atenas disse que, durante a luta, Hércules "nunca relaxou a pegada e colocou a besta sob jugo, até quebrar-lhe a vontade".[12] Cérbero não segue Hércules humildemente: "O cão lutou, virando a cabeça para longe da luz do dia e do sol brilhante. Louco de raiva, encheu o ar com latidos triplos e polvilhou os campos verdes com manchas de espuma branca".[13] À beira da morte, Hércules encontrou um instinto bruto no próprio reino, um confronto com aquilo que havia abaixo da superfície.

Imagine enfrentarmos nosso monstro interior com tanta força e confiança, a ponto de quebrarmos seu poder sobre nós e o sufocarmos até a submissão, estrangulando a vida de nosso crítico interno. Hércules retrata a parte forte de nós o bastante para desafiar nossos monstros mais imbatíveis.

Dominar Cérbero e arrastá-lo para a luz do dia é uma metáfora para trazer à força o inconsciente para a atenção consciente. Derrubar a energia instintiva representada por um cão de três cabeças e forçar seu conteúdo inconsciente à consciência requer poder hercúleo. Quando viajamos rumo ao inconsciente, enfrentamos o assustador e doloroso processo de trazer à tona aquilo que foi negligenciado e é desconhecido em nós.

A crueldade da batalha de Hércules com Cérbero nos mostra como é difícil arrastar para a luz do dia o que ainda não sabemos sobre nós mesmos. Não há nada de pacífico em se envolver com figuras sombrias, lutar contra o controle de um complexo ou trabalhar com conflitos internos, traumas, tristezas, doenças ou perdas. É como encontrar um cão raivoso, e é preciso toda a nossa força para permanecermos presentes com ele, sem mencionar controlá-lo ou subjugá-lo.

---

12. Apolodoro. *The Library of Greek Mythology*. Trad. Robin Hard. Oxford: Oxford University Press, 1997, p. 84.
13. Ovídio. *The Metamorphoses*, p. 166.

CAPÍTULO 4 – HÉRCULES

Uma mulher foi envergonhada quando criança. Sempre que expressava suas emoções, sentia-se culpada, de alguma forma. Risos e lágrimas, excitação e decepção foram todas emoções esmagadas e ignoradas, e, com o tempo, ela aprendeu a dissociar-se cada vez mais delas. A alegria e a curiosidade características da criança foram bloqueadas por um escudo protetor, e ela se tornou apenas uma sombra estoica do que já foi. Com o tempo, o escudo calcificou, e, embora projetado para protegê-la, começou a limitar sua vida. Aos 30 anos, os amigos a chamavam de "rainha de gelo", por ser destituída de sentimentos e distante. Na terapia, ela começou a falar sobre suas feridas e a cuidar delas, reparando aquela criança fraturada e com medo da vida. Cada passo de volta à encosta rochosa parecia ser como arrastar chumbo, puxando Cérbero para a superfície.

Hércules e Teseu

Ainda no submundo, Hércules liberta o herói Teseu da punição infligida a ele por Hades. Teseu e o amigo, Pirítoo, viajaram para o abismo a fim de sequestrar Perséfone e fazer dela a noiva de Teseu. Ao alcançar o trono das trevas, os companheiros explicaram a Hades seu intento. Presunçosos, esperavam que o deus do submundo perdesse a esposa. Hades os convidou a se sentar e solicitou refrescos. Contudo, ao fazê-lo, Teseu e Pirítoo foram amarrados às cadeiras por serpentes, correntes e a própria carne. Em alguns relatos, diz-se que se sentaram nas cadeiras do Lete (rio da amnésia) e se esqueceram de quem eram. Repletos de orgulho não muito tempo atrás, viram-se, agora, presos ao submundo.

A jornada de Teseu mostra sua arrogância. Seu tormento ocorre pela promessa equivocada de seguir Pirítoo, um mortal e, portanto, uma personificação do ego. Pirítoo acreditava estar além do alcance dos poderes das profundezas, descendo para sequestrar a rainha do mundo inferior, grave violação do respeito que um mortal deveria demonstrar a um deus. Só porque nosso ego deseja algo não o torna nosso, nem é necessariamente interessante para nós reivindicá-lo.

Raramente, o inconsciente celebra as conquistas do ego. Se partirmos do ego, até nossos maiores sucessos serão efêmeros. Na fábula persa *Selo de Salomão*, um sultão pede ao rei Salomão uma frase que sempre será

113

verdadeira. Salomão responde: "Isso também passará", o que se tornou ditado popular sobre a impermanência da vida, lembrando-nos de que os anseios do mundo diurno têm pouco peso na psique profunda.

Estar acorrentado à cadeira de Hades é uma poderosa imagem da escravidão psicológica, sensação semelhante, muitas vezes, à ativação de um complexo, uma coleção de imagens pessoais, associações e ideias agrupadas em torno de um núcleo arquetípico. Quando um complexo constela, cria emoções e sensações intensas. Usamos palavras como "preso", "colado", "congelado" e "consumido" para descrever como é estar no meio de um complexo.

Imagine que você é o motorista de um ônibus repleto de passageiros, cada qual sentado, em silêncio, em seu assento. Você passa por algo na estrada que desencadeia uma memória, um desejo ou um pensamento em um dos passageiros, e ele começa a gritar, a deixar o assento, a correr para a frente do veículo e a segurar o volante. O ônibus está ziguezagueando na estrada, fora de controle, e você não consegue deter o passageiro enlouquecido. Essa imagem ilustra bem por que dizemos que os complexos "nos têm" nas garras – como se comportam como figuras autônomas.

A maioria dos complexos é inconsciente e explode na consciência para causar estragos.[14] Nas garras de um complexo, é como se você estivesse preso atrás de um painel de vidro invisível – desejando parar de agir de determinada maneira e recuperar o controle. Muitas vezes, você não consegue, porque, assim como Teseu, está ligado a uma constelação inconsciente de associações. É como se sentar na cadeira do Lete, esquecendo-se de quem é, atado a pensamentos e emoções do complexo.

Os complexos alimentam-se das próprias narrativas, distorcendo a realidade para se alinhar à narrativa interior. As desculpas genuínas de alguém parecem ataques; o acordo parece discórdia; o apoio parece rejeição. A interpretação do que está acontecendo muda para se adequar à narrativa interna. Memórias, comportamentos e ideias antigas, que se acredita terem sido resolvidas e colocadas em repouso, levantam a cabeça mais uma vez e inalam o ar, animadas e de volta ao controle.

---

14. Complexo é um padrão central de emoções, memórias, percepções e desejos encontrado no inconsciente pessoal e organizado em torno de um tema. Esses *motivos* podem ser inconscientes, e, na maioria das vezes, o são. No entanto, Jung deixa claro que o ego é o complexo central no campo da consciência.

CAPÍTULO 4 – HÉRCULES

Tomemos como exemplo um complexo de inferioridade no qual se tem dificuldades com sentimentos de inadequação. O indivíduo precisa de validação constante, e isso nunca basta. O desmoralizador interno supera qualquer elogio ou validação do lado de fora, então as tentativas exteriores de nos mostrar nossos pontos fortes são, na melhor das hipóteses, tréguas. Os complexos mantêm controle minerando seu ingrediente favorito nessa caixa de bombons sortidos. Nem registram o que mais está lá. Pessoas degradadas ou rebaixadas, a exemplo de prisioneiros, crianças negligenciadas, parceiros invisíveis ou relegados no trabalho, muitas vezes sofrem de algum tipo de complexo de inferioridade. O indivíduo está acorrentado a uma narrativa interior que lhe diz que, em essência, ele não tem valor.

Quando a vida torna-se escura, é fácil ficar preso em uma máquina do tempo. O submundo pode ser pegajoso. O tempo para, e, repetidamente, revivemos os detalhes do dia em que fomos jogados na escuridão. Assistindo ao filme de terror várias vezes. O momento presente repousa na superfície, e estamos presos no submundo, lembrando-nos da vida cinco, dez ou vinte anos atrás. Ainda podemos estar de pé no leito de morte do nosso ente querido, paralisados no campo de batalha ou ouvindo más notícias. Podemos estar presos a um acidente ou a uma briga de infância, à espera do próximo golpe. Reviver o passado pode ser mais confortável, mesmo que tenha sido terrível, que escolher estar presente em um mundo onde o desconhecido parece ainda mais aterrorizante. Presos no submundo, recusamos a vida. Estar acorrentado à escuridão penetrante é ser varrido pela ressaca do passado – como se também estivéssemos sentados nas cadeiras do Lete, esquecendo-nos de que a vida continua.

Enquanto Teseu está preso na escuridão, incapaz de se salvar, Hércules passa por seu caminho para capturar Cérbero e, assim, o liberta. É fácil ficar preso a energias inconscientes e retomar velhos hábitos. Material e complexos sombrios exercem poderosa influência sobre nosso senso de controle. Quebrar padrões inconscientes que moldam nossa personalidade e compreensão de mundo pode exigir força hercúlea. Quando nos sentimos impotentes e sobrecarregados, a determinação intencional de Hércules serve a um propósito crítico: é o que sustenta o céu.

Quebrar padrões de traumas passados (redirecionando as vias neurais) requer muito esforço. Boa parte de nossa vida é cíclica – dias e estações, morte e renascimento, estrelas e planetas. Nossa mente ecoa essas rotações, esculpindo *loops* profundos, quase impossíveis de resistir. Pode ser necessário esforço hercúleo para quebrar velhos padrões, complexos, comportamentos e energia sombria. Para convencer a si mesmo de que é o bastante, quando sempre se sentiu falho. Para se impor perante situações sociais, quando sempre sentiu que não tem nada a dizer. Para encontrar equilíbrio entre trabalho e casa, quando sempre lutou para sustentar a família. Para correr riscos, quando sempre preferiu a previsibilidade. Ao quebrar esses ciclos automáticos, criamos espaço para novas escolhas e perspectivas. Tomar a decisão consciente de viver em vez de estar apenas vivo, após a dor e a confusão anunciadas pela escuridão, pode ser uma façanha hercúlea.

Superando a escuridão

O herói hercúleo dá tudo o que tem para encontrar e conseguir dominar os conteúdos do inconsciente. O *metis* hercúleo (sabedoria, habilidade, astúcia) trata da luta, da resistência encarnada. Diz-se que Hércules "batalhou muito e realizou muitas coisas fantásticas, tarefas realmente extraordinárias! Agora, em contrapartida, vive no belo topo nevado do Olimpo".[15] Na morte, Hércules apelou aos deuses por alívio, argumentando que o merecia porque "enfrentou, de forma inabalável, essas criaturas de corpo tríplice".[16] Recordando-se de sua força e de grandes feitos, os deuses se compadeceram e o tornaram imortal.

Na vida, vale a pena lutar por algumas coisas. Combater um complexo confinante, batalhar contra a ansiedade ou enfrentar a sombra pode levar a uma liberdade maior. Alguns aspectos de nós mesmos precisam ser combatidos, separados e superados. Se virmos Hércules apenas como figura de ação destrutiva, não perceberemos sua coragem em adentrar as fendas escuras da vida, sua bravura em penetrar o desconhecido e sua força em enfrentar os desafios e superar aquilo que não serve mais. Sua energia representa a força de vontade e o instinto de autoaperfeiçoamento do ego. A frágil chama do progresso

---

15. Trad. Charles Boer. *The Homeric Hymns*. Hubbardston, MA: Asphodel Press, 2006, p. 65.
16. Ovídio. *The Metamorphoses*, p. 208.

CAPÍTULO 4 – HÉRCULES

deve ser protegida a todo custo. Velhos padrões, anseios regressivos e desejos instintivos ameaçam extinguir essa delicada centelha. Às vezes, é necessária força hercúlea para lutar pelo bem da identidade consciente do indivíduo.

A escuridão do "tão somente existir" pode se tornar habitual. O herói hercúleo representa a capacidade de enfrentar, com vigor, momentos aterrorizantes, quando o "eu" pessoal é ameaçado. Trazendo luz à escuridão, superando os poderes do submundo, Hércules simboliza a vitória da consciência do ego sobre o inconsciente – a luz separada da escuridão, *sol invictus* – renascimento como sol vitorioso.[17] Não queremos a morte literal do ego – isso é psicose. Queremos desenvolver a flexibilidade e a consciência, compreendendo que alcançar esse objetivo requer, às vezes, esforço hercúleo.

Hércules personifica o motivo arquetípico de matar o dragão – destruindo um mal que guarda um tesouro havia muito esquecido. Matar o dragão, ou qualquer poder do submundo, é paralelo à luta contra o inconsciente, quando este tem você nas garras. Para superar problemas de codependência, convencer-se de que as pessoas não vão o abandonar requer foco hercúleo. Se você encontra validação apenas em outras pessoas, gerar amor-próprio exige determinação hercúlea. Se procura a cura para o vício, descobrir o que realmente necessita ser nutrido requer tenacidade hercúlea.

O mundo interior não é um lugar fácil de estar. Reconhecer e enfrentar os aspectos não vividos e não civilizados de nós mesmos é extremamente difícil. Quando iniciei o trabalho analítico, sonhei que entrava em uma antiga construção em chamas, e, ao redor destas, havia criaturas grotescas e demoníacas. Senti que essas figuras representavam as energias sombrias da psique profunda, os monstros que habitavam um lugar misterioso e esquecido do meu inconsciente. Expor-se repetidamente a esses tipos de energia poderosa que mudam de forma requer o uso da força contida e determinada observada em Hércules.

Ir além da ansiedade e compartilhar a voz em um grupo pode ser um ato de bravura. Sobreviver ao trauma, à doença, ao divórcio ou à sensação de fracasso exige força. Até mesmo admitir que precisamos de ajuda pode ser um

---

17. O herói solar personifica a exposição repetida ao inconsciente, porque o herói, assim como o sol, desce à escuridão e sobe novamente ao amanhecer. A batalha pela consciência ocorre em ciclos, tal como o sol. Jung argumentou que o herói enfrenta deliberadamente os perigos do profundo, sugerindo que ele é aquele que não deixa o dragão devorá-lo, mas o submete incontáveis vezes.

ato de empoderamento hercúleo. Como qualquer um que tenha ido às profundezas e depois retornado à luz lhe dirá, há momentos na vida em que somos confrontados com obstáculos, e encontrá-los com postura bélica e hercúlea é uma flecha que vale a pena ter na aljava.

Destruindo o limiar

"É melhor não desafiar o observador dos limites estabelecidos", alertou Campbell, porque "é somente ultrapassando esses limites, provocando o outro aspecto destrutivo dessa mesma força, que o indivíduo passa [...] para uma nova região da experiência." Cruzar o limiar é uma fase da vida em que o mistério da transfiguração começa – "um ritual, ou momento de passagem espiritual que, quando completo, equivale a uma morte seguida de um nascimento".[18] Quando superamos um horizonte familiar – um hábito, um padrão emocional, valores que não se encaixam mais –, sabemos que é hora de cruzar o próximo limiar. Quando algo em que confiamos está pronto para nos soltar, precisamos estar totalmente presentes. Assim como um dente de leite, o que está mole pode simplesmente cair. Mas pode ser também que precise se manter firme na decorrência dos efeitos de um grande abalo.

Hércules viaja para o Hades a fim de caçar Cérbero, criatura que protege o limiar para o abismo. Ao desafiar o guardião desse limiar, age deliberadamente ao impulso de resistir às mudanças pessoais, o que só pode ocorrer cruzando o limiar para o mundo inferior. Hércules representa o herói que não é afetado pela jornada. É como se a pele de seu famoso leão o protegesse de ameaças externas, assim como de seu desenvolvimento interior.[19]

À medida que caímos na escuridão, temos, primeiro, de morrer para as velhas maneiras de ser e mudar nossa atitude, para depois mudarmos nossa vida externa. Mesmo que tenhamos todos os *insights* e tesouros da profundidade, se não os incorporarmos, nossos esforços terão sido em vão. Para nos

---

18. Campbell. *The Hero with a Thousand Faces*, pp. 82, 42-3.
19. O primeiro trabalho de Hércules foi matar o leão de Nemeia, cujo couro dourado era impenetrável. Depois de tentar atirar-lhe uma flecha, Hércules foi forçado a bater na besta com uma clava e, eventualmente, estrangulá-la com as próprias mãos. Em seguida, usou uma das garras do leão para esfolar-lhe a pele, apropriando-se desta como escudo protetor.

CAPÍTULO 4 – HÉRCULES

libertarmos de comportamentos que negam a vida, temos de lutar contra nossos demônios, torná-los conscientes e aprender a nos relacionarmos com eles.

Depois de arrastar Cérbero para a superfície, o herói devolve o demônio ao submundo, o que nos lembra de que Hércules não é habitante permanente do Hades e não deseja manter aquilo que retira das profundezas. O herói hercúleo pode até lutar contra um material sombrio, batalhar contra um complexo com coragem inspiradora, mas não chega a construir uma relação de longo prazo com esse material. Não integra a experiência de maneira duradoura, e, portanto, com o tempo, os demônios retornam.

Hércules era famoso pelas inúmeras batalhas. Como nunca incorpora as lições de seus trabalhos, é encarregado de lutar constantemente contra os monstros do mundo. Não queremos passar a vida inteira lutando contra os mesmos tipos de bestas. Se não trabalharmos para aprender com o que encontramos nas profundezas, não importam quais monstros arrastaremos para cima, permaneceremos inalterados. Quando o mundo entrar em erupção, ansiaremos pelo retorno à estabilidade. Hércules nos lembra de não confundirmos o retorno à estabilidade com o retorno ao antigo. Se tentarmos trazer de volta a nós mesmos ou aos outros a memória de quem fomos, correremos o risco de não reconhecermos como mudamos. O crescimento pessoal requer viver um relacionamento com Cérbero – integrando nossas sombras, nossos instintos e nossos complexos.

No período seguinte ao acidente do meu irmão, aprendi, por meio da adversidade, que uma vida longa e feliz não nos é garantia. Ninguém pode prever a chegada de doença, tragédia ou morte. Vivendo tão intimamente com a possibilidade de meu irmão morrer, vim a perceber o valor de viver minha própria vida com mais intenção, ciente de sua impermanência. Agora, quando me pego correndo ou não apreciando a vida, penso: "Um dia vou morrer, e esse dia pode ser hoje". Essa prática simples me ajuda a me concentrar no que, de fato, é importante para mim – meu marido, minha família, meu cachorro, minha carreira, minha saúde, meu tempo na natureza e minhas amizades. Nem sempre acerto. Foi mais vívido quando meu irmão estava com a vida sustentada por um fio ou durante outros momentos de morte que experimentei. O tempo diminuiu a intensidade da lição; é muito fácil deixar até mesmo a sabedoria suada escapar de volta para baixo da superfície. Portanto, pratico, de maneira consciente,

119

permitir que a escuridão tenha lugar contínuo e significativo na minha vida e, ao fazê-lo, estou construindo um relacionamento com Cérbero.

Aqui começamos a ver o paradoxo ilustrado por Hércules. Resgatar-nos da escuridão, envolvendo-nos na vida de maneira contundente, protetora e ativa, impede que a sabedoria das profundezas nos afete. Nossa dor calcifica, nosso medo congela, e colapsamos sobre nós mesmos, incapazes de ficarmos de pé e de darmos os próximos passos à frente. Ainda assim, Hércules personifica a luta para enfrentar a escuridão de bom grado e a força de caráter e determinação para sofrer e ser impactado por quaisquer dificuldades com as quais nos deparemos.

Tudo pertence, mas precisa ser integrado. Negligenciar a integração de experiências sombrias e luminosas impede o crescimento e destrói a transição entre o velho e o novo eu. Hércules não é apenas sobre reprimir as trevas, embora isso faça parte de seu caráter. Também retrata uma imagem da energia conquistadora e progressista que mobiliza a força de vontade individual, uma energia necessária ao crescimento e à mudança. Hércules é mais dinâmico do que podemos imaginar. É preciso força incrível para poder permanecer no sofrimento, deixar a escuridão trabalhar em você.

Hércules concentra toda a sua energia no controle e no combate ao desconhecido. Há momentos na vida em que a energia de Hércules é exatamente aquilo de que precisamos – quando o poder, a confiança, a ação extrovertida e a orientação a metas nos ajudam a enfrentar desafios extremos. A jornada hercúlea em busca de nossos tesouros internos inclui os mesmos traços – ação, coragem e força de vontade –, as características definidoras da consciência ocidental. Não devemos subestimar a força necessária para enfrentar o desconhecido.

O poeta galês Dylan Thomas escreveu: "Não vá gentilmente para dentro daquela boa noite. [...] Enfureça-se, enfureça-se contra a morte da luz".[20] Essa é uma imagem hercúlea para enfurecer-se contra a morte da consciência, contra os monstros internos, contra o limiar entre o velho e o novo. Hércules, que espanca, luta ou corta tudo o que quiser superar, representa um aspecto importante do arquétipo do herói. Existem outros.

---

20. Dylan Thomas. "Do Not Go Gentle into That Good Night". *The Poems of Dylan Thomas*. Daniel Jones (org.). Nova York: New Directions, 1937, p. 239.

CAPÍTULO 4 – HÉRCULES

Reflexões

Hércules é sobre força intencional e vitória. Ele corta a vida em pequenas partes e ataca com força e foco prospectivo aquilo que o ameaça. Espada em mãos, conquistando e lutando pela perfeição, Hércules pertence ao matador de monstros dentro de todos nós.

Reflita sobre como as qualidades hercúleas podem estar presentes em sua experiência:

- Trazendo intenção às suas atitudes e aos seus comportamentos para ajudar a prepará-lo.
- Removendo o que o impede, para que você possa apresentar o que está por vir.
- Enfrentando suas dificuldades com mentalidade orientada a objetivos.
- Simplificando as coisas para que você possa consertá-las – enfrentando a escuridão como se fosse um problema mecânico.
- Sentindo o desejo de controlar e derrotar o desconhecido até a submissão. Quebrando barreiras com determinação, bravura, resistência, e sobrevivendo por meio de pura vontade de viver.
- Enfrentando o sofrimento de forma combativa. Pode ser desafiando a si mesmo positivamente ou limitando-se negativamente, sempre reagindo com uma espada.
- Enfrentando a escuridão com coragem e sendo recompensado pela fortaleza.
- Sendo a força necessária para quebrar a velha dinâmica.
- Recusando-se a ser afetado ou aprendendo com os encontros com a escuridão e, portanto, permanecendo inalterado.

CAPÍTULO 5

ORFEU

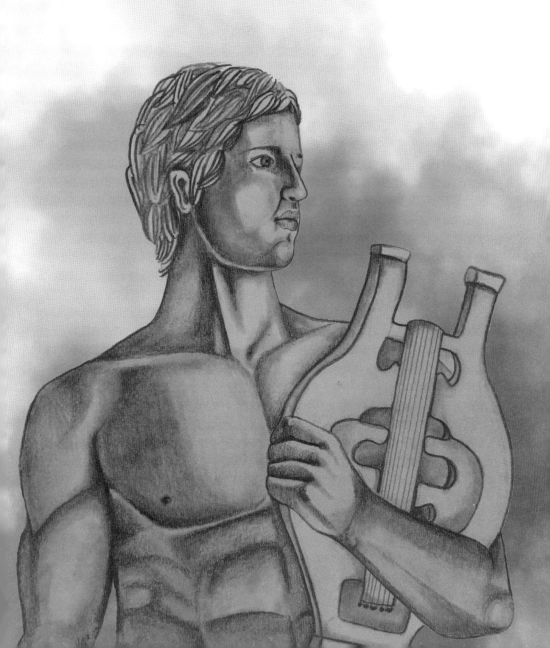

nquanto caminhava por um prado, Eurídice, a bela noiva do poeta trácio Orfeu, foi mordida por uma cobra e caiu no chão sem vida.[1] Orfeu enlutou sua perda tão profundamente que decidiu ir ao submundo devolver a vida à noiva.

O heroísmo órfico é completamente diferente do hercúleo. A força de Orfeu não vem de façanhas de guerra, mas do amor, da música, do luto e da persuasão. Enquanto Hércules foi vitorioso em sua tarefa, Orfeu não conseguiu recuperar a noiva. Ele adentrou o portão do Tênaro e, quando chegou ao trono de Hades e Perséfone, implorou a eles que lhe permitissem falar sua verdade. Confessou que esperava suportar a dor da perda de Eurídice, mas não conseguiu fazê-lo. O amor e a saudade eram demais para ele. Prostrando-se diante dos deuses do submundo, convenceu Hades a considerar Eurídice apenas "em empréstimo": "Se os destinos recusarem [Eurídice] um adiamento, decidi que também não desejo voltar. Você pode se exultar em minha morte, assim como na dela".[2] Impressionados com sua convicção, os governantes das trevas chamaram Eurídice.

Hades e Perséfone concordaram, com a condição de que Orfeu levasse Eurídice à superfície sem olhar para ela. Hermes era o guia deles. Quando a superfície estava próxima, Orfeu começou a se preocupar que Eurídice não o tivesse seguido e olhou para trás. Por causa disso, Hermes foi forçado a levar Eurídice de volta às profundezas. Consumido pela tristeza, Orfeu abandonou a civilização e retirou-se para a floresta isolada, para tocar sua lira.

Música

Em vez de ser forte e admoestador, Orfeu tinha como armas uma lira e seus dons musicais. Nos túmulos das profundezas, teceu uma canção

---

1. A Trácia é uma região geográfica e histórica no sudeste da Europa, agora dividida entre a Bulgária, a Grécia e a Turquia, delimitada pelas montanhas dos Bálcãs, ao norte, pelo Mar Egeu, ao sul, e pelo Mar Negro, ao leste.
2. Ovídio. *The Metamorphoses*, p. 226.

encantada que confessou sua necessidade insuportável pela esposa. Cantou um amor consumidor, uma dor que tomou seu coração. Não era combativo ou agressivo, mas vulnerável, criativo e expressivo.

A música de Orfeu era uma arma poderosa. Com isso, ele subjugou Caronte e Cérbero, trouxe lágrimas aos olhos das Erínias (as Fúrias, deusas femininas do julgamento e da vingança) e fez que os condenados ao sofrimento eterno – Tântalo, Íxion, Tício e as filhas de Dânaos – pausassem e esquecessem seus tormentos. Ovídio escreveu que, enquanto cantava, "os fantasmas sem sangue estavam em lágrimas", e "as armas teriam sido tornadas inofensivas pelo charme das canções de Orfeu".[3] Orfeu não atacou os poderes das profundezas, mas partiu o coração deles. Enfrentou as mesmas forças instintivas, destrutivas e caóticas da escuridão que Hércules, mas encarou-as com música e saudade.

Numa noite fria de inverno, meu irmão me ligou para dizer que um amigo nosso morrera em um acidente de esqui. Depois de desligar o telefone, vi-me sentada, por horas, ao lado de meu piano, tocando *The Ludlows*, composta por James Horner. A melodia assombrosa ecoava o som das minhas lágrimas, a perda de uma vida brilhante e um novo vazio em meu mundo. Foi uma balada para minha alma e para a vida não vivida tomada tão prematuramente. Em momentos como esses, quando o coração está pesado e a expressão criativa irrompe, a essência de Orfeu está presente.

É preciso heroísmo para liderar com o coração, falar a verdade da alma, das feridas, dos medos. É preciso heroísmo para viajar fundo em si mesmo e enfrentar as maiores reservas de energia da vida, implorando-lhes por renovação da vida e por sua energia.

O sucesso de Orfeu na persuasão de Hades e Perséfone para a libertação de Eurídice destaca o poder da sinceridade e da autoexpressão diante das trevas – o *pathos* da vulnerabilidade. Citando alguns exemplos, podemos ser sensíveis e autênticos por meio do desenho, da pintura, do canto, da dança, da escrita, da escultura e da música. Essas ferramentas nos ajudam a expressar e a conhecer nossa própria experiência. Pinturas, canções, poemas e movimento são modos de descobrir mais profundamente quem somos e o que estamos sentindo.

---

3. Ovídio. *The Metamorphoses*, p. 246.

CAPÍTULO 5 – ORFEU

"Quando estava realmente deprimida", compartilhou uma mulher comigo, "só pintava com vermelho e preto. Não percebi quão triste estava até olhar minha arte." Um homem me disse que construiu uma mesa depois que o avô morreu. Ele lixou a madeira, polindo a superfície lisa. Sem o avô, que sempre estivera lá para ele, sentia um vazio ao redor. Então criou uma mesa – um lugar para se alimentar, reunir-se com os entes queridos, celebrar marcos e compartilhar comida e a vida.

Muitas pessoas liberam dor, complexidade, desequilíbrios e escuridão por meio da expressão artística catártica. O sofrimento e a criatividade andam de mãos dadas. Alguns dos maiores artistas da história tinham vidas agonizantes. Jackson Pollock viveu uma vida reclusa e volátil, na qual lutou contra o alcoolismo; Virginia Woolf teve de suportar a morte de familiares próximos enquanto lutava com os próprios colapsos psíquicos; Anne Frank canalizou seu trauma e medo em um diário; e, em Terezín, campo de concentração tcheco, Rafael Schächter compôs e conduziu um coro adulto de mais de cem judeus que cantavam a própria miséria.

Em 1913, Jung separou-se de seu mentor, Freud, depois de chegar a um desacordo fundamental sobre a estrutura da psique. Após a separação, sofreu um autodeclarado colapso mental que durou até a Primeira Guerra Mundial. Não foi apenas um colapso. A experiência acabou sendo um período altamente criativo de autorreflexão e descoberta. Mais tarde, ele diria que sua psicologia teve origem nessa "doença criativa". Durante esse tempo, Jung experimentou episódios nos quais encontrava fantasias vívidas do inconsciente. Nomeou o registro de seus diálogos, a escrita e a arte de *O Livro Vermelho: "Liber Novus"*. Inédito em sua vida, o livro agora é considerado sua *magnum opus* e importante obra de psicologia analítica. Há elementos órficos em *O Livro Vermelho*, porque ele comunica a turbulência interior por meio de conversas, prosa e ilustrações vívidas de uma paisagem interior vibrante, sedutora e aterrorizante. É uma expressão criativa sobre navegar pelo submundo.

Meu marido é um homem reflexivo e introvertido. Quando a mãe dele foi diagnosticada com câncer, era difícil para ele conseguir processar e expressar verbalmente o medo e o desamparo que sentia. Ao longo da vida, ele digeriu a turbulência interior por meio da música, fosse sozinho, em uma banda ou apenas ouvindo os músicos preferidos. "Sempre foi mais fácil me comunicar

127

comigo mesmo e com os outros pela música que falar. A música oferece consolo e catarse. Não sou capaz de expressar em palavras o que consigo por meio da música e do som", ele compartilhou comigo. Sofrendo pela doença da mãe, ele se voltou para a música e a melodia para conseguir canalizar os muitos sentimentos sombrios que surgiam e se relacionar com eles.

A expressão órfica não se limita à música. É sobre liberação criativa e o uso dos nossos instintos artísticos para processar e entender o sofrimento. Quando meu irmão estava no hospital, eu costumava me sentar em sua cama, imaginando-o como um grande urso hibernando em uma caverna invernal. Sábio pela ancestralidade e repleto da paciência da natureza, ele dormiu. "Descanse agora", eu dizia, "assim como a floresta dorme sob o cobertor de neve. A natureza está sonhando, assim como você." E eu derramava essa mensagem – essas imagens e canções meio formadas – em suas células, lembrando a ele de que até o maior dos ursos hiberna para descanso, renovação e nascimento na nova primavera. Eu usava essa imagem para garantir a ele, e a mim, que não havia nada errado em dormir, mas que logo ele precisaria acordar. A primavera chegaria, o ar fresco voltaria, as bagas escuras amadureceriam, e as manhãs iluminadas pelo sol brilhariam. "Em breve", eu dizia, "a floresta da vida vai chamar por você."

Essa prática apaziguadora levou-me a escrever e a ilustrar um livro infantil sobre as lições aprendidas por Bunny enquanto planejava uma festa para celebrar o retorno da primavera da melhor amiga, Bear. Canalizei meu amor, minha esperança e meu desespero para escrever essa história, permitindo que as imagens doces me confortassem. Essa é uma maneira órfica de navegar pelo submundo – é menos agressiva e mais reflexiva, usando a imaginação e a criatividade para se conectar com, processar e expressar a escuridão em que encontramos.

Unidade

A música de Orfeu tem poder nos reinos dos vivos e dos mortos. No mito, mortais, sombras, deuses, animais e árvores escutam sua música em uníssono. "Somos informados sobre Orfeu", explicou o classicista Karl Kerényi, "de que os intermináveis bandos de pássaros voaram sobre sua cabeça enquanto ele cantava, e os peixes saltaram alto do mar azul-escuro para encontrá-lo;

CAPÍTULO 5 – ORFEU

sabemos que esse foi o efeito de sua música."[4] Todos os seres, independente-mente das diferentes naturezas, são encantados com sua música. Sua melodia dissolve divisões, e o mundo torna-se um. Nossas experiências, nossa nature-za, escuridão e tristeza estão em conjunto.

O mundo de Orfeu está interconectado. A escuridão é tecida em luz; a paixão, em sofrimento; o amor, em criatividade. Nessa teia narrativa, tudo é acolhido – sofrimento e alegria, raiva e gratidão, alívio e dor, morte e nasci-mento. Pode ser mais fácil enfrentar a vida quando simplificada e encaixotada em categorias. Conter a matriz entrelaçada da vida é algo esmagador. Mas, ao contrário de Hércules, Orfeu não divide o mundo em partes. Seu mundo é per-meado pelo heroísmo de enfrentar o "inter-ser" da vida. Enquanto a espada corta em dois, a lira tece junto.

O elo da escuridão torna-se um emaranhado de emoções, ideias e ações. Tome como exemplo a pandemia de covid-19. Em março de 2020, o mundo inteiro estava experimentando um aumento do medo e do isolamento, uma descida à escuridão, confusão, insegurança, escassez, luto e perda, além de restrições à independência e à conexão. A violência doméstica disparou, o desemprego aumentou, as divisões políticas se propagaram, os protestos se intensificaram – as pessoas tiveram dificuldade de pagar o aluguel e alimentar as famílias. Empresas fecharam à medida que o submundo veio à tona em es-cala global. As consequências foram profundamente interconectadas e com-plexas; é impossível processar e entender o efeito borboleta da situação – a complexidade dá origem à sobrecarga.

Há diferença entre tratar os fragmentos da vida como separados, como fez Hércules, de vê-los interconectados, como fez Orfeu. Temos que manter a interconexão do trauma e dos desafios para conseguirmos ir além deles. Podemos iniciar nossa jornada passo a passo, mas, para criarmos mudanças duradouras, precisamos de compreensão mais ampla e unificada do nosso destino. Temos que nos permitir sentir emoções contraditórias e, eventual-mente, colocar aspectos fragmentados de nós mesmos uns com os outros, para que possamos recuperar nossa totalidade.

---

4. Karl Kerényi. *The Heroes of the Greeks*. Trad. Herbert Jennings Rose. Nova York: Thames and Hudson, 1959-1974, p. 279.

Oração

A audiência papal realizada na Praça de São Pedro aos domingos tem, em média, 80 mil participantes, e milhares de outros fazem a peregrinação a Roma todos os dias, esperando que o papa ouça suas orações. De pé diante do trono de Hades, Orfeu orou pela ressurreição de Eurídice, uma prece peticionária, um pedido do divino.

O desejo de orar em situação de dificuldade é uma resposta arquetípica à relação humana com o divino. Há uma necessidade universal, constelada de sofrimento e incerteza, de apoio de um poder superior. "Aqueles últimos dias de nossa corrida com a morte", lembrou Victor Frankl; "as palavras de nossa oração pedindo paz foram tão fervorosas quanto qualquer outra jamais proferida pela voz humana."[5] As pessoas rezam ao divino por vários motivos – louvor, agradecimentos, desculpas, perdão, alívio, orientação e ajuda.

Todo mundo tem histórias, alinhadas ou não a uma fé específica, de pedir apoio para algo ou alguém além de si. Quando meu irmão estava no hospital, um amigo da família foi até as margens do Mississippi e enfiou bastões na areia dura, anexando a cada um deles uma bandeira de oração. Dançando ao vento, suas bênçãos viajaram por rios e montanhas como nuvens em um céu vazio, encontrando seu caminho para o quarto de hospital do meu irmão.

Não me identifico como pessoa religiosa, mas todas as noites dormia no quarto do hospital do meu irmão e repetia a mesma oração silenciosa: "Por favor, deixe-o ficar". À noite, quando tudo estava quieto, e minha desesperança, insuportável, rezei a um Deus no qual não acreditava. "Que haja uma luz para você em lugares escuros", diz Lady Galadriel a Frodo em *O Senhor dos Anéis*, "quando todas as outras luzes se apagarem."

Em todo o mundo, as pessoas acendem velas para honrar o sagrado; as orações enchem as sinagogas; o coro reverbera em vitrais; e, cinco vezes ao dia, o som do *azan* reverbera nas coberturas, chamando os muçulmanos à oração. É importante, de fato, para qual divindade ou figura sagrada oramos – Javé, o profeta Maomé, Alá, Buda, Yama (deus tibetano da morte), líderes religiosos como o papa ou o Dalai-lama, espíritos da natureza ou uma imagem onírica? A resposta junguiana a essa pergunta seria não, basta que oremos.

---

5. Frankl. *Man's Search for Meaning*, p. 81.

CAPÍTULO 5 – ORFEU

Romanos 8:26 diz: "Da mesma forma o Espírito nos ajuda em nossa fraqueza, pois não sabemos como orar, mas o próprio Espírito intercede por nós com gemidos inexprimíveis".

O herói, explica Campbell, é uma "submissão autoconquistada".[6] Descansar em sua insignificância, sentir a numinosidade do divino, render-se ao que não se pode controlar, suplicar para ser guiado pelos poderes misteriosos do mundo, ter apoio e comutação é heroico. Render-se exige profundo ato de coragem.

O importante é colocarmos nossa fé e esperança na orientação de uma força maior que nós. Para crescermos, às vezes temos que sentir algo além de nós. Sem conexão com o divino, só nós somos responsáveis por suportar e entender nosso sofrimento, peso demasiado grande para a alma.

Viajando pelo amor

Orfeu entendeu que a morte prematura de Eurídice foi uma falta grave, por isso viajou ao Hades para corrigir esse erro do destino. Os antigos poetas nos dizem que Eurídice foi restaurada a Orfeu porque ele ofereceu uma prova extraordinária de amor. O amor órfico é, ao mesmo tempo, xamânico, viajando pela redenção do outro, e autossuficiente, viajando para corresponder aos próprios desejos. Quando cruzamos a fronteira entre o conhecido e o desconhecido, o reino superior e inferior, por amor a nós mesmos, pelo outro, por tradições culturais, valores ou crenças religiosas, estamos adotando o heroísmo órfico.

As pessoas fazem coisas surpreendentes por aqueles que amam e pelo que acreditam. Muitas vezes, o desejo de sermos o melhor que podemos para nós mesmos, nossos parceiros, nossa comunidade e nossa família é inspirado por um amor misterioso e profundo. Amar e ser amado é uma experiência humana abrangente, que pode nos impulsionar a um território inimaginável.

Uma amiga me disse que nunca compreendeu o amor até ter filhos. Claro, ela amava os pais, os amigos e o marido. "Há diferentes tipos de amor", ela compartilhou. "O que sinto por meus filhos é um amor que extrapola a alma, um amor incontrolável, o tipo capaz de dar e fazer qualquer coisa."

---

6. Campbell. *The Hero with a Thousand Faces*, p. 16.

131

Ela riu. "Parece insano." Talvez o amor seja algo que jamais poderemos compreender por completo, mas de que necessitamos mesmo assim. Amamos nossos filhos, nossos pais, nossas tradições e, espero, a nós mesmos, nosso corpo e nossos meios de subsistência.

O amor órfico é xamânico porque Orfeu cruza os reinos superior e inferior para recuperar as partes perdidas de uma alma. Por meio de jejum, meditação, substâncias ou dança, o xamã entra em estado alterado para perceber o mundo espiritual e canalizar suas energias transcendentais para este mundo. Não é uma jornada realizada com propósito pessoal, mas para o bem-estar dos outros. O xamã leva a alma do outro para o grande abismo, além do limiar, para mais distante.

Todos nós estivemos em lugares sombrios por alguém; suportamos as dificuldades, a solidão e o medo; fizemos sacrifícios para que alguém tivesse a chance de se curar e sobreviver. Soldados recebem medalhas de honra por heroísmo e conquista sob fogo. Atravessando campos mortais para salvar um amigo, trazendo de volta à segurança irmãos feridos – atos de distinção militar nascidos da coragem do coração.

Eu estava no submundo porque meu irmão precisava que eu estivesse lá para estar presente em seu sofrimento. Na primeira noite dele no hospital, dormi no chão do quarto, ao lado da namorada dele, e minha mãe, no sofá. A noite toda, enfermeiras "voavam" para dentro e para fora de lá, tentando estabilizar o corpo convulsivo e o cérebro danificado de Ben. Estávamos coladas lá, porque o que mais amávamos estava naquele quarto.

Acompanho meus pacientes ao submundo porque precisam de testemunha e de alguém com eles durante as jornadas. Tornamo-nos cuidadores quando fazemos mudanças em nossa vida para apoiar o bem-estar de um membro da família ou de um amigo. Quando vemos alguém que amamos descer à escuridão, o desejo de proteger, apoiar, ajudar e até resgatar é, muitas vezes, despertado. Nosso amor torna estar no submundo não apenas algo significativo, mas importante.

Orfeu não viajou ao Hades somente pelo bem da alma de Eurídice. Ele o fez por causa de seu grande desejo. Sua intenção, portanto, era em benefício próprio: o desejo de voltar à antiga vida e à alegria que a noiva lhe proporcionava. Há sempre um elemento egocêntrico no desenvolvimento interior. Nosso

CAPÍTULO 5 – ORFEU

desejo de expansão e aprofundamento é, talvez, nosso compromisso mais importante. Em algum momento, se desejarmos viver de maneira mais consciente e autêntica, teremos que enfrentar a escuridão *para nosso próprio benefício*.

Como podemos amar os outros se não amamos a nós mesmos? O amor-próprio começa nutrindo nossa alma e tendo compaixão por quem somos – alimentando-nos com o que nos traz alegria, realização, paixão e energia. A autonutrição nos possibilita cuidar daqueles que amamos. Não é fácil reconhecer nosso próprio valor e abrir mão das condições impostas ao amor por nós mesmos e pelos outros. Nossa sociedade e nossa família estão inclinadas ao amor condicional – espera-se que sejamos de certa maneira para recebermos a recompensa de sermos amados. É raro o amor incondicional por nós mesmos e pelos outros.

As pessoas temem o autofoco, associando-o ao narcisismo (autoabsorção patológica), e sentem-se culpadas, temendo ser egoístas, se priorizarem demais a si mesmas. Se essa crença gerar sentimentos negativos, é possível perder os benefícios expansivos da autoconcentração. Amor-próprio é diferente de narcisismo. Reprimir o primeiro por medo do último limita nossa capacidade de enfrentar nosso mundo interior e permanecer presentes no trabalho desafiador de nos tornarmos autoconscientes. Se você não está disposto a viajar para dentro de si mesmo, talvez jamais venha a conhecer seu potencial mais profundo.

O Cântico de Salomão diz: "Ponha-me como selo sobre o teu coração, como selo sobre o teu braço, porque o amor é forte como a morte [...] as suas brasas são brasas de fogo, com veementes labaredas. As muitas águas não podem apagar esse amor, nem os rios afogá-lo".[7] A capacidade humana de suportar o sofrimento por causa do amor é uma maravilha da vida. Na visão de Victor Frankl, o amor nos permite suportar o sofrimento com honra. Ele se lembra de passar horas, dias e meses refletindo sobre a imagem da amada esposa, prática que lhe deu consolo, esperança e vontade de viver. Quer viajemos ao submundo pelo amor do outro, por nós mesmos ou por uma combinação de ambos, o amor reside em um canto misterioso e poderoso da alma humana – *et lux in tenebris lucet*, a luz que brilha na escuridão.

---

7. *The Bible: Authorized King James Version*, Solomon's Song, 8:6. Robert Carrol e Stephen Prickett (orgs.). Oxford: Oxford University Press.

Nada além de vento

Quando Orfeu voltou à superfície, olhou para Eurídice. Com esse olhar, a mão direita de Eurídice tocou o ombro do amado em uma despedida amorosa, enquanto a esquerda tocava o de Hermes. Esforçando-se para agarrá-la, Orfeu tocou "nada além de vento".[8]

A ascensão órfica nos mostra que, conforme integramos uma experiência ligada ao submundo, nossas escolhas fazem toda a diferença. Hades disse a Orfeu que não olhasse para trás ou o presente do retorno da amada seria perdido. Tudo o que Orfeu precisava fazer era confiar que os poderes do abismo haviam sido influenciados por sua impressão musical. O herói precisava confiar em seu eu profundo, e sua música é símbolo desse ego intrínseco. No entanto, em um momento crítico, ele não conseguiu confiar em seu verdadeiro *self* e olhou para trás. A grande lição da jornada órfica é confiar em nosso senso inato de quem somos. Aqui, vemos a consequência de não o fazer.

"Tanta coisa junta", disse meu irmão. "Virei um esqueleto, tornando-me aquilo que mais me representa profundamente. Nunca foi fácil ou natural perceber isso, em especial quando estava exausto e sobrecarregado, mas minha experiência de traumatismo cranioencefálico destacou partes de mim, como carinho, compaixão e paixão, de fazer algo bom com aquilo que está por vir, seja o que for. Tive que confiar nesses níveis mais profundos de mim mesmo."

A palavra *weird* (estranho, em português) vem do latim *wyrd*, que significa "destino pessoal". Os gregos contaram a história das três irmãs do destino – as moiras, ou irmãs Wyrd. Cloto, Láquesis e Átropos foram responsáveis por costurar o destino de cada indivíduo à sua alma. Seja qual for seu destino – único para você –, é o dom singular de sua alma. O destino de Mozart era ser prodígio musical; o de um cavalo de corrida é correr rápido como o vento; e o de Bobby Fischer era tornar-se o mais jovem grande mestre do xadrez.

Algumas pessoas têm o dom de cuidar dos outros; outras são dotadas de comunicação clara e honesta. Alguns de nós têm a capacidade de rir das dificuldades, permanecer estáveis em tempos de volatilidade, ser pacientes ou agir com tenacidade. Quando você se vê em uma escuridão que paralisa toda

---

8. Ovídio. *The Metamorphoses*, p. 226.

CAPÍTULO 5 – ORFEU

a vida, ouve as mesmas narrativas internas negativas ou começa qualquer tipo de autoexploração, confiar em quem você é de verdade é um ato heroico.

No romance de ficção científica *Duna*, o autor Frank Herbert chama a capacidade de se amplificar, ou de se empoderar, de "destino". O que é único para nós nos dá poder. Uma maneira de suportar os momentos mais sombrios da vida é invocar o poder daquilo que nos torna "estranhos", distintamente nós mesmos. Enfrentar a escuridão conhecendo nossos pontos fortes e capacidades nos fornece base sólida.

Ter nossos dons e aprender com nossos fracassos são passos importantes na integração da energia inconsciente e dos momentos sombrios. Se conseguirmos canalizar a turbulência para novas ideias, novos traços e comportamentos, cresceremos cada vez mais completos.

Embora Orfeu tenha confiado em seus dons musicais, no fim não confiou que sua música fosse suficiente. Quando aspectos de nossa identidade são novos (para nós) e, portanto, parecem estranhos e pouco convincentes, os velhos padrões retornam. É fácil para a personalidade emergente retornar ao submundo.

Depois que Orfeu voltou de mãos vazias, foi consumido pelo luto. Em vez de se esforçar para seguir em frente, ele regrediu, preferindo a companhia da natureza e dos animais. Temos que confiar nas partes de nós descobertas durante a jornada, traços que podem parecer não substanciais e desconhecidos – como segurar a mão de uma sombra. Se deixarmos essas partes escapar de volta à inconsciência, correremos o risco de recuar de sermos quem somos.

Deixando ir

Orfeu viajou ao submundo para restaurar o passado – aliviar a própria dor e recuperar sua identidade, em vez de reconhecer Eurídice como mais que apenas sua amada esposa. Foi incapaz de amá-la na condição atual, independentemente da mudança de forma.

Os relacionamentos entram em crise quando uma pessoa tenta mudar, e a outra, impedi-lo. Uma das coisas mais difíceis de fazer é aceitar o destino do parceiro. É mais fácil exigir que nosso par esteja de acordo com o que queremos: "Por que você não pode ser mais expressivo", "não procrastinar tanto",

135

"não perder o senso de direção"? Queremos evoluir as pessoas que amamos, resgatá-las de hábitos "negativos" e ajudá-las a ver partes ocultas delas mesmas ou de nós projetadas nelas. Há uma linha divisória entre incentivar o que é incipiente no outro e tentar reconstruí-lo. O amor requer abertura ao melhor e ao pior dos outros, permitindo-lhes ser donos da própria jornada.

Muitas pessoas projetam esperanças, potenciais e vida não vivida em outra pessoa, agregando valor (positivo e negativo) aos parceiros, em vez de se concentrar na própria jornada. Nós os sobrecarregamos com nossas fantasias, sombras e expectativas, à custa do nosso próprio desenvolvimento. Orfeu projetou em Eurídice sua capacidade de viver uma vida feliz e viajou ao Hades para recuperar o que ela despertou nele.

Sempre projetamos nossas sombras nos outros. É assim que o desenvolvimento humano funciona. Quando o fazemos, nossos parceiros nos aliviam do fardo de termos que nos tornar completos, pois carregam as partes subdesenvolvidas e não vividas de nós "para nós". Por projetarmos nossas sombras neles, envolvemos nossos parceiros na fantasia e na responsabilidade de ser nossa fonte de vida – dando-lhes o poder de elevar ou destruir nossa vida. Para criar relacionamentos saudáveis e duradouros, devemos nos esforçar a fim de recuperar nossas sombras ou para não sobrecarregar nossos entes queridos com expectativas divinas impossíveis de corresponder.

Levei muito tempo para compreender que, ao tentar resgatar meu primeiro namorado, eu estava, na realidade, me resgatando. Ele era abusivo e alcoólatra, e sempre escolheu a autodestruição em vez de mim. Não importava o que fizesse, nunca fui mais atraente ou valiosa para ele que o uísque, então o culpei por me fazer sentir inútil. Foram anos de análise para aceitar que atraí esse homem destruído para minha vida a fim de iluminar uma parte minha que já se sentia sem valor. A questão da cura não era sobre o que havia de errado com ele, mas sobre o que eu estava tentando salvar em mim mesma o salvando. Ele era charmoso e magnético; as pessoas eram atraídas por ele como mariposas a uma chama. Ele espelhou a parte de mim para a qual os outros se voltavam, e, ao amá-lo, ampliei essas qualidades em mim.

Em situações extremas, depender de terceiros para nos validar e nos fazer felizes gera codependência e confusão. Podemos nos tornar tão desconectados de nós e tão fundidos ao outro que perdemos a capacidade de dizer onde

CAPÍTULO 5 – ORFEU

terminamos e onde o outro começa. A vida dele torna-se a nossa, uma tábua de salvação para nos sentirmos vivos e conectados. Se nos definirmos pelos outros, seremos incapazes de nos apropriar de nossa própria realidade interior.

Orfeu pagou um preço alto por não aceitar a independência de Eurídice. O que ele não conseguiu entender foi que a parte dele que tinha uma vida com Eurídice desaparecera. Em vez de enfrentar essa dura realidade, o herói desceu ao submundo para corrigir os "erros" cometidos pela ordem natural da vida.

Não podemos controlar ninguém em vida nem na morte. Também não podemos esperar que os outros sejam responsáveis por nossa criatividade, potencial ou força vital. Tudo o que podemos fazer é sermos responsáveis por nossa própria vida. Ninguém pode nos resgatar, mudar nosso destino ou viver nossa vida por nós. Em cada fenda escura do submundo, há o potencial do confronto com o destino, com a chance de evoluir por meio de nosso próprio sofrimento. Como reza o velho ditado: "Você pode levar um cavalo à água, mas não pode fazê-lo beber". Você pode apoiar, orientar e liderar alguém pelo exemplo, mas *a pessoa é responsável pela própria vida*.

Eurídice transcendeu seu apego à vida. No poema "Orfeu, Eurídice, Hermes", Rainer Maria Rilke descreve Eurídice como transformada pela escuridão e repleta de profundidade que ela não tinha anteriormente. Na morte, Eurídice individuou-se. Não pertencia mais ao marido, mas ao submundo. Cego por sua própria agenda, Orfeu não conseguiu ver a transformação dela.

Perguntei a um homem que tende a ser protetor se ele já tivera algum relacionamento no qual não pôde – ou talvez não devesse – proteger alguém. Ele assentiu. "Tenho um defeito grave de me importar demais com as pessoas, o que significa prezar por seus sentimentos e dizer a elas o que querem ouvir, em vez de ser honesto. Isso tece um ninho horrível de mentiras e duplicidade. Quando tento evitar que se sintam mal", continuou, "não tenho certeza de quem estou, de fato, cuidando. A intenção e a consequência nem sempre se alinham. Mesmo que minhas intenções sejam boas, as consequências estão fora do meu alcance. Talvez seja apenas uma questão de reconhecer que as consequências podem ser diferentes de intenções."

Amar alguém significa, em última instância, deixar que ele viva a própria vida, não o protegendo das circunstâncias dessa vida, mesmo que dolorosas. Nas palavras de Khalil Gibran:

137

Amai-vos um ao outro, mas não façais do amor um grilhão: que haja, antes, um mar ondulante entre as praias de vossas almas. [...] Dai vossos corações, mas não confieis a guarda um do outro. Pois somente a mão da vida pode conter nossos corações. E vivei juntos, mas não vos aconchegueis em demasia; pois as colunas do templo erguem-se separadamente, e o carvalho e o cipreste não crescem à sombra um do outro.[9]

No diário que mantive durante a recuperação de meu irmão, fiz uma lista de diretrizes de como queria interagir com ele, enquanto Ben estava em processo de acordar do coma: meu irmão não está destruído, apenas ferido; ele precisa de respeito; tenho que repetir as coisas pacientemente, como se não soubesse de nada; diminuir meu ritmo; fazer contato visual para que ele saiba que entendo que ele ainda está aqui; fazer perguntas que demandem respostas específicas, para que eles as possa fornecer nas próprias palavras; segmentar toda ação em pequenas partes; acreditar que ele é capaz de reaprender e celebrar seu sucesso; focar no que ele faz, não no que não consegue fazer; e, finalmente, isso é sobre o Ben, não sobre mim.

Pode parecer mais seguro impor nossas crenças em vez de deixar que os outros façam as próprias escolhas. Render-se ao nosso desamparo, não se sentir visto, ouvido ou amado são partes desafiadoras do trabalho do submundo. É preciso ser como herói para deixar que o outro siga o próprio caminho, mesmo quando queremos protegê-lo.

Podem ser necessárias força sobre-humana e autotranscendência para dar espaço à jornada de vida de outra pessoa. Esse ato difícil pode salvar um vínculo ou partir um coração. O amor repousa em um mundo de união e separação. Para que um relacionamento seja bem-sucedido, ninguém pode ser privado da liberdade de desenvolver a própria independência. Podemos viver lado a lado, próxima e intimamente, enquanto permitimos o distanciamento suficiente para ver o outro em sua totalidade singular. Se nos abandonarmos para resgatar o outro, ambos desaparecerão, como aconteceu com Eurídice.

A vida é cheia de momentos em que fazemos uma pausa e depois escolhemos não agir, porque percebemos que nossas intenções não são as

---

9. Kahlil Gibran. *The Prophet*. Nova York: Vintage Books, 1923, p. 15.

CAPÍTULO 5 – ORFEU

melhores para os outros. Esse limite é fundamental a qualquer trabalho terapêutico: quando dizer ou não dizer algo? Quando certas informações são assimiladas, como saber se você é o melhor canal para elas? Conter pode ser mais difícil que agir por impulso. Orfeu não se conteve – não houve restrição ou reflexão. Depois de viajar para o reino mais distante a fim de recuperar a noiva, ele entrou em pânico, e ela desapareceu.

A escolha de Orfeu de recuperar Eurídice foi uma traição à ordem natural, como se as regras do Universo não se aplicassem a ele. Se amasse Eurídice, ela não poderia morrer. Por dias, sentei-me no quarto de hospital de meu irmão, sem sono ou comida de qualidade, determinada, pela própria impossibilidade da tarefa, a impedir sua morte. Quando eu era mais jovem e um amigo faleceu, recusei-me a acreditar – não me envolvi com a dor porque ela simplesmente não parecia ser real. Esses são momentos órficos, quando ignoramos a realidade diante de nós.

A mente humana baseia-se no passado para navegar no presente. Como o ex-monge budista Cuong Lu explicou:

> Se você tem uma bela foto que deseja guardar, pode digitalizá-la e salvá-la no computador ou imprimir uma cópia. A consciência funciona da mesma maneira. Ela fotocopia experiências e, da próxima vez que você encontrar algo semelhante, mostra-lhe a cópia, e você assume que a experiência anterior está acontecendo novamente. Mas trata-se de uma cópia, não do original. A realidade mudou – *está sempre mudando* –, e estamos vivendo em uma fotocópia.[10]

"Ao roubar o presente de sua realidade", refletiu Victor Frankl, há "certo perigo. Tornou-se fácil ignorar as oportunidades de fazer algo positivo da vida no campo de concentração; oportunidades que existiram de fato."[11] Frankl alertou que, àqueles que fecharam os olhos para a vida, escolhendo, em vez disso, viver no passado, a vida tornou-se sem significado. Eles se esqueceram de levar a sério a força interior e as dificuldades do presente. Um mundo de

---

10. Cuong Lu. *Wait: A Love Letter to Those in Despair*. Boulder, CO: Shambhala Publications, 2021, pp. 35-6.
11. Frankl. *Man's Search for Meaning*, p. 93.

139

fantasia substituiu a realidade, protetora e reconfortante, mas também alienante e, eventualmente, sem sentido.

"Revisitar nosso passado", explica o psicoterapeuta Bruce Lloyd, "é uma porta de entrada para uma nova vida somente se não ficarmos presos a e sermos definidos por ele."[12] Permanecer no passado não é restauração; não podemos mudar os eventos da vida – a serpente que repousa no campo está fora do nosso controle –, mas podemos assumir o controle de como restauramos nossa vida.

A resposta de Eurídice contrasta fortemente com a de Orfeu. Embora tenha ido ao submundo de forma involuntária, enquanto ele o fora de bom grado, Eurídice aceitou sua morte, enquanto Orfeu sofreu com a morte de alguém que resiste ao destino. A diferença está em aceitar a realidade ou resistir a ela. A romancista e filósofa Iris Murdoch escreveu: "o amor é a percepção extremamente difícil de que algo além de si é real".[13] Essa é a sabedoria que faltava a Orfeu. Ele viu Eurídice como parte de sua vida e de seu senso de identidade. Não via a realidade dela, a independência dela, a "alteridade" dela.

Na escuridão e no terrível processo de ascensão, as linhas da trama da vida que imaginávamos são desfeitas – a vida que passou e o futuro que não virá são destruídos. Somos atingidos por uma chuva intensa e escura que nos afoga na impossibilidade do que nos foi tirado. Há sabedoria em deixar de lado circunstâncias além de nosso controle. Não podemos manter o passado intacto nem controlar o destino. Jung acreditava que a história de Orfeu insinuava uma realidade "onde alguém está unido a tudo o que é querido e, ainda assim, não pode desfrutar da felicidade da reunião porque é tudo sombrio, irreal e desprovido de vida".[14] A vida segue adiante; quando nos apegamos ao que passou, ela pode se tornar desprovida de vida – uma sombra no submundo.

Para aqueles que sentiram a dor particular de perder um ente querido, o luto pela vida perdida é um processo delicado, doloroso e essencial. Orfeu não conseguiu passar pelo processo de luto completo. A psiquiatra Elisabeth Kübler-Ross identificou cinco estágios do luto: negação, raiva, barganha, depressão e

---

12. Bruce Lloyd. "Return from Exile". In: *Understanding and Healing Emotional Trauma*. Daniela Sieff (org.). Nova York: Routledge, 2015, p. 33.
13. Iris Murdock. "The Sublime and the Good". *Chicago Review* 13, n° 3, 1959, p. 51.
14. C. G. Jung. *Symbols of Transformation. Collected Works*, v. 5. Princeton: Princeton University Press, 1952-1967, p. 409.

140

CAPÍTULO 5 – ORFEU

aceitação. Ela não vê esses estágios como paradas de ônibus em uma linha do tempo linear do luto, mas como ferramentas para nos ajudar a enquadrar e identificar o que estamos sentindo. Orfeu ficou preso na negação, recusando-se a permitir que Eurídice tivesse seu destino. Tentou ressuscitar o passado, incapaz de aceitar a morte sem volta. Quando a perdeu pela segunda vez, escolheu se retirar do mundo, talvez com a intenção de se recuperar, mas, como a história nos diz, ele não mudou. Foi submetido ao luto pelo resto da vida.

É tentador esperar por uma vida livre de escuridão. Desejar que um ente querido não tivesse morrido, que não tivéssemos feito certa escolha que implicou determinada consequência, ou que o pesadelo pelo qual estamos passando jamais tivesse surgido. Fantasias de cavaleiros em armaduras brilhantes vivendo em eras passadas podem ser mitigantes e positivas, mas impedem o desenvolvimento psicológico. Muito saudosismo regressivo coloca a vida em espera, congelando nosso potencial de crescer e de participar das correntes de mudança da vida. *Ninguém escapa da escuridão.*

O desrespeito de Orfeu pelo destino de Eurídice não melhorou sua vida. Na realidade, isso o destruiu. O luto tomou o lugar dela como parceira de vida. Memórias do que já tivemos ou de quem fomos podem proporcionar alívio em tempos sombrios, mas há diferença entre tomar como referência a essência de uma pessoa ou de uma experiência perdida e se agarrar a ela. O mito de Orfeu nos desafia a lembrar que os vestígios de vidas passadas não são calorosos e animados; ao contrário, apresentam tons frios e sem vida, em alusão à terra da morte.

Nossa única escolha é deixar ir. Depois que minha sogra faleceu, sonhei que estava no meu escritório e encontrei uma gaveta cheia de papéis. Tinha uma sensação distinta de que precisava jogá-los fora. Esse sonho era sobre o luto: os restos mortais precisam ser deixados fora. Não são os papéis e detalhes da vida que deixam impacto, mas sim a essência dos nossos entes queridos. Não se trata de esquecer, mas de não conter com tanta força. A morte pode interferir na vida, destituindo-nos de nosso potencial e de nosso caminho a seguir. Aqueles que amamos nos presenteiam com lições aprendidas, atitudes que podemos adotar e, talvez, acima de tudo, sentir a preciosidade e a fragilidade da vida. Minha sogra era uma mulher extraordinária – amorosa além do imaginável, presente na vida daqueles que amava. Era positiva e encorajadora – a primeira pessoa a dizer que acreditava em e estava orgulhosa de você. Ela costumava me ligar apenas para dizer que estava pensando em mim e queria ouvir minha voz. Se o amor é ímã, ela era um – unindo as pessoas, incentivando-as a se perceber como ela as via, sempre disponível para um toque a mais. É importante não se agarrar às coisas erradas. Sua presença diária precisou ser deixada, mas sua essência permanece em meu coração.

Não queremos ficar presos ao passado, vivendo mais os tons escuros do ontem que a vida de hoje. A escuridão envolve o passado, o presente e o futuro. Você ainda está no leito de morte de seu ente querido? Ainda está no ritual fúnebre ou brigando na cozinha? *Onde e quando você se encontra?* É fácil vagar pelas reminiscências passadas, algumas significativas, outras vazias e regressivas. Parar no limiar entre a vida e a morte é não estar em lugar nenhum. Abastecermo-nos demais com a saudade do passado é sobre nos retirarmos da vida.

A cura é um processo ativo; o tempo, por si só, não nos transformará. Quando estivermos no submundo, cada um de nós deverá decidir se vai querer ou não voltar à superfície e continuar vivendo. Viver não é o mesmo que estar vivo. Orfeu retirou-se do mundo, negando a vida com base na injustiça dela. Seu cabelo cresceu, seu corpo necessitava de comida, e ele adormecia à noite – tudo isso é sinal de vida. Mas ele não estava vivendo. A perspectiva a partir do submundo trata de estar presente para a vida, não importando quão doloroso seja o momento em questão.

Podemos obter novas perspectivas sobre traumas, fracassos e dor, e não estarmos no meio de complexos, e, ainda assim, crescer como indivíduos. Mas não podemos voltar para onde estávamos antes de estarmos na escuridão. Parte no passado, parte no presente, não estamos em lugar nenhum. Temos que deixar Eurídice voltar para o Hades. O que mais podemos fazer?

Desmembrando o luto

Depois que Eurídice retornou ao Hades, Orfeu ficou "completamente atordoado". Mais uma vez, tentou atravessar o Estige, mas, agora, foi barrado por Caronte, o barqueiro. Consumido pela perda, Orfeu vagava "descuidado e negligenciado [...] sem provar comida: tristeza, ansiedade e lágrimas eram seu alimento".[15]

---

15. Ovídio. *The Metamorphoses*, pp. 226-27.

CAPÍTULO 5 – ORFEU

Eu costumava trabalhar com um universitário cujo irmão morrera misteriosamente durante uma experiência com o uso de drogas. Meu paciente estava parado no tempo, atormentado por perguntas sobre se a morte do irmão fora suicídio ou acidente. O que ele estaria pensando nos últimos momentos? A incerteza dissolvera as barreiras entre os mundos, e o irmão fora para trás do tênue limiar. Perguntas do outro lado tornaram-se companhia em sua vida, sendo mais reais que a torrada que ele comera de manhã ou os lençóis com os quais dormira à noite (o que lembrou a ele uma mortalha fúnebre). Sua confusão transformou-se em frustração, virando, depois, raiva.

"Quando eu estava em pleno sofrimento", meu irmão Ben me disse, "era impossível ver como qualquer coisa boa poderia advir disso. Eu estava sozinho e absorto pelo meu sofrimento. Isso limitou minha capacidade de me envolver com as oportunidades disponíveis." Ben estava alimentando a parte de si que estava em luto – desolado e irritado com toda a confusão, perda e desamparo. No lugar de uma vida jovial vibrante, ele alimentou-se da realidade sufocante da própria dor.

Orfeu distraiu-se de sua perda, tentando corrigir o erro do destino. Muitas pessoas agem da mesma maneira, tentando desviar a dor, escolhendo evitar a escuridão em vez de se envolver com ela. Essas pessoas se ocupam, preenchendo o tempo e o vazio interiores com trabalho excessivo e tarefas mundanas.

Anos após a morte de Eurídice, Orfeu permaneceu tão absorvido na própria dor que um dia, enquanto tocava sua lira, não percebeu a chegada das Ménades, mulheres seguidoras de Dionísio, deus do êxtase. A cadência selvagem dos chifres e pandeiros das Ménades abafou sua música, e "as pedras foram se tornando carmesim com o sangue do poeta, cuja voz elas não conseguiram escutar".[16] Não afeitas à sensibilidade e impossibilitadas de conseguir ouvir sua música melancólica, as Ménades o desmembraram.

Como devotas de Dionísio, as Ménades eram adoradoras da força vital. No bosque, duas respostas à existência entraram em conflito. A rejeição da vida de Orfeu foi posta frente a frente ao chamado incessante à vitalidade, e, logo, ele fora desmembrado.

A presença de Dionísio nessa parte do mito nos conta que o submundo, aqui em forma de luto, pode ser como uma besta selvagem – rugindo,

---

16. Ovídio. *The Metamorphoses*, p. 246.

143

rasgando, desconectando. Fomos arrancados da vida e forçados a um estado arquetípico não mediado, em que a psique se encontra mais bruta. Quando os princípios de organização da vida desaparecem e nos sentimos intensamente selvagens, a experiência dionisíaca está em andamento.

Muitas vezes, não honramos a necessidade de criar espaço para experiências que nos desmembram. Não nos permitimos desmoronar e não adotamos práticas de reaprendizagem e aceitação do "novo normal". Muitas vezes, somos iguais a Orfeu, descendo ao submundo para reverter o sofrimento ou nos retirando da vida. Inevitavelmente, morte, perda, doença e mudança nos visitarão. A questão não é como evitá-las, mas o que fazer com a vida que temos no momento.

A presença de Dionísio nos lembra que, no processo de perda e luto, a vida deixa o mundo, mas, por fim, haverá de retornar. Temos que atender ao chamado de volta à vida. Para combater o desejo de permanecer retraídos, voltamo-nos ao deus da força vital que detém a energia incessante do emergente. No fim, atendemos aos telefonemas, exercitamo-nos, deixamos de evitar as pessoas, voltamos ao trabalho e começamos a viver mais uma vez. Mesmo na noite mais escura da alma, Dionísio tem a capacidade de nos trazer de volta ao mundo dos vivos, de nos tirar do reino dos mortos.

Uma jovem mulher presenciou a morte da melhor amiga, seguida da morte da colega de quarto da faculdade, tornando-se, assim, assombrada pela síndrome do sobrevivente. Toda vez que sentia alegria ou conexão, sentia vergonha por voltar ao mundo. Seguir em frente parecia pecado, um desrespeito à importância das amigas. Cada nova amizade e relacionamento inspiravam o medo de ser deixada novamente. Reentrar na vida não foi fácil para ela, mas ela se forçou a fazer novas amizades, correr riscos e viver de maneira a honrar as duas amigas.

Embora tenhamos que encontrar nosso próprio caminho por meio do submundo, as narrativas nos dizem que não estamos sozinhos. Não precisamos desaparecer do bosque. Há pequenos focos de luz na escuridão opressiva que nos guiam rumo a uma experiência comum com o inferior. Robert Romanyshyn experimentou esse sentimento de sofrimento além da própria tristeza:

> Senti-me tocado por uma dor ainda mais profunda, uma mais antiga que a minha; uma tristeza no âmago das coisas, onde o próprio oceano parecia ser as lágrimas do mundo misturando-se às minhas, forjando

CAPÍTULO 5 – ORFEU

um vínculo de parentesco arraigado na tristeza. Por tanto tempo, vivi com minha dor como se eu fosse um fantasma, uma presença invisível assombrando as margens externas do mundo. Mas agora, neste momento, na hora mais escura da noite, senti-me testemunhado pelo mundo, visto na minha tristeza, não mais completamente sozinho.[17]

Uma parábola budista fala de uma mulher que perdeu o filho. Mergulhada em tristeza, ela pediu a Buda que restaurasse a vida do filho. Buda disse que o faria se ela pudesse lhe trazer um punhado de sementes de mostarda-branca de uma casa em que ninguém tivesse vivenciado a tragédia. A mulher foi de porta em porta, retornando por fim a Buda sem uma única semente. A tragédia é compartilhada por todos.

Nossas respostas a algumas tragédias nos levam para tão longe da vida que nos alimentamos apenas de miséria e anseio pelo passado. Frankl dividiu os companheiros prisioneiros de Auschwitz em aqueles que acreditavam que a vida ainda esperava algo deles e aqueles que nada esperavam. Àqueles que tinham um motivo para resistir – um manuscrito inédito que precisava ser concluído, uma esposa que precisava de suporte, uma criança que necessitava do pai –, viver em meio ao terror tornava-se possível. Sem essa *corda de salvamento* (de significado), acabamos com nossa força vital e sua capacidade de regeneração. A cura não pode vir de abandonar ou negar o que aconteceu conosco. Há uma consequência quando se nega a vida.

O luto é algo que podemos evitar, mas tem um custo: evitar o amor. Luto e amor estão entrelaçados. Para nos poupar de um, devemos nos separar do outro, recusando-nos a amar qualquer coisa que possa ser tirada de nós. Nosso corpo falhará, por isso evitamos caminhadas, natação, ciclismo ou outras atividades que apreciamos. Os relacionamentos terminam, então devemos evitar a intimidade e a conexão. O sofrimento surge porque arriscamos o amor; a dor é a marca do amor, mesmo quando sabemos que a morte está à espreita. A única maneira de nos protegermos do desmembramento do luto é evitando a vida.

---

17. Robert Romanyshyn. *Soul in Grief*. Berkeley: North Atlantic Books, 1999, p. 9.

Fracasso

Campbell nos diz que o herói é "aquele que sabe quando e a que se render".[18] Rendição é o ato consciente de deixar ir embora. Não é o mesmo que desistir; é dizer sim ao desconhecido e experimentar todo o nosso potencial e nossa vida autêntica e excepcional. Raramente nos rendemos de bom grado; muitos de nós precisam ser levados à beira do desespero por uma força maior – trauma, luto ou doença – antes de se render.

Orfeu pagou um preço alto para aprender a importância de se render ao destino. Ao não confiar que seus dons musicais haviam persuadido Hades e Perséfone, não conseguiu retornar à superfície com Eurídice. Ao não renunciar ao apego a uma vida específica, perdeu toda a essência de si. O fracasso é, muitas vezes, visto como o oposto ao ideal heroico. Os heróis são grandes e poderosos entre nós, não desistem nem pisam em falso. Somos ensinados a não nos render às nossas falhas e encorajados a nos recuperar e a continuar lutando.

Mas Orfeu nos lembra de que o fracasso pode desencadear o heroísmo. Aprender com a derrota pode ser doloroso, mas constrói resiliência, confiança e sabedoria. As ideias de Steve Jobs, fundador da Apple, foram, a princípio, ridicularizadas; Walt Disney foi demitido por falta de imaginação; e J. K. Rowling foi rejeitada por doze editoras antes de publicar *Harry Potter*. Fracassar não significa que somos fracos, sem talento, errados ou sem valor. Erros podem ser inundações que nos limpam e nos motivam a perseguir nossos sonhos com vigor renovado.

Transformação inesperada

Quando Eurídice morreu, Orfeu passou de jovem sonhador, que almejava um futuro com a bela noiva, para eremita aflito. Sua vida virou de cabeça para baixo, colocando-o no curso trágico que o levou ao desmembramento e à morte. Uma parte da jornada órfica é a fantasia de retomar a antiga vida, recuperando o passado. No entanto, ao longo do caminho, uma transição imprevista acontece. Embora Orfeu tenha retornado à superfície derrotado, viúvo em tenra idade, tornou-se, com o tempo, profeta da religião órfica, mostrando-nos que os momentos mais sombrios da vida podem nos transformar de maneiras inimagináveis.

---

18. Campbell. *The Hero with a Thousand Faces*, p. 12.

CAPÍTULO 5 – ORFEU

A vida está repleta de acontecimentos inesperados que nos fazem cair na escuridão. Acidentes, morte súbita, ataques de pânico, memórias traumáticas e violência desencadeiam o submundo. O matemático John Nash não esperava que sua vida fosse tomada pela esquizofrenia, nem Steven Hawking esperava contrair a doença de Lou Gehrig. No entanto, os seres humanos têm a capacidade incrível de encontrar o inesperado. O trabalho de Nash revolucionou as principais teorias matemáticas, e as contribuições de Hawking para a física, a relatividade, a cosmologia e nossa compreensão dos buracos negros são inestimáveis.

Em sua vida (segundo o mito), Orfeu não deixou o sofrimento e ensinou os outros a navegar no submundo. O orfismo foi um desenvolvimento posterior, baseado em Orfeu ter ido ao Hades e voltado depois para o mundo diurno. Os fracassos tornaram-se suas lições, o interminável luto pela chamada à vida. O culto órfico fez de Orfeu um herói mítico que poderia ensinar aos vivos como se preparar para a morte, a derradeira jornada ao submundo.

Na Grécia Antiga, a doutrina órfica acreditava que a vida era um fardo doloroso, e que o sofrimento poderia ser aliviado com estilo de vida disciplinado. É a precursora da moralidade cristã. Tanto Cristo quanto Orfeu sofreram e depois ensinaram aos seguidores a aliviar a angústia na vida após a morte.

Nos ritos órficos, a jornada ao submundo foi simbolicamente promulgada para preparar os iniciados para sua morte. Desde que Orfeu resistiu à morte de Eurídice e sofreu por ela, acreditava-se que tivesse desenvolvido habilidades que poderiam ajudar os seguidores a se submeterem à própria morte e saber o que fazer depois dela. Na fórmula da jornada do herói, o herói que retorna à superfície é encarregado de ensinar à humanidade a sabedoria aprendida durante a aventura. Para fazê-lo, o herói deve traduzir o mistério das profundezas para a linguagem do mundo diurno. Embora Orfeu não tenha conseguido conquistar a escuridão na vida (mítica), tornou-se um herói que ensinou aos outros a viajar ao submundo, um profeta das trevas.

É tentador procurar evitar o sofrimento aprendendo com os erros dos outros. Mas me pergunto se fugir da miséria deveria ser nosso principal objetivo. Evitar a dor e o fracasso órficos pode parecer alívio e até positivo. No entanto, foi por meio da tormenta que Orfeu se tornou profeta e professor e conquistou sua vocação maior. Aprender com a escuridão e evitar a escuridão

147

são coisas diferentes. A sabedoria e as experiências de terceiros podem servir de apoio e exemplo, mas evitar a escuridão por completo gera estagnação em vez de crescimento.

O curador ferido

Às vezes, a escuridão inspira uma transformação pessoal que tem o efeito de qualificar alguém exclusivamente a ensinar e orientar os outros. Esse arquétipo é chamado de curador ferido – indivíduo que trabalha com uma clientela específica que experimentou a ferida que ele trata. Os curadores feridos são guiados por uma autoridade dentro de si, proveniente da própria experiência direta com a escuridão e do que aprenderam ao longo da jornada de cura. São conhecidos por serem calmos, presentes e contidos na tempestade e, portanto, podem nos ajudar a navegar pelas ondas que ainda estão arrebentando sobre nós. Um curador ferido transforma o próprio sofrimento em saúde.

Conversei com uma mulher vítima de abuso sexual extremo quando jovem. Anos depois, ela se especializou em terapia do trauma. Ela compartilhou sua jornada para se identificar como curadora ferida:

> O trauma da infância forçou-me a matar parte de mim mesma para sobreviver. Pela dissociação e divisão, parte minha fora deixada nessa experiência. Quando comecei a trabalhar como psicóloga clínica, percebi que minha própria dissociação me deixava calma diante da dor do meu paciente. Tropecei nessa capacidade de conter os outros porque meu próprio trabalho desencadeava minhas feridas traumáticas, o que me deixava anestesiada. Olhando para trás, eu não estava, de fato, contendo meus pacientes; estava tão dissociada que, ao contrário, eu não estava surtando.
>
> Estou em terapia desde os 16 anos e fiz de tudo – tratamento hospitalar, trabalho em grupo, terapia familiar e, é claro, meu próprio trabalho. Durante anos, todos com quem trabalhei se concentravam na solução – resolvendo o problema –, como se fosse apenas entrar e jogar para fora. As pessoas tinham medo de mergulhar na minha história. Cerca de sete anos atrás, comecei a trabalhar com minha terapeuta

CAPÍTULO 5 – ORFEU

atual. Ela queria me acompanhar naqueles horríveis momentos do trauma. Na época, eu nunca havia contado toda a minha história a ninguém, salvo a polícia, e, mesmo assim, não tenho total certeza se compartilhei todos os detalhes. O trauma cria isolamento, e, para que a cura aconteça, o curador precisa irromper e compartilhar esse espaço traumático.

Meu trabalho com ela me ajudou a começar a reintegrar a parte de mim que matei para sobreviver. Lentamente, consegui trazer aquela mulher [a parte que matara] para meu próprio consultório. Em vez de ficar anestesiada, convoquei a alma da minha ferida. Sei o que é ter de deixar parte de mim para trás e quão difícil é o processo de se reconectar com essa parte perdida. Levar essa parte de mim para a transferência é o que realmente ajuda meus pacientes a se curar. Permito que "aquela mulher" esteja no mesmo espaço conosco, abandono técnicas e ferramentas e trago a esse lugar minhas próprias feridas. Acompanho meus clientes na escuridão profunda de suas narrativas porque sei a importância de alguém se juntar a você naquele local, sem tentar resolvê-lo ou consertá-lo.

O curador ferido vê sua dor nos outros e a cura por meio da ferida compartilhada. Incorpora a capacidade de estar "em casa" na penumbra do sofrimento e encontra lá as sementes da cura e da recuperação. Uma questão essencial é que o curador não está mais no meio da escuridão que desmembra – saiu do outro lado com a capacidade de permanecer em lugares escuros para que outras pessoas possam passar por algo semelhante. Pela cura dos outros, os feridos têm a oportunidade de dar sentido ao seu sofrimento, defendendo algo maior que eles mesmos.

Do ponto de vista mítico, o curador ferido está associado ao deus Asclépio. O curador mortal Asclépio, por causa do imenso zelo e habilidade, tentou ressuscitar os mortos. Tomando isso como crime contra a ordem natural do cosmos, Hades sentiu-se injustiçado e convenceu Zeus a destruir Asclépio com um raio. No submundo, Asclépio aprendeu sua lição, então Zeus o perdoou e o tornou imortal.

Um templo foi dedicado a Asclépio. Era o local para onde os doentes vinham e, após muita preparação purificadora (banhos, jejum e sacrifícios), eram autorizados a passar a noite. Enquanto dormiam, acreditava-se que o deus apareceria ao paciente em sonho e lhe daria conselhos de cura.

Durante sua experiência no submundo, Asclépio aprendeu que a verdadeira cura reconhece que parte da saúde tem relação com a morte interior, com o que em nós morreu no submundo. Aceitamos a "morte" de atitudes e de comportamentos desgastados a serviço da expansão ou permanecemos com o outro enquanto ele sente a morte da velha vida, da percepção de sua identidade ou até mesmo de suas feridas.

O junguiano Rafael López-Pedraza acreditava que a rejeição de Asclépio ao Hades "leva à concretização de resgatar a vida da morte e ao prolongamento artificial da vida como o principal objetivo da medicina".[19] Essa atitude domina a ambição médica alopática ocidental de vencer a doença e prevenir a morte. Vemos essa intenção em expressões linguísticas como "sobrevivente do câncer" e "luta contra a doença de Alzheimer". Em vez de Orfeu, ou mesmo de Asclépio, a medicina ocidental dominante admira a figura de Hércules.

Essa abordagem de cura constrói barricadas entre os sintomas e a alma. Na mitologia de Asclépio, vemos a importância de conectar a cura à escuridão. Isso não significa que não devemos nos esforçar para desfrutar de uma vida longa e saudável e combater doenças. Significa que, quando se trata de explorar as várias facetas da escuridão, nosso objetivo não deve ser apenas curar e remover, mas também cuidar e aceitar. O curador ferido é um arquétipo ativado na escuridão, nascido da dor, que transforma o insuportável em empatia, em compreensão e na capacidade de acompanhar os outros ao abismo, deixando-os lá pelo tempo que necessitarem.

Reflexões

O heroísmo de Orfeu fala muito de enfrentar a escuridão com vulnerabilidade e autoexpressão. Incorpora os desafios de deixar de lado, peregrinar pelo amor e usar as lições do sofrimento para ensinar os outros. Ser órfico é confiar na imaginação e na criatividade e ser inesperadamente transformado por fracassos e erros.

---

19. Rafael López-Pedraza. *Hermes and His Children*. Einsiedeln, Suíça: Daimon Verlag, 1989, p. 101.

CAPÍTULO 5 – ORFEU

Reflita sobre como as qualidades órficas podem estar presentes em sua experiência:

- Em momentos nos quais você invoca a criatividade ou a vulnerabilidade para lhe dar suporte.
- Expressando sua verdade autêntica.
- Pedindo a ajuda daquilo que lhe é sagrado.
- Enfrentando a escuridão por amor ao próximo ou por si.
- Ignorando a realidade diante de você.
- Retomando antigos padrões.
- Na incapacidade de deixar ir.
- Nos desafios de permitir que o outro seja responsável pela própria vida.
- Projetando no outro seu potencial ou sua vida não vivida.
- Deixando a escuridão tirá-lo da vida.
- Aprendendo com o que o derrota – com a sabedoria do fracasso.
- Ensinando os outros por meio do próprio sofrimento – curador ferido.
- Sendo transformado inesperadamente pela jornada.

CAPÍTULO 6

ODISSEU

Odisseu, rei de Ítaca e herói da *Odisseia*, procurou voltar para casa após a Guerra de Troia. Enquanto navegava de volta, desembarcou na ilha de Ciclope. Com seus homens, entrou em uma caverna repleta de provisões. A caverna pertencia ao ciclope Polifemo, que capturou Odisseu e começou a devorar seus companheiros. Odisseu embebedou o gigante e, depois que ele adormeceu, enfiou-lhe uma vara afiada no único olho. Polifemo era filho de Posêidon, deus do mar. Ao saber do destino do filho, Posêidon ficou enfurecido e impediu a jornada de Odisseu por dez anos. O destino é muitas vezes expresso por um nome, e o de Odisseu vem do grego *odussesthai* – "ser contrariado" ou "em desacordo com alguém".

Durante a jornada errática de volta para casa, Odisseu e seus homens desembarcaram na ilha de Ea, habitada por Circe, deusa da magia e das ervas. Irritada com a presença deles, Circe transformou em porcos alguns tripulantes. Ajudado por Hermes, que lhe deu uma erva mágica chamada *móli*, Odisseu foi capaz de resistir à bruxaria de Circe. A deusa apaixonou-se por sua coragem e libertou seus homens do feitiço. Por um ano, os viajantes ficaram em Ea, e, no fim deste, Circe disse a Odisseu que, para voltar para casa, ele precisava ir para o submundo ouvir uma profecia do vidente tebano Tirésias. Então, Odisseu viajou para onde as águas silenciosas do Aqueronte se unem ao fogo do Flegetonte e ao gelo do Cócito. Na fronteira entre o mundo diurno e o abismo, onde a luz falha e a escuridão toma conta, Odisseu cavou um poço e convocou as sombras dos mortos, enchendo-o de sangue.

Recusa ao chamado

Quando Circe disse a Odisseu que para retornar a Ítaca ele deveria, primeiro, ir ao submundo e falar com Tirésias, Odisseu afirmou: "Senti um peso como pedra dentro de mim e, em lamentos, pressionei o corpo contra a cama, sem desejo de ver mais a luz do dia".[1] Recusar o chamado ou responder relutantemente a ele

---

1. Homero. *The Iliad*. Trad. Caroline Alexander. Nova York: HarperCollins, 2015, p. 180.

para a aventura da mudança é uma reação comum à convocação da vida. Quando nos é solicitado que iniciemos uma revolução interior, é natural recusarmos o chamado e renunciarmos ao nosso destino.

As lamentações de Odisseu são um reflexo sincero de quantos de nós não reagimos quando confrontados com o mundo interior. Considerar o chamado à aventura parece insano. Por que embarcaríamos em uma jornada disruptiva quando nos sentimos perfeitamente seguros em casa? Construímos fortalezas para evitar dor e sofrimento, buscando tornar a vida o mais confortável possível. Desviando-nos do caminho já trilhado, corremos o risco de adentrar a escuridão, onde nada é familiar nem seguro. O desconhecido abriga o temível – a morte, o ridículo, o fracasso e, é claro, a mudança.

Crescer exige deixar para trás o seguro e o sensato e avançar em direção à incerteza e ao desconforto. O medo pode nos aprisionar e até nos impedir de responder ao chamado de nossa vida. Negamos o destino e escolhemos a previsibilidade, a confiabilidade e a segurança – as experiências de ancoragem e aterramento que podemos chamar de "lar". O aspecto heroico de nossa personalidade, com seu livre-arbítrio, tem que superar o fascínio da estagnação. A energia necessária para nos libertar da tirania da autopreservação jamais deve ser subestimada.

Os gregos narram a história de uma hidra, cujas cabeças voltavam a crescer duas vezes mais quando cortadas. Superar o apego às noções arraigadas é como matar a hidra: cada vez que você supera uma, duas a substituem. Recusar o chamado é recusar o destino, negando o desejo interno de encontrar profundidade de significado em meio às dificuldades.

Quando evitamos o que a psique nos convoca a realizar, há um preço a pagar. E, quando arriscamos tudo e nos aventuramos na escuridão mais profunda, tropeçando no longo e escuro corredor, abrimo-nos para nos tornar completamente quem somos.

"Houve uma época", lembrou meu irmão, "em que eu estava resistindo a me envolver com o mundo. Meu analista me falou sobre um amigo dele que estava destinado a ser o curandeiro de sua tribo nativa, mas ele não queria – então, evitou o chamado bebendo. Um dia, ele foi atingido por um raio. Ao sobreviver, percebeu que não podia mais evitar o chamado. Essa história abriu uma rachadura na porta que eu fechara com toda a força."

CAPÍTULO 6 – ODISSEU

Evitamos o chamado do destino, buscando alternativas e panaceias, ou seguimos mais fundo nossos padrões e comportamentos rotineiros. Evitar as responsabilidades implícitas no autopoder é compreensível; fazê-lo certamente mudará nosso mundo já conhecido. Contudo, às vezes, atender ao chamado é inevitável. Após encontrar Ben Kenobi, Luke Skywalker correu para casa, para a fazenda dos tios, temendo que pudessem estar em perigo. Lá, encontrou a antiga vida em cinzas, e, assim, a escolha de ir embora não era mais difícil – não havia motivo para ficar. Como Luke e Odisseu, algumas pessoas têm um destino inevitável a cumprir.

Se houver um desafio que precisa ser cumprido, a única solução satisfatória será cumpri-lo. Se você não atender ao chamado, não será feliz. É um círculo vicioso: se resistir ao peso do destino, você jamais se tornará quem realmente é, mesmo que atender a esse chamado seja um fardo de proporções titânicas. Às vezes parece impossível. Estamos muito cansados, imaturos, com mal-estar, inseguros, traumatizados ou sem estabilidade financeira para apoiar as mudanças necessárias. É importante encontrar equilíbrio e o momento adequado, não colocando a carroça na frente dos bois e mantendo o destino em mente.

Acho que é melhor ser como Odisseu: chafurdar, reclamar e depois, mesmo assim, sair da cama. Ninguém quer se perder ou entrar em crise, mas o desejo de permanecer intacto a todo custo atrapalha o crescimento. Admitir relutância é parte da mudança da evasão para o reconhecimento. Sentimos nossos problemas e, a seguir, quando podemos, avançamos. Cuidar de idosos ou de crianças pode exigir a gestão de todos os nossos recursos. Mas, em vez de ignorarmos a parte de nós que quer gritar de frustração, podemos explorar o que ela tem a dizer? Como podemos viver em relação a esses sentimentos, permitindo-lhes ter um lugar em nossa vida? Manter-se aberto aos desafios da vida pode ser curativo. Esse é o caminho de Odisseu.

Intenção

As divindades das profundezas são importantes para Odisseu. Ele não procura invadir o reino inferior ou alterar sua ordem. Em vez disso, sacrifica sua melhor novilha para convocar as sombras e se compromete a realizar ritos para Hades e Perséfone ao retornar para casa, em Ítaca.

157

Um símbolo da devoção de Odisseu aos deuses é o sacrifício de sangue. Para convocar os mortos, ele cava um poço e o enche de sangue. O analista junguiano Edward Edinger explica que derramamento de sangue sacrificial significa que a energia psíquica deve ser espargida no inconsciente para estimulá-lo.[2] Acreditava-se que o sangue devolvia a consciência aos mortos, despertando seu desejo pela luz da vida. Como as sombras, o material inconsciente busca manifestação, deseja vida. Se quisermos receber e integrar as mensagens do inconsciente, precisamos nos envolver com ele de maneira intencional e lhe direcionar nossa energia.

O sangue simboliza a própria vida, algo precioso para sacrificar. Doar algo tão vital representa compromisso profundo. Para construir um relacionamento com a escuridão, temos que vê-lo como parte preciosa da vida.

Uma professora com a qual trabalhei veio à terapia porque sentiu que estava sendo sugada pelo trabalho. Em vez de cuidar de si mesma de maneira saudável, doava tudo de si aos alunos, restando pouco a ela. O autocuidado não foi fácil. Quando adolescente, ela perdeu dois amigos próximos e, no rescaldo dessas mortes, tornou-se cautelosa no modo de se entregar nas relações. Temia que qualquer um que amasse viesse a morrer, deixando-a sozinha mais uma vez. Ela se sentiu indignada com a vida que tinha, enquanto os amigos, que percebia como melhores que ela, não tinham esse comportamento. Para proteger a própria dor e vulnerabilidade, ela se distanciou dos outros – e de si mesma – com o excesso de trabalho, uma defesa contra sua sensação de inutilidade.

Alguns meses depois da terapia, ela sonhou com um supermercado repleto de pessoas celebrando. Incapaz de participar das festividades, ela roubou comida. Mais tarde, surgiu-lhe a imagem de um homem oco, que ela interpretou como sendo a idade adulta. Discutimos o porquê de ela não conseguir se alimentar, tornando-se vazia e incapaz de participar da vida da maneira que desejava. Ela teve este sonho:

> Entro em um teatro decrépito, cheio de lixo e bebidas. Vejo um homem poderoso e diretivo e o sigo para fora do teatro, em direção a um belo lago. Remamos, e apaixono-me por ele. Logo, voltamos

---

2. Edward Edinger. *Ego and Archetype*. Nova York: Penguin Books, 1972, p. 288. [*Ego e Arquétipo*. 2ª ed. São Paulo: Cultrix, 2020.]

CAPÍTULO 6 – ODISSEU

ao teatro, mas ele não está mais desgastado. Desta vez, é menor, brilhante e limpo, e sou convidada a subir ao palco.

Na época desse sonho, ela começou a criar equilíbrio e significado na vida – passando algum tempo na natureza, cozinhando, ficando um tempo sozinha, conectando-se com as pessoas e acreditando em si. Embora esses novos sentimentos fossem desconhecidos e até desconfortáveis, ela redirecionou o fluxo de sua intenção, derramando novas energias na vida. Forçou-se a acreditar que merecia a vida e a vitalidade. Do ponto de vista onírico, ela não estava mais de pé em um palco desgastado e cheio de energia inútil, mas em uma nova plataforma, brilhando com possibilidades – a recompensa de aspergir energia na mudança.

Iniciar uma mudança real requer compromisso com a jornada e vontade de ir além do conforto de nossos hábitos, além de dar tudo o que pudermos. Precisamos permanecer eretos antes da tempestade. O verdadeiro compromisso com a transformação é um ato de morrer, terminar completamente uma maneira de ser e começar outra. É por isso que a morte é um símbolo tão importante da transformação. Significa permitir que algo que precisamos liberar se aventure, afastando-se de nossa vida.

Preparar o terreno para a mudança pode ter início com pequenas atitudes, como perceber e nomear sentimentos. Uso de diário reflexivo, atenção plena (*mindfulness*), procurar entender os sonhos, orar, exercitar-se, dançar, render-se, quaisquer abordagens que nos ajudem a viver com mais intenção podem ser sementes importantes no jardim da transformação. Se redirecionarmos nossas energias desse modo, hábitos e conexões neurais que não nos servem mais podem se modificar por conta própria.

A Epigenética explora como as condições psicológicas, dietéticas, ancestrais, ambientais e de estilo de vida influenciam e modificam a expressão gênica. As predisposições genéticas ("natureza") interagem com os ambientes interno e externo ("nutrição") e cocriam o bem-estar. Para influenciarmos nossas predisposições, temos que nos comprometer totalmente a tornar conscientes as interações entre nossas escolhas de vida. Se uma dessas áreas for deixada de lado, surgirá em nossa saúde. Não importa quantos suplementos tomemos para mitigar a fadiga adrenal, se vivermos um estilo de

159

vida estressante, ficaremos esgotados. O hemograma mostrará nossa falta de compromisso e, com o tempo, não haverá muita alteração.

Quando uma doença assustadora ou um colapso mental se aproxima, é fácil sacrificar velhos padrões e abrir espaço para novos. Mas sem um susto tão grande pode ser difícil encontrar a motivação para mudar e, em vez disso, deixar que padrões antigos e mais arraigados passem por cima de nosso novo eu emergente. Precisamos cuidar de nós mesmos e de nossa vida, além de acreditarmos no que estamos fazendo, para integrarmos esse tipo de revolução interior.

Tirésias

Odisseu viajou ao submundo para conversar com o profeta cego Tirésias, que – sozinho entre as sombras – manteve a consciência: "Seus olhos estavam fechados para as formas imperfeitas do mundo da luz [...] ele enxergava a própria escuridão interior".[3]

Habitante do mundo inferior, Tirésias não oferece conhecimento de uma fonte do mundo diurno, mas do inconsciente. "Sou lembrado, mais uma vez", recordou Robert MacFarlane sobre os sistemas rupestres profundos, "como as estruturas sob a terra permanecem resistentes às nossas formas típicas de observação: como ocultam tanto de nós."[4] Odisseu viaja para o submundo porque precisa de previsões que só Tirésias pode fornecer – conhecimento inacessível à luz do dia. Os poderes das profundezas têm sabedoria diferente, muitas vezes retratadas como oniscientes; os mortos podem ver o futuro.

Lugares profundos da mente humana escondem-se e revelam-se. Os junguianos chamam isso de *compensação*, capacidade da psique de oferecer retificações e perspectivas mais equilibradas. Pela própria natureza, o ego permanece cego ao inconsciente. Sua propensão a selecionar o que percebe e a deixar passar conteúdos indesejáveis força o que não está integrado, como memórias reprimidas ou associações, de volta ao inconsciente, onde podem formar um contraponto da atitude consciente. Quando o ego se torna unilateral, a contraforça inconsciente se fortalece na direção oposta.

---

3. Campbell. *The Hero with a Thousand Faces*, p. 154.
4. MacFarlane. *Underland*, p. 100.

CAPÍTULO 6 – ODISSEU

Por muitos anos, meu marido foi atormentado por uma sequência de sonhos repetitivos. Quando criança, sonhava estar preso em uma sala totalmente escura, sem portas nem janelas. À medida que crescia, o sonho cresceu com ele. Meu marido se viu na sala escura familiar, depois em casa e, por fim, navegando em um barco por um rio – tudo em total escuridão. Os sonhos trouxeram consigo sentimentos de sepultamento e desproteção, confusão e pânico.

"Os sonhos sombrios sempre começam com desorientação e terminam em algo aterrorizante", lembrou ele. "Cresci em uma família abastada. Internalizei a importância de ser diretivo e bem-sucedido. Coloquei muita pressão em mim mesmo. Por fim, externalizei o que pensei que o sonho estava tentando me dizer. Reconheci que não sabia para onde estava indo e afirmei que ter medo do desconhecido não era um problema, não significava que eu não estava vivendo uma vida boa. A incerteza é parte da vida. Senti alívio, como se um peso invisível tivesse sido removido. E nunca mais tive esse sonho."

Esses sonhos expressam a função compensatória do inconsciente. Parte essencial do meu marido estava em desequilíbrio – focada em entender e controlar a direção da vida dele. Os sonhos tentaram incentivá-lo a aceitar que algumas coisas são desconhecidas. Os sonhos tentam mostrar ao ego que algo está faltando. À medida que a vida do meu marido evoluiu, o sonho adaptou a mensagem à situação atual. Ao nomear o significado onírico recebido na mensagem, os pesadelos desapareceram.

É do vidente cego Tirésias, figura que mistura ego e inconsciente, que Odisseu recebe a visão interior de que necessita para seguir seu destino. Para "voltar para casa", deve se reconectar com seu caminho singular. Se perdermos contato com o inconsciente, em particular com o *self*, poderemos começar a nos sentir alienados, desprovidos de significado e deprimidos. Essa desconexão pode se assemelhar a estar preso em um quarto escuro e indefeso – sem conseguir sair. Odisseu é um herói perdido no mar, à deriva no vasto oceano da vida. Para recuperar o enredo de sua vida, ele precisa se abrir para a orientação do inconsciente.

Tirésias previu a angústia que aguardava Odisseu: a morte dos companheiros tripulantes e a sobrevivência apenas dele mesmo. Além disso, anteviu os homens que desonraram sua casa, a quem Odisseu deveria matar, e externou que ele viveria a vida longe do mar, mas na morte se juntaria a ele. O vidente disse a

161

Odisseu como passar pelo monstro marinho Cila e evitar o turbilhão destruidor de navios Caríbdis; advertiu-o a não comer o gado sagrado de Hélio, o deus-sol (caso seus homens desobedecessem, seriam mortos pelos raios de Zeus).

Em reação pungente ao seu destino, Odisseu responde: "Tirésias, minha vida corre, então, como os deuses a tecem".[5] Às vezes, é melhor se render à sorte recebida. Apesar do desejo de retornar à terra natal, Odisseu está fadado a vagar e a viver uma vida inquieta por mais uma década, e outra novamente após isso. A escuridão é parte da vida que estamos fadados a viver. Tentar evitar ou negar a verdade de quem somos e o que estamos vivenciando pode inibir o crescimento e a cura. Quando nos permitimos fazer parte da história maior, agindo como se nossa vida fosse enredada pelos deuses, somos mais capazes de aceitá-la como todo, escuridão e tudo o mais.

Fazendo perguntas

Tirésias não é a única sombra invocada para o fosso de Odisseu. Na realidade, nenhum outro herói se envolve com tantas sombras. Odisseu conversa com o guerreiro Aquiles e seu filho, Neoptólemo, Agamenon (rei de Micenas que liderou as forças gregas na Guerra de Troia), Alcmena, mãe de Hércules, e Antíope, rainha das amazonas. Por fim, fala com a própria mãe, Anticleia, e, até que ela vaga em direção ao fosso de sangue, ele nem percebe que está morta.

A certa altura, Odisseu transita entre as sombras para fazer-lhes perguntas, e o restante da jornada envolve questionamentos. Ele pergunta ao recém-falecido companheiro Elpenor como chegara ao Hades tão rapidamente, como a morte estava tratando Agamenon e Aquiles, e conversa longamente com a mãe.

Odisseu é um forjador de palavras. O herói Ájax o chamou de "habilidoso nos ardis", e Homero o descreveu como "estrategista" e "extremamente engenhoso". Sua patrona, a deusa Atena, disse a ele, certa vez: "Camaleão? Saco de truques sem fundo [...] dê descanso aos seus artifícios ou pare de enfeitiçar por um momento".[6] Confiando em seus dons inatos, Odisseu usa a

---

5. Homero. *The Odyssey*, p. 189.
6. Ibidem, pp. 86, 118, 239.

CAPÍTULO 6 – ODISSEU

inteligência para questionar as sombras. "Pensou na melhor maneira de separá-las e questioná-las",[7] exibindo a astuta mente habilidosa em bisbilhotar, pesquisar e diferenciar entre os desejos, os instintos e as fantasias do inconsciente. Ao fazê-lo, Odisseu representa aquela parte curiosa em nós que busca aprender com as trevas. O herói se envolve na emergência e torna-se quem é – lutando contra as forças do inconsciente e separando-se delas. Ao mesmo tempo, volta-se e enfrenta o submundo, perguntando o que essa realidade quer *dele*.

Depois de ser diagnosticada com esclerose múltipla, uma mulher passa seis meses sofrendo de dor, de fadiga e da humilhação provocada pela coordenação motora prejudicada. À medida que os dias passam, ela se distancia de amigos e familiares. Em silêncio e isolamento, constrói um muro protetor. Uma amiga a presenteia com o livro *The Power of Now* (*O Poder do Agora*), de Eckhart Tolle, clássico moderno da prática espiritual e do crescimento pessoal. Enquanto ela o lê, uma parte adormecida dela volta a se mover, e ela percebe a falta da doce fragrância da queima do Palo Santo, árvore mística relacionada ao incenso e à mirra que significa, literalmente, "madeira santa". Ela se lembra do pai acendendo a madeira sagrada e orando. Quando perde Deus, ela se questiona. Quando se esqueceu de sua ancestralidade? As portas da investigação se abrem, e ela se pergunta por que está com medo e envergonhada de sua condição. Então, começa a participar de um grupo de cura e, apesar da dor crônica, a escuridão começa a desaparecer.

Há momentos na vida em que fazemos a transição do aprender sobre nós mesmos, retirando-nos e ouvindo, para o fazer perguntas proativamente, envolvendo-nos com nossas narrativas. Quando questionamos, buscamos respostas para coisas que não sabemos. Perguntar significa reconhecer o que não entendemos e nos tornar curiosos em relação a explorar nossos pensamentos, sentimentos e comportamentos. Todos nós enfrentamos enigmas internos – como nos tornar uma pessoa melhor, dar significado às circunstâncias, reimaginar histórias negativas, explicar nossas escolhas aos outros, gerir o estresse ou ser honestos quanto às nossas lutas e suposições... Questionar nos ajuda a evoluir.

---

7. Homero. *The Odyssey*, p. 192.

Quando não dá mais para remendar nosso lado negativo, sabemos que é hora de viajar para dentro e iniciar o árduo trabalho de exploração interior, para fazermos as perguntas do autodesenvolvimento: o que ainda não sei sobre mim? De que preciso desistir para me desenvolver? E a pergunta homérica de todas: o que preciso aprender? A chave é fazer os questionamentos certos, aqueles que convidarão verdades ocultas a se revelar. Em vez de agirmos como se fôssemos vítimas de um drama moral cósmico (*por que eu?*), podemos perguntar "por quê?", como um convite ao olhar interior.

Pacientes me perguntam o que devem fazer para superar determinado problema, transferindo para mim a responsabilidade de navegar em seu mundo interior. Um terapeuta consciente evitará essas tentações. Perguntar é essencial, mas o crescimento não vem da resposta de uma autoridade, mas do paciente, ao aprofundar sua autocompreensão por meio da reflexão. Aprendemos muito voltando-nos para nossas feridas e perguntando o que elas querem de nós. Tornando-nos curiosos em relação a qual parte de nós elas representam.

Conversando com os mortos, Odisseu entra no estado de tensão dos opostos. Ele simboliza a mente consciente, enquanto os tons representam o inconsciente. Quando duas energias distintas se encontram, a tensão entre elas cria uma terceira perspectiva, ou atitude, que tem consciência própria. Isso é denominado função transcendente, energia transformadora que surge da tensão entre o consciente e o inconsciente.

É tentador, até mesmo um alívio, colapsar a tensão causada por energias internas contrastantes. Muitas vezes, é demais conter um panteão de diferentes forças atuantes em nós, ou até doloroso. Quando selecionamos uma ideia ou energia – boa ou ruim, certa ou errada, maravilhosa ou terrível –, a pressão é liberada. No entanto, ao reduzir a energia, retiramos a tampa da garrafa, liberando a energia que, de outra maneira, poderia nos transformar.

Em geral, o crescimento interior exige tensão entre comportamentos, crenças e nossa percepção atual de nós mesmos, muitas vezes com base nas necessidades de sobrevivência da infância, em expectativas sociais e em quem realmente somos – ou seja, entre o que temos ciência e nossos complexos inconscientes. A tensão agita as águas, permitindo-nos progredir na consciência, e nos empurra em direção ao nosso verdadeiro eu. Ao manter a tensão interior, somos chamados a entender e a aceitar todos os lados de nós mesmos

CAPÍTULO 6 – ODISSEU

e a cumprir um propósito mais profundo. A acomodação pode nos impedir de experimentarmos a nós mesmos mais profundamente. O questionamento do tipo de Odisseu nos mostra como essa faculdade mental de gerar razão pode aprofundar nossas conexões com o inconsciente.

"Sempre soube que era *gay*", um homem compartilhou comigo. "Por volta dos 20 anos, pensei que, se saísse do armário, meu pai conservador me evitaria, e minha mãe, que estava sempre ao lado dele, faria o mesmo. Também sabia que precisava viver minha vida e mostrar aos meus pais quem sou. Comecei a ter enxaquecas e ataques de pânico, e, por fim, o conflito se tornou insuportável. Quando contei à minha mãe, ela disse que eles sempre souberam e queriam que eu fosse eu mesmo. Em retrospectiva, o pânico me empurrou para a frente; então, de maneira estranha, sou grato por isso, porque agora posso ser quem sou."

Muitas vezes, a nova atitude que emerge é expressa por uma imagem onírica ou sincronizada, quando o mundo interior é espelhado no exterior. Quando meu irmão estava no hospital, encontrei forças imaginando-me um coelho observando a hibernação de um urso (Ben). Certa manhã, fui aos jardins do hospital chorar sentada em um banco. Há poucos metros de distância, avistei um coelho. Ele afirmou o que ganhava força em mim – uma força recém-descoberta que não surgira de controlar a situação, mas de aceitar que eu não poderia mudá-la. Foi o momento de diálogo entre minha personalidade consciente e inconsciente que me ajudou a acessar minha verdadeira capacidade, a importância de me sentir pequena, da suavidade e do valor do deixar ir.

Em *Soul in Grief*, o psicólogo Robert Romanyshyn compartilha que, após a morte repentina da esposa, ele acordou com um barulho misterioso. Vagando como fantasma pela casa, descobriu que a estante do escritório que abrigava todas as suas publicações desmoronara. Dolorosamente, ele a consertou e mudou de lugar esse altar da antiga vida, e três dias depois os livros caíram de novo. "Eu me perguntei", escreveu, "se havia alguma conexão entre esses dois colapsos: se essas coisas, esses livros, um registro da minha vida, estavam espelhando o colapso da minha alma."[8] Os livros caídos refletiam o estado atual da vida dele, uma janela para o entendimento e o conhecimento que não poderiam ser compreendidos por meio da racionalidade.

---

8. Romanyshyn. *Soul in Grief,* pp. 4-5.

No mundo ocidental, somos ensinados a pensar em termos de sim ou não, de forma racional e diretiva ou intuitiva e fantástica. Algo é cientificamente comprovado ou mero faz de conta. Mas os pensamentos racional e imaginativo não são mutuamente excludentes. O conhecimento advindo da conversa com figuras imaginárias pode ser um tipo diferente de aprendizado, mas, ainda assim, é aprendizagem. Se pudermos manter a tensão entre o que em nós é conhecido e estabelecido e o que é novo e emergente, uma nova atitude poderá surgir.

A dor da aceitação

A mãe de Odisseu, Anticleia, não foi capaz de reconhecer o filho inicialmente. Odisseu mordeu o "lábio, ficando de pé, perplexo, com o desejo de abraçá-la, tentando fazê-lo por três vezes, colocando os braços em volta dela, mas ela passou por minhas mãos".[9]

Ao contrário de Orfeu, que se recusou a aceitar a morte de Eurídice, o herói Odisseu compreendeu que algumas coisas estão além de seu controle. Odisseu descreveu sua dor como "ressentido", dizendo que "chorou na escuridão". Ele sentiu e honrou sua dor, mas não permitiu que ela o separasse ou removesse da vida. Embora desejasse estar com a mãe, sabia que tinha uma vida a viver e uma família para a qual retornar, enquanto ela haveria de permanecer no reino dos mortos. Então ele curvou a cabeça e deixou o passado para trás.

Em vez de regredir e de procurar, de maneira intencional, o fantasma de uma vida anterior, Odisseu absteve-se de ir atrás do que estava além de seu controle. Ele representa a disciplina advinda do amor em vez do poder. É preciso amor-próprio para desistir do que está além do nosso controle – ideias sem serventia ao nosso bem-estar ou comportamentos que havia muito tomavam as rédeas de nossa vida. O poder vem de nossa capacidade de nos conectar profundamente com quem somos e liderar a partir desse lugar.

Não se trata de Odisseu estar em posição superior a tudo isso, de não desejar circunstâncias diferentes. Ele implorou à mãe, chorando: "Ó minha mãe, você não ficará. Permaneça aqui em meus braços. Não podemos, neste lugar

---

9. Homero. *The Odyssey*, p. 191.

CAPÍTULO 6 – ODISSEU

da Morte, segurarmo-nos um ao outro".[10] De maneira gentil, Odisseu fez o que Hércules conseguiu com força bruta: resistiu à tração regressiva do inconsciente. Resistiu à tentação de lutar pelo que estava além de seu controle e voltar ao conforto do passado. Próximo do fim da conversa, Anticleia disse ao filho: "Você deve, em breve, ansiar pela luz solar".[11] Ela o encorajou a voltar à superfície, lembrando-lhe de que ele não poderia mudar seu destino. Odisseu afastou-se, reunindo o heroísmo para poder aceitar o que não poderia ser mudado.

Depois de trancar matrícula da faculdade por um ano para se recuperar dos estágios críticos da lesão cerebral, Ben voltou para a universidade. Parte da dificuldade foi aceitar as limitações que a lesão lhe impusera: "Eu me resignei a uma experiência solitária e fantasmagórica com os acadêmicos, sem estabelecer relações e insone. Tive que deixar 'meu mundo' tornar-se cada vez menor à medida que 'o mundo' continuava funcionando sem mim. A única razão pela qual não fui derrotado por tudo isso foi que ainda me sentia vivo e ia às aulas todos os dias. No entanto, estava envolto em um véu escuro".

Como Ben, Odisseu apreendeu a agonia de aceitar que, às vezes, nossos objetivos, desejos, a percepção de identidade passada ou aquilo que amamos estão, de fato, além do nosso controle. Isso é o oposto da compreensão popular da atitude heroica que domina a realidade ao subjugá-la. O controle é o caminho da força hercúlea e da resistência órfica. Para Odisseu, deixar as coisas escaparem pelos dedos era um ato de heroísmo. Pode ser mais doloroso que segurar e tentar dominar algo, mas nos dá a chance de nos aprofundarmos e crescermos. Esses não são os brotos das flores da primavera. Não são belos e inspiradores. Esse é um tipo de crescimento natural negro, espesso e triste, oriundo de lamentar a perda do que foi tomado, respeitá-la e estar presente perante ela com a dor e a falta de controle.

"Se tivesse resistido às mudanças", disse Ben, "e tentado ser o homem que costumava ser, teria morrido de saudade. Trabalhei duro e passei por isso, deixando-me ser o fantasma da pessoa de quem me lembrava. Tinha muita autopiedade, mas fiz meu melhor para me render em vez de idolatrar o passado."

---

10. *Idem.*
11. Homero. *The Odyssey*, p. 192.

Coragem vacilante

A coragem tem muitas faces: valor, audácia, amor, bravura, deixar ir, vulnerabilidade, admitir falhas e aprender com os fracassos. Tratar a coragem como um estado de passos sempre firmes é irrealista. É preciso coragem para lidar com a ansiedade, admitir que você estava errado, levantar-se depois de cair, enfrentar traumas e medos, lidar com a doença e experimentar coisas novas. Ousar e abusar são um bom ideal, mas, na vida real, nossos passos nem sempre são firmes.

Odisseu, presença formidável na Guerra de Troia, representa muitos aspectos da coragem heroica tradicional: força de vontade para enfrentar o desconhecido e coração corajoso para lutar contra monstros. No entanto, no submundo, essa coragem vacilou. Enquanto falava com os mortos, hordas de sombras inundaram seu fosso, e Odisseu fugiu com medo. Nem sempre mesmo os maiores entre nós podem enfrentar dificuldades com coragem firme e inabalável.

Às vezes, nossos monstros interiores e pesadelos vividos conseguem o melhor de nós. Não importa nossa fortaleza e compostura, sempre podemos ser ameaçados pela escuridão. Aqueles que convivem com transtornos de humor, como a bipolaridade, conhecem as ondas que transitam entre a excitação e a grandiosidade, por um lado, e a quietude e a depressão, por outro. Aqueles que sofrem de trauma crônico, como o TEPT, conhecem os fluxos e refluxos de segurança, dissociação, pânico e recuo. A cura inclui paciência, e, às vezes, é mais eficaz fazer uma pausa, retornar, reagrupar-se, para depois, quando estiver pronto, recomeçar.

Depois de ser estuprada, uma jovem lutou para reconstruir seu senso de segurança. Ela mantinha as luzes acesas à noite e temia ter parceiros sexuais. Aos poucos, começou a criar novas conexões e a empoderar-se. Primeiro, ela precisava se sentir segura com os outros. "A recuperação", escreve a psiquiatra Judith Herman, "pode ocorrer apenas no contexto das relações, não pode acontecer no isolamento."[12] Eu acrescentaria em segurança. O objetivo da jovem era restaurar o poder e diminuir a impotência, aumentando a capacidade de se conectar aos outros. Ela levou muito tempo para pedir ajuda. Então, começou aos poucos, permitindo a si mesma ser forte e, ao mesmo tempo, não se deixar abalar, para corajosamente dar um passo adiante, mas também saber quando dar um passo atrás.

---

12. Judith Lewis Herman. *Trauma and Recovery*. Nova York: Basic Books, 1992, p. 134.

CAPÍTULO 6 – ODISSEU

"Assim que nos sentimos escorregando", escreveu Jung, "começamos a combater essa tendência e a levantar barreiras contra o dilúvio escuro e crescente do inconsciente e sua tentação à regressão, que muito facilmente assume o disfarce de ideais sacrossantos."[13] Para integrar as lições e a expansão pessoal alcançada, devemos lutar constantemente a fim de consolidar nossa sabedoria duramente conquistada. Não temos como vencer algumas lutas. As sombras se reúnem, e fugimos.

O encontro de Odisseu com as sombras personifica o *confronto com a sombra*. A sombra é a parte viva da personalidade reprimida por causa do ideal do eu; as partes não vividas e indesejadas de nós que contêm mais de nossos instintos não refinados do que pode ser visto em qualquer outro arquétipo. A sombra é uma força de imoralidade e animalismo composta de tudo que gostaríamos que não fôssemos. No entanto, o confronto com as sombras é uma porta para nós mesmos, o primeiro momento em que vislumbramos quem realmente somos.

Sentada em meu consultório, uma mulher chorou pela parte de si mesma que sempre fez com que se sentisse burra. Pela primeira vez, ela se reconectou com a jovem que queria tão desesperadamente a aprovação do pai, que passava a viver até mesmo com uma migalha de reconhecimento. Em vez de amor e aceitação, ela foi abusada, humilhada. "Você nunca será inteligente" é a única coisa que ela consegue se lembrar do pai.

Jung acreditava que o confronto com a sombra revela nossa impotência, explicando que "qualquer um que desça ao inconsciente [...] está exposto ao ataque de todas as criaturas ferozes que as cavernas do submundo psíquico podem abrigar".[14] Não importa quão evoluídos nos tornemos ou quanto trabalho analítico façamos, podemos ser dominados por circunstâncias da vida, conteúdos sombrios ou complexos.

Às vezes, somos corajosos, às vezes, não. O trabalho interior inclui esse fluxo e refluxo. Quando somos vacilantes, não há necessidade de sentir vergonha ou se isolar. Algumas situações na vida são extremamente profundas, devastadoras ou terríveis de enfrentar de uma só vez. Os gregos acreditavam

---

13. C. G. Jung. *Symbols of Transformation. Collected Works*, v. 5. Princeton: Princeton University Press, 1952-1967, p. 356.
14. Jung. *The Archetypes and the Collective Unconscious*, p. 22.

169

que a maioria dos deuses (à exceção de Hermes e Eros) passou a existir aos 9 anos ou mais. Deuses surgem no mundo totalmente formados. O restante de nós precisa aprender sobre quem somos, suportar perdas e lutar para nos melhorarmos. A batalha pelo autodesenvolvimento é reservada aos seres humanos e aos heróis entre os deuses e nós.

O arquétipo de Odisseu refere-se às partes de nós que respondem ao chamado da vida; que atendem ao chamado de nossa densidade. Carrega nossa capacidade de nos dedicarmos à jornada da individuação, derramando nossa vitalidade em nosso desenvolvimento. Odisseu é um herói questionador que adquire conhecimento do inconsciente – engajando-se, desembaraçando-se e aprendendo com tudo o que experimenta da sombra. É a imagem do aceitar, apesar de nosso anseio e desejo, o que não pode ser mudado. E, quando a escuridão ultrapassa os limites, Odisseu nos mostra que há heroísmo em conhecer nossos próprios limites.

Reflexões

Odisseu nos fala sobre responder ao chamado da vida, ou seja, atender à convocação do destino. Incorpora nossa capacidade de despender energia no crescimento por intermédio do sofrimento. É questionador e adquire conhecimento do inconsciente, usando essas informações para aceitar o que não pode ser mudado. Quando fazemos perguntas e grandes sacrifícios para encontrar nosso caminho "de volta para casa", Odisseu está presente.

Reflita sobre como as qualidades de Odisseu podem estar presentes em sua vida:

- Respondendo ao chamado do destino.
- Fazendo sacrifícios para crescer.
- Despendendo energia psíquica para realizar mudanças.
- Fazendo perguntas sobre seu sofrimento.
- Aceitando o que está além do controle.
- Sabendo quando você chegou ao limite.
- Confrontando a sombra – enfrentando o não vivido e indesejado em nós.

CAPÍTULO 7

ENEIAS

Depois da a queda de Troia, Eneias, filho do príncipe troiano Anquises e da deusa Afrodite, reuniu um grupo de companheiros sobreviventes e viajou para a Itália, a fim de encontrar um lugar onde os troianos derrotados pudessem reconstruir a vida. Depois de seis anos, seu navio atracou às margens do Cumas. Lá, ele foi ao templo de Apolo buscar o aconselhamento de uma profetisa, uma sibila.[1]

"Algo que devo perguntar", ele questionou. "Já que aqui se diz ser a porta de entrada do reino inferior e aqui jaz o pântano transbordante de Aqueronte, que me seja concedido ir diante do rosto e da presença de meu mais querido pai [Anquises]."[2]

A sibila respondeu: "Não tenha medo, troiano. Seu pedido será atendido, e, comigo como guia, você contemplará as mansões dos Elísios, os maiores reinos do Universo, e o fantasma de seu amado pai. Não há nenhum caminho que a virtude não possa percorrer".[3]

Em busca de orientação

Eneias procurou por uma sibila porque queria que ela fizesse parte de sua jornada. Quando nos deparamos com um bloqueio no caminho, podemos esperar por assistência ou buscar, de maneira ativa, por suporte. Um herói como Eneias está disposto a ir atrás da ajuda de que precisa, lembrando-nos de que há heroísmo em saber quando chegamos ao limite e necessitamos de orientação.

Alguns de nós encontram orientação em poemas e na simplicidade. Outros, conversando com familiares, amigos, terapeutas ou animais. As pessoas confiam na arte ou na música, na dança ou em longos passeios de

---

1. As viagens de Eneias são descritas em *Eneida*, de Virgílio. A viagem do herói ao submundo, no Livro VI, é a passagem mais famosa da obra – a que ajudou a elevar Virgílio ao *status* de profeta cristão na Idade Média. No século XIV, o poeta italiano Dante utilizou Virgílio como guia para a própria jornada pelo submundo no *Inferno*.
2. Virgílio. *The Aeneid*, pp. 134-35.
3. Ovídio. *The Metamorphoses*, p. 314.

173

bicicleta. Algumas pessoas chamam por pastores ou gurus; outras encontram apoio na escrita, na cura de outros indivíduos ou no ensino. Alguns caminham de manhã para contemplar o silêncio do inverno. Outros se voltam para ferramentas divinatórias, como oráculos. Se formos fiéis à singularidade de nossas experiências, nossos sistemas de apoio serão tão caleidoscópicos quanto nós. O tipo de energia de apoio que escolhemos é algo menos importante que saber quando devemos pedir ajuda.

Reverência e talismã

O nome Eneias vem do grego *Aineías*, que significa "louvado". A veneração ao divino é sua característica principal. O herói não se utiliza da força, da astúcia ou da música para subjugar os poderes das profundezas. Em vez disso, está armado com a reverência aos deuses. Com força de vontade e devoção incomparáveis, Eneias seguiu as instruções da sibila.

A sibila disse-lhe que, para adentrar o mundo inferior e ter alguma esperança de retornar, ele haveria de demonstrar dignidade. Ela o instruiu a ir a uma floresta, onde encontraria um ramo de ouro. Se o ramo da árvore se partisse com facilidade, ele estaria fadado a viajar ao submundo. Se a passagem para o Hades não fizesse parte de seu destino, o ramo se manteria fixo à árvore. Olhando a floresta, Eneias orou à mãe, Afrodite, pedindo ajuda para encontrar o galho. Duas pombas voaram e apontaram o ramo certo, quebrando-o sem dificuldade.

Ao atravessar o Estige, a sibila disse ao barqueiro Caronte que eles não traziam "ardis" ou "violência". Em vez disso: "Eneias de Troia, famoso pela piedade e pelos armamentos, desce para encontrar o pai nas sombras mais profundas de Érebo. Se a imagem de tal piedade não se provar suficiente para emocioná-lo, então você ainda haverá de reconhecer este ramo – e, assim, ela mostra o galho escondido sob o manto".[4] Às vezes, ao enfrentar os momentos mais pesados de nossa vida, as arestas mais sombrias de nossa alma, tudo o que precisamos fazer é acreditar em uma energia maior. Render-se a uma fonte de orientação além de nós pode, por si só, ser algo heroico.

---

4. Virgílio. *The Aeneid*, p. 144.

174

CAPÍTULO 7 – ENEIAS

"Acreditar que há um significado maior para o meu acidente me ajuda a converter minha dor e a me recriar a partir dela", – disse Ben. "O que de outra maneira poderia parecer sem sentido pode ser como um chamado que me guia adiante. Os caminhos bloqueados tornam-se superáveis quando sinto que há um propósito mais profundo em processo."

Todos os aspectos da jornada de Eneias foram mergulhados em reverência pelos deuses. Seu comportamento é uma metáfora para seguirmos as energias arquetípicas da vida, dedicando-nos, por completo, a ouvir as mensagens da psique. Ao se preparar para realizar a descida, Eneias sacrificou um "cordeiro de lã negra para a Noite, a mãe das Moiras, e, para a Terra, a irmã mais velha dela"; para Perséfone, ele "mata uma novilha estéril"; e, para Hades, "ergue altares noturnos, colocando em seu fogo carcaças inteiras de touros[5]. Eneias sempre cumpriu os preceitos da sibila com rapidez inquestionável.

Reverência a quaisquer guias de significado maior – religião, espiritualidade, tradição, sonhos, família ou valores morais – pode nos ajudar a fazer sentido em nossa jornada. Buscar o apoio de uma energia invisível, incomensurável ou intangível requer, muitas vezes, admitir nossa vulnerabilidade e necessidade de ajuda. A energia de Eneias pertence a momentos da vida em que baixamos a cabeça e pedimos força – orando por uma passagem segura, clareza, libertação, paz ou aceitação. Ao fazê-lo, colocamos nossa experiência no altar de algo além de nós, dos caprichos da mente egoica. Isso contrasta com a visão popular da dominação heroica. Deixar passar a necessidade de controle e abraçar qualquer mistério que o guie exige esforço heroico.

A reverência de Eneias é diferente da oração de Orfeu, que se concentra em pedir ajuda ao divino para realizar a ação. Para Eneias, reverência é seguir a orientação de uma entidade maior. Nos próprios sonhos e nos dos pacientes, Jung viu-se confrontado com o que acreditava ser a prova esmagadora de uma fonte maior de sabedoria na psique, a qual, muitas vezes, apresentava uma história diferente da verdadeira vida do paciente, daquela mantida pelo ego. Essa fonte parecia compensar o alcance limitado da ação do ego, esforçando-se para corrigir perspectivas desequilibradas, alcançando um objetivo de autodesenvolvimento que abraçasse toda a identidade de alguém. Com

---

5. Virgílio. *The Aeneid*, p. 139.

175

base nisso, Jung viu o ego como o centro da consciência, mas não de toda a psique, que chamou de *self*. O *self* é a imagem de Deus em nós, um centro que dirige nosso mais alto propósito. Ser guiado pelo *self* é ter reverência pelo centro misterioso, invisível, mas estranhamente pessoal e conhecedor de nosso ser.

Os junguianos o denominam de *self*; outros o descrevem como *insight*, enquanto outros acreditam que são espíritos da floresta ou uma misteriosa inteligência natural. Para algumas pessoas, o arquétipo da totalidade vem em forma de figuras oníricas, como um ancião ou uma alma animal. Para a maioria, a conexão com o transpessoal é mantida por Deus. "Não rezo a Jesus", disse-me uma mulher. "Rezo à força vital do Universo, à energia de Deus, ao poder de curar, de criar vida quando há escuridão."

Permanecer com os sentimentos sombrios exige muita confiança. Precisamos confiar que sobreviveremos quando deixarmos de viver nossa velha forma de ser e, também, que isso trará bem-estar renovado à nossa vida. Precisamos confiar em nossa própria força e propósito; que teremos apoio suficiente e seremos capazes de passar pelo caos da noite escura. Eneias representa a capacidade de confiar em algo maior que nós e seguir essa presença na escuridão.

A reverência de Eneias é simbolizada pelo talismã em forma de ramo dourado. Na jornada do herói, Eneias é auxiliado por meio de aconselhamento ou por amuletos de um ajudante sobrenatural. Quando a estrada é repleta de curvas sinuosas e obstáculos perigosos, precisamos de proteção e orientação. Talismãs, objetos com poderes mágicos, oferecem segurança e assistência ao herói. O herói grego Perseu recebeu um capacete que o tornava invisível e um escudo reflexivo para se proteger do olhar da Medusa. Jasão e seus famosos Argonautas procuraram por um velocino de ouro para simbolizar seu direito ao trono de Iolcus.

Tradicionalmente conquistado ao superar provações iniciais, os talismãs são marcadores do destino de um indivíduo – dados àqueles dignos do chamado da vida. Para Eneias, seu chamado é representado pelo ramo dourado. Na floresta adentro, ele alcançou seu destino, e o galho caiu facilmente em suas mãos, julgando-o digno de ir abaixo da superfície do mundo.

Um talismã pode ser um objeto tangível – uma rocha irregular encontrada no topo de uma montanha distante, uma pena de coruja a oferecer sabedoria

CAPÍTULO 7 – ENEIAS

ou um olho grego que protege contra o infortúnio e traz boa sorte. Uma *mala* budista (rosário) é uma corda de 108 contas, as quais representam nossa essência espiritual, que atua como meio para a energia positiva do Universo. Na Roma Antiga, acreditava-se que os amuletos eram recipientes de magia divina: Júpiter (Zeus) era representado por calcedônia semelhante a quartzo; Marte (Ares), por jaspe ardente; Ceres (Deméter), por jaspe verde; e Baco (Dionísio), por ametista. Na China, mestres taoistas chamados *Fulu Pai* criam caligrafia para se proteger de espíritos malignos.

Os talismãs também podem ser imaginados ou encontrados interiormente – uma visão angelical, imagem onírica, memória ou oração silenciosa. Certa vez, sonhei com um quarto com uma cama branca perfeita. No canto dele, pulsava uma pequena esfera com luz azul numinosa. Do latim *numen*, "a vontade divina", numinoso refere-se a uma forte qualidade espiritual ou religiosa. A luz brilhante era mística, a mais próxima que já senti do sagrado. Um símbolo pessoalmente significativo e profundamente vivo do divino é um talismã.

Talismãs interiores e imaginativos são como jaquetas. É o calor de nosso corpo, represado pelo edredom, que nos mantém aquecidos. Se não tivéssemos um núcleo quente, o edredom não nos manteria aquecidos. Um talismã age de maneira similar – presença interior que, quando mantida próxima, nos protege e nos aquece à medida que nos aventuramos no submundo.

Trabalho com uma mulher cujos talismãs interiores são borboletas azuis. Enquanto atravessava a doença, ela imaginava as borboletas pousando em sua cabeça, preenchendo sua vida. Borboletas são símbolos de metamorfose, de mudança suave (embora, às vezes, violenta). A cada batida de uma pequena asa, ela dizia que seu corpo poderia se curar. As borboletas a confortaram, sublimando a divisão entre mente e matéria. Depois do divórcio, um homem foi autorizado a ver os filhos apenas a cada fim de semana. Eles tinham 5 e 7 anos, e ele sentiu que perdia tudo. Seus pais se divorciaram quando ele tinha 8 anos, e ele prometera a si mesmo que sempre estaria lá para os filhos, que curaria as próprias feridas estando totalmente presente como pai. Ele lamentou a perda desse sonho como se fosse a morte. Continua carregando uma foto dos filhos sorrindo de orelha a orelha, com os rostos cobertos de mirtilos. A imagem é agora o objeto mais inestimável que ele possui, um talismã que serve como escudo contra a tristeza, lembrando-lhe de que ainda é um bom pai.

Uma mulher com quem conversei queria curar seu trauma de primeira infância. O abuso verbal e físico do pai a deixou emocionalmente paralisada, diminuída e presa a estratégias negativas de enfrentamento. Quando ela iniciou o caminho de cura, começou a notar flores de lótus cor-de-rosa – passando a vê-las no quarto, em suas escolhas artísticas, em prédios por onde passava e em livros que pegava. A flor de lótus simboliza o espírito da vida e da beleza que nasce da lama e da lama que é a escuridão. Ela sentiu que a flor de lótus era seu anjo da guarda observando as partes negligenciadas e feridas de si mesma, cuidando delas e lembrando-lhe de que ela também poderia se elevar acima das sombras do passado.

A flor de lótus é talismânica; deu à mulher a sensação de segurança e empoderamento necessários para acreditar que ela poderia renascer de uma escuridão que a afetou profundamente. Quando reminiscências vergonhosas a engoliram, velhas sensações retornaram, e ela, mais uma vez, se tornou a criança assustada e violada, sua flor de lótus estava lá – substituindo a memória da dor física por pétalas macias, trocando as inseguranças por flores suaves. Imaginando um lótus desabrochando da escuridão, a mulher começou a se curar.

O poder talismânico de Eneias veio da relação dele com o reino arquetípico, simbolizado por seu guia (a sibila) e pelo ramo dourado. Na jornada do herói, a ajuda sobrenatural representa *o poder protetor do destino*. O mito nos conta que, quando Caronte vê o ramo, seu "coração inflado [...] acalma sua raiva. Ele não diz mais nada. Questiona-se sobre o presente sagrado da varinha, havia tanto não vista, e logo vira sua quilha preto-azulada em direção à costa."[6] Na entrevista do jornalista Bill Moyers com Joseph Campbell, o mitólogo falou sobre as "mãos invisíveis" que parecem surgir em nosso auxílio quando estamos alinhados ao nosso verdadeiro chamado. Não é à toa que "talismã" venha de *telos*, "realização completa, conclusão", retratando a energia que impulsiona a manifestação de nosso propósito final ou visão.

Jung escreveu: "Não sou eu quem me crio; em vez disso, aconteço para mim mesmo".[7] O *telos*, ou objetivo final da psique, é viver uma vida plena, de acordo com nosso destino. Isso sugere que há uma operação oculta por

---

6. Virgílio. *The Aeneid*, p. 144.
7. C. G. Jung. *Psychology and Religion: East and West. Collected Works*, v. 11. Princeton: Princeton University Press, 1948-1969, p. 182.

CAPÍTULO 7 – ENEIAS

trás de nossa vida; que estamos impressos com um senso de nós mesmos que deve ser atualizado para vivermos uma vida bem realizada. Para os junguianos, essa é a jornada central da individuação, o processo ao longo da vida de acordar para nossa individualidade singular.

Assim como uma bolota cresce e se torna um carvalho, quem somos é, em grande parte, "predestinado". No início, há um esboço arquitetônico, e apenas o projeto geral se prova ser visível. Com o tempo, o prédio toma forma, e começamos a ver o que o projeto final reserva. À medida que a construção continua, o edifício é polido e começa a se assemelhar ao projeto original, mas também tem vida própria. As paredes são levantadas, os pisos, colocados, a eletricidade é conectada, e, finalmente, depois de muito trabalho duro, os toques finais são aplicados, e o plano maior se manifesta.

Eneias não estava pronto para concluir seu objetivo sozinho. O herói similar a ele não é orgulhoso a ponto de negar aconselhamentos. O hiperindividualismo herculeo trata do oposto. Hoje, acreditamos que é responsabilidade do indivíduo navegar em sua jornada – encontrar seu caminho, enfrentar seus demônios e os infortúnios da vida completamente sozinho. Todavia, em vez de seguir em frente com a pura força de vontade hercúlea ou por meio de um objetivo órfico egoísta, o herói que compartilha as qualidades de Eneias reconhece que o sucesso e a sobrevivência dependem da orientação divina.

De todos os heróis, Eneias é aquele que realiza a maior e mais abrangente visita à esfera inferior. É descrito como perambulando "por toda aquela região, pelas planícies largas e nebulosas, examinando tudo".[8] Viu os espíritos dos recém-falecidos alinharem-se, para julgamento, perante o rei Minos; caminhou pelos Campos das Lamentações, onde vagam aqueles que morreram por amor; atravessou o Campo dos Heróis de Guerra, onde viu muitas vítimas da Guerra de Troia; passou pela fortaleza onde Radamanto realiza julgamentos aos mais perversos; e, finalmente, chegou aos Campos Elísios, ao bosque bem-aventurado onde os bons caminham em paz e conforto.

Eneias regou reverentemente o corpo com água fresca e, conforme instruído pela sibila, repousou o ramo atravessado no limiar sagrado. Mesmo após ter realizado sua tarefa, em um momento em que não precisava mais

---

8. Virgílio. *The Aeneid*, p. 160.

do mesmo grau de orientação, continuou a servir aos deuses, lembrando-nos de que a fé nas forças arquetípicas da psique, a força de Deus em nós, é um projeto que perpassa a vida inteira e continua a criar sentido e cura. Quando as luzes se apagam, é preciso heroísmo para poder acreditar que você é apoiado por algo invisível ou intangível.

Escutando

Ao chegar aos Elísios, Eneias aproxima-se do pai, Anquises, enquanto este examinava as almas presas à espera de passagem para a terra dos vivos. Vendo Eneias, Anquises exclama: "Você finalmente veio!". Um ao lado do outro, Anquises conta ao filho o destino das almas que esperam por renascer; a ascensão de Roma, nação da qual Eneias será pai; a guerra que deverá travar contra os laurencianos; e as tragédias que deverá evitar e suportar ao longo da vida. "Teu será o governo das nações!", exclama Anquises, orgulhosamente. "Romano, estas serão tuas artes: ensinar os caminhos da paz àqueles que conquistares, poupar os povos derrotados, domar os orgulhosos."[9]

De pé ao lado do pai, Eneias dificilmente faz perguntas. Ao contrário de Odisseu, que interroga para obter informações, o herói Eneias presta atenção. A mente ocidental tem apetite por fazer perguntas e buscar compreensão. Queremos o conforto dos diagnósticos, viver numa fantasia ascendente, buscar a clareza das explicações e miná-las até encontrar a segurança dos fatos. Medimos a grandeza pelo sucesso financeiro, pelo impulso individual e pela capacidade de domínio, celebrando aqueles que estão à frente do grupo.

Eneias oferece um modo diferente de estudar. Por meio da *escuta silenciosa e reflexiva*, descobre como cumprir seu destino. Apesar da postura introvertida e contemplativa, suas realizações estão entre as mais impactantes e lembradas por todos os heróis antigos. É o salvador dos troianos caídos e acredita-se que seja o pai dos fundadores de Roma, Rômulo e Remo. Sua multiplicidade de sucessos nos lembra que ouvir os outros pode ser tão poderoso e inspirador quanto controlar o diálogo e buscar respostas bem definidas.

---

9. Virgílio. *The Aeneid*, p. 159.

180

CAPÍTULO 7 – ENEIAS

No livro *Quiet*, Susan Cain argumenta que a cultura ocidental moderna subestima os traços e as capacidades dos introvertidos, aqueles que valorizam ouvir e refletir antes de falar. Ela explica que o tipo da personalidade ocidental defende o ideal extrovertido e vê como inferiores as qualidades da introversão. O herói hercúleo é um macho alfa que prospera no centro das atenções e prefere a ação à contemplação. No entanto, Hércules também é precipitado, toma decisões desinformadas e escolhe atacar antes de entender. Eneias é o oposto. Embora tenha qualidades poderosas, coragem e motivação, é reflexivo, discreto e ouve profundamente aqueles ao redor, antes de chegar a conclusões. Com essa atitude, aprende mais sobre os segredos ocultos do Universo que qualquer outro herói.

A *Eneida*, lendária narrativa de Eneias, nos diz que ele aprende a salvar seu povo e que descobrirá Roma ouvindo a imagem fantasma do pai. Seu conhecimento advém da conexão com o pai, figura da psique profunda. Na psicologia arquetípica, isso é chamado de *fé psicológica*, a noção de imagens como entidades orientadoras dentro da psique, às quais se está conectado, semelhante ao conceito de Jung da natureza teleológica do *self*. Isso pode ser retratado ao atender a uma imagem onírica, uma sincronicidade, viver simbolicamente ou usar a imaginação ativa para aprofundar a compreensão e exploração. Ouvir as imagens do inconsciente fala sobre entrar em sintonia com o reino arquetípico e discernir, da melhor maneira possível, o que ele quer de nós.

Meu irmão sonhou que estava no banheiro de nossos pais. "Minha mãe acena para que eu olhe uma figura deitada na banheira", lembrou ele. "Vejo que é meu pai e pergunto: 'Ele está morto?'. Ao fazer essa pergunta, sua cabeça revitalizada aparece acima da água. Quando tive esse sonho", continuou ele, "estava emergindo da lesão cerebral, o que me deixou nauseado. Senti-me dividido entre um processo de cura ainda incompleto e um desejo de reinserção no mundo, de me expandir e me tornar quem realmente sou. Meu analista sugeriu que minha energia paterna, antes 'morta', foi revigorada com uma injeção de princípio de vida. Minha mãe me acena, o que entendemos como um convite materno para abraçar essa nova energia. Eu estava pronto para começar."

A mente consciente não é a única ferramenta que temos para curar e expandir nosso ser. Se quisermos recrutar aliados internos fortes, não hercúleos, poderemos nos voltar às imagens, às sensações, às práticas espirituais, à meditação e

181

aos sonhos como forma de imaginar nossa cura, ouvindo a parte mais profunda e inteira de nós mesmos, o *self*. O herói como Eneias sabe equilibrar o intelecto com a orientação inconsciente. Sua escolta do submundo, a sibila, é profetisa de Apolo, o deus-sol da consciência racional. A dependência de Eneias do imaginário e sua conexão com a razão simbolizam a sobreposição dos dois – forte ego racional (Apolo) e respeito pelo inconsciente (o fantasma do pai).

O presente paterno

Eneias adorava o pai a ponto de, "movido por esse amor, por um anseio tão grande", duas vezes nadar no "lago de Estige, e duas vezes para ver o Tártaro negro". Ao alcançar o pai, Anquises perguntou: "O amor piedoso esperado de seu pai assolou a dificuldade da jornada?". "Meu pai", respondeu Eneias, "foi sua imagem triste, tantas vezes vinda, que me instigou a esses limiares." Em resposta, Anquises disse: "Filho, você terá a resposta; não o manterei em dúvida".[10]

Eneias viaja para ganhar sabedoria que só o pai pode lhe oferecer. O arquétipo do pai representa a energia externa e avançada a se manifestar no mundo, constelando sentimentos de autoridade, proeza, experiência, confiança, intuição e sabedoria necessárias para deixar sua marca no mundo. Os pais também representam limites, orientação e proteção.

Hoje, não estamos mais conectados ao pai arquetípico como figura de alma. O junguiano Thomas Moore argumentou que substituímos a profunda sabedoria da paternidade por dados estéreis. "A informação", explicou ele, "não evoca a paternidade nem afeta a iniciação."[11] Moore distinguiu entre *aprendizado informativo e aprendizado da alma* – os ensinamentos das trevas são diferentes dos da luz. Para aprender com as profundezas, devemos abordar esses ensinamentos como Eneias: com reverência, presença, escuta e abertura. É assim que poderemos nos tornar pais e ganhar a capacidade de nos manifestar no mundo. Nós nos tornaremos "pais" de nossa própria vida se estivermos dispostos a realizar a jornada interior e buscar o que as profundezas imbuem em nossa vida. Isso não é tarefa pouca.

---

10. Virgílio. *The Aeneid*, pp. 153-54.
11. Moore. *Care of the Soul*, pp. 35-6.

CAPÍTULO 7 – ENEIAS

Moore argumentou que, sem senso de paternidade, sobram, tão somente, a razão e a ideologia como guias. "Então sofreremos da falta de paternidade coletiva", explicou ele, "sem direcionamento nacional claro; dando a poucos toda a recompensa de uma economia abastada; encontrando exemplos raros de moralidade profunda, lei e comunidade; não buscando a odisseia porque preferimos a fundamentação sólida de opiniões e ideologia."[12]

A ausência do pai arquetípico pode levar uma estrutura de personalidade à falta prejudicial de autodefinição e limites. Uma mulher cujo pai era emocionalmente distante em sua infância preocupa-se com o fato de parecer muito fluida, envolvendo-se demais na vida de outras pessoas. Os limites são difíceis porque ela acredita que, se não estiver disponível demais, as pessoas não a amarão como (ela acredita que) o pai não a amou. Na terapia, ela começou a perceber que, como o pai não lhe forneceu "paternidade", ela continua lutando para saber quem é no mundo interior e exterior. Ela depende de circunstâncias externas para regular e definir as emoções internas e o senso de si. A menor crítica a faz sentir como se sua existência estivesse em perigo.

Sem a constelação do arquétipo do pai sendo bem construída durante os estágios de desenvolvimento infantil e da juventude para a vida adulta é difícil trabalhar muito mais para poder desenvolver forte senso de autoridade pessoal. Então, homens (e mulheres) continuam projetando, por toda a vida, "a paternidade" sobre pessoas mais ou menos adequadas, de modo a obter o que lhes falta. No entanto, quando perdemos esse momento na infância, o substituto deverá ser interno. Nenhum professor universitário, treinador esportivo ou guru poderá fazer o que precisa ser feito internamente, embora uma imagem, uma sensação, um talismã possam representar o apoio paterno, o qual pode ser invocado quando necessário – em momentos nos quais as dúvidas surgirem.

Hillman acreditava que a necessidade paterna criou o heroico *autocriador*. Sem o pai, corremos o risco de ficar nos limites da nutrição e do cuidado, qualidades da mãe arquetípica. Para nos desmamar da mãe, também devemos embarcar na jornada do herói e encontrar nossa autoconfiança – uma confiança pessoal de que quem somos como indivíduos é merecedor e

---

12. Moore. *Care of the Soul*, pp. 38-9.

autossuficiente, com sentimento de "pertencimento". Ao viajar para se conectar com o pai, Eneias despertou a própria autoridade interior.

Anquises presenteou o filho com a clareza de que ele necessitava para seguir seu destino. O papel do arquétipo do pai na iniciação é nos ajudar a nos libertar de modos infantis e nos tornarmos atores de nossa própria vida. Ao ouvir o pai com atenção, Eneias tornou-se o pai de uma grande nação, adotando o epíteto *pater*, latim para "pai". A exploração do herói pelo pai trata da busca por sua história de origem, assim como por seu propósito e por suas manifestações singulares. Na escuridão, a parte vacilante de Eneias que se preocupava com o lugar onde seu povo construiria sua casa foi superada. Para ganhar a aprovação do pai, é preciso ir além dos limites do ego pueril – de aspectos como autoimportância e desejos egocêntricos. Ao enfrentar o arquétipo do pai, podemos nos tornar pai de nossa própria vida, transcendendo a necessidade de sermos cuidados, encontrando a autoridade interior para trazer à tona quem realmente somos.

Para se tornar pai de uma nação e do próprio destino, Eneias teve que seguir regras específicas e realizar tarefas especiais que lhe ensinaram sobre seu destino e os protocolos do Universo. Seu senso interior de paternidade não foi conquistado ostentando uma espada nem flexionando os músculos, mas pela iniciação à paternidade.

Em muitas culturas tradicionais, uma pessoa torna-se membro adulto de sua tribo ou comunidade ao ouvir os segredos e as narrativas de sua ascendência. Os anciãos contam aos jovens a origem de seu povo, transmitem a eles rituais e arte e ensinam-lhes leis e cultura. Durante a iniciação, os neófitos suportam provações projetadas para desafiá-los e empurrá-los à idade adulta. Seu lugar na comunidade e seu valor para ela são conquistados ao superar um desafio tão grande que experimentam uma transformação da personalidade.

A parte egocêntrica e imatura de Eneias morreu no submundo, e, no lugar dela, havia um herói infundido com a própria força vital criativa e, portanto, com a capacidade de servir ao coletivo. Para dar vida ao futuro, devemos visitar nossas próprias profundezas, vagar pelas cavernas de nossa alma e conversar com as figuras interiores que povoam nosso inconsciente. À medida que a dependência morre, a ação nasce. Ao passar para o mundo inferior, Eneias foi iniciado na próxima fase de sua vida.

CAPÍTULO 7 – ENEIAS

Construtor mundial

Quando um herói triunfa em sua aventura, os deuses lhe concedem bênçãos, e este retorna à superfície com um tesouro capaz de restaurar o mundo. Sua conquista heroica está a serviço não só do autodesenvolvimento, mas também da civilização e dos deuses. Victor Frankl escreveu: "Ao se entregar a uma causa humanitária, ou para poder amar outra pessoa, quanto mais alguém esquece de si mesmo, mas humano e atual se torna".[13]

Durante um período em que tentava descobrir sua vocação, um homem leu um livro de um famoso professor de meditação. "Lembro-me de uma passagem", ele me disse, "que definia a imaturidade como falta de vontade de contribuir para o coletivo e inclinação ao próprio prazer. Em contrapartida, a maturidade foi descrita como vontade e prontidão em contribuir e em defender aquilo em que você acredita, para poder retribuir."

Nelson Mandela foi além do próprio encarceramento e sofrimento para conseguir libertar seu povo dos grilhões do *apartheid*. A opressão colonial da Índia inspirou Mahatma Gandhi a liderar um movimento que libertou seu povo do domínio britânico. Parte fundamental do caminho do herói é retornar do submundo e ensinar aos outros as lições aprendidas – traduzindo a sabedoria das profundezas para o vernáculo do mundo cotidiano.

Diagnosticada com câncer cerebral em estágio terminal, uma mulher armou a própria revolução. Imaginou a criação de um centro no qual reuniria curandeiros que pudessem ajudar outras pessoas a passar por doenças iguais às dela. Desde a infância, ela tinha uma faísca pela qual os outros eram atraídos. Seu caminho brilhava e acenava; pessoas de todas as esferas da vida aproximavam-se dela, fascinadas pela maneira como ela abordava sua cura. Com imagens e fé, positividade e reverência pelo corpo, ela se curou. À medida que o tumor regrediu, seus braços voltaram a funcionar, e os dedos se movimentaram. Ela estava determinada a usar essas experiências para auxiliar os outros. "Agora", ela me disse, "posso dizer coisas às pessoas sobre as quais não seria capaz antes."

O que Eneias aprendeu de mais valioso foi seu papel na construção da cidade de Roma, uma edificação formadora do mundo. Parte do heroísmo é,

---

13. Frankl. *Man's Search for Meaning*, p. 133.

185

após ter-se exposto ao caos do mundo interior, poder trabalhar para melhorar aqueles ao redor. Jung sentiu que a melhor maneira de os indivíduos afetarem o coletivo era pelo trabalho interior. Antes temos que distinguir quem somos, para então podermos acessar nossos talentos únicos e usá-los a fim de melhorar a sociedade. O *talk show* incrivelmente bem-sucedido de Oprah Winfrey impactou a vida de milhões de pessoas. Ela nasceu pobre, filha de mãe solteira adolescente. Durante a carreira, revelou que sofrera com abuso sexual, gravidez e a morte do filho. Conseguiu superar grandes desafios pessoais para se tornar uma força influenciadora e filantrópica no mundo.

Muitas vezes, meus pacientes me dizem que querem viver vidas mais conectadas e significativas em suas comunidades. Em algum nível, eles sabem bem que ir além de si mesmos e se conectar aos outros é fonte de cura.

A jornada do herói pode, em última análise, servir ao coletivo, embora tenha início em nível pessoal. Meu pai compartilhou comigo este sonho:

> Estou de pé às margens de um oceano quente em um dia ensolarado. É tranquilo; a água bate com suavidade nos meus pés. Então, suavemente, afogo-me na maré que chega. Não tenho medo nem resisto. A única testemunha é uma figura cinzenta e sem rosto. Não é ameaçadora; apenas está lá.

Quando acordei, sabia que havia morrido; lembrei-me de cada detalhe e percebi que a figura sombria era eu mesmo esperando tomar forma após a morte do que precisava morrer em mim para que pudesse me tornar quem realmente sou.

A capacidade do herói de construir um novo mundo vem, em parte, da morte simbólica para o mundo que ele conheceu. Durante a jornada, alguma parte dele morre. Quando ele retorna, é infundido com energia e potencial. À medida que comportamentos ultrapassados, desgastados ou limitados são liberados, uma nova energia flui. Eneias deixou no submundo as partes subdesenvolvidas e inseguras de si. Adentrou o Hades confuso sobre seu papel e seu caminho e saiu de lá determinado e visionário.

CAPÍTULO 7 – ENEIAS

A coragem da paz

A coragem de Eneias não é violenta, enérgica ou egocêntrica. É atenciosa e serve à melhoria do coletivo. Enquanto defendia Eneias das sombras que se aproximavam, a sibila gritou: "Agora, saia do bosque! Apenas Eneias avançará. Desembainhe a espada. Você precisa de coragem, agora; precisa de seu coração".[14] Para a jornada à escuridão com o coração aberto, é preciso coragem diferente daquela necessária para a caminhada com força de vontade. "Coragem" deriva do latim *cor*, que significa "coração". Coragem é a bravura oriunda da emoção, não da determinação egoísta ou da força em si.

Enfrentar o que nos assusta de todo coração exige muita força, muito mais que mostrar uma arma àquilo que tememos ou que não conseguimos compreender. A raiva pode ser uma emoção fácil de sentir. Na maioria das vezes, liderar com o coração é mais difícil. A monja lamaísta estadunidense Pema Chödrön ensina seus alunos a enfrentar as dificuldades com confiança e graça. A chave é, diz ela: quando as coisas desmoronam, ter a coragem de descansar no espaço aberto da incerteza em vez de tentar reuni-las novamente.

Depois da a jornada de Eneias, Apolo disse ao herói: você deve "crescer na nova coragem, criança; ó filho dos deuses e antepassado dos deuses, esta é a maneira de ascender às estrelas. Todas as guerras falidas e futuras terminarão em paz sob a casa de Assáraco; pois as muralhas de Troia não podem contê-lo".[15] O herói Eneias tem *a coragem de ser pacífico* – construir uma civilização duradoura, conter guerras e acabar com conflitos internos. Diz-se que, na Guerra de Troia, a coragem de Eneias forçou todos os deuses, incluindo a irada Hera, a pôr fim à sua raiva de longa data. Há um poder colossal na coragem de Eneias – uma bravura tão profunda que acabou com a maior batalha dos deuses.

Embora se diga que os passos de Eneias foram "inabaláveis", imagem que traz à mente a fortaleza hercúlea, sua coragem é branda, serve ao bem-estar do povo e vem da emoção e do coração, não da força. Essa expressão de coragem, tão diferente de Hércules, é o caminho de Eneias para se tornar um deus. Como feito com Hércules, os deuses honram as conquistas de Eneias

---

14. Virgílio. *The Aeneid*, p. 139.
15. Ibidem, p. 233.

com a imortalidade, lembrando-nos de que liderar com o coração é tão honroso quanto avançar com o poder e a espada.

O crescimento de Eneias não é como o de Orfeu – resistente e imprevisto –, ou como o de Hércules – forçoso e temporário –, ou mesmo como o de Odisseu – questionador e consentido. A qualidade de Eneias é a maturação advinda da *vontade de confiar* e *de se render* à influência orientadora do inconsciente.

Ao contrário de outros heróis, Eneias demonstrou compaixão. Virgílio o descreveu como vagante pela escuridão opressiva do Hades e com pena dos destinos dos mortos. Quando conheceu a sombra do antigo amor, Dido, rainha de Cartago, tentou confortá-la explicando por que deixara seu reino. Incapaz de reconhecê-lo, ela passou em silêncio. "Raras vezes", escreveu o analista junguiano James Hollis, "o silêncio falou tão estrondosamente."[16] Eneias seguiu Dido em lágrimas, sentindo a dor de sua morte e sofrimento. Quando alcançou o pai, "suspirou com força, com pena, e estendeu a mão direita; a imagem do amor pelo pai apareceu em sua mente".[17] Diz-se frequentemente que Eneias ocultou seus problemas dos companheiros e, embora "adoentado e carregando preocupações pesadas [...] ele mascara esperança no rosto; sua dor é mantida dentro – escondida".[18] Eneias colocou as próprias aflições de lado para cuidar do bem-estar dos outros.

É preciso coragem para sentir compaixão por nós mesmos e pelos outros, em especial quando estamos perdidos nas cavernas escuras de nossa própria mente. "Muitas vezes, somos mais sensíveis aos mortos que aos vivos", escreve Robert MacFarlane, "embora sejam os vivos que mais precisam de nossa ternura."[19] Por que não demonstramos às partes negligenciadas da psique a mesma ternura dispensada àquelas que deixamos à vista de todos? É mais fácil voltar a um diário antigo e sentir compaixão pela versão de nós imortalizada naquelas páginas que enxergar, com ternura, aquele que o está lendo neste instante. Então, daqui a cinco ou dez anos, olharemos para trás com o intuito de vermos quem fomos hoje, sentindo compaixão por essa parte de nós que está enfrentando dificuldades, crescendo e sempre em busca de algo. É a parte de nós que está viva agora que mais precisa de ternura.

---

16. James Hollis. *Tracking the Gods: The Place of Myth in Modern Life*. Toronto, ON: Inner City Books, 1995, p. 121.
17. Virgílio. *The Aeneid*, p. 266.
18. Ibidem, p. 8.
19. MacFarlane. *Underland*, p. 27.

CAPÍTULO 7 – ENEIAS

Viajar para a escuridão exige amor-próprio. Em meio a violências brutais, a abusos emocionais, à doença e a complexos de vergonha ou insegurança, não temos escolha senão recuar para sobreviver. Os mecanismos de defesa da psique assumem o controle, e construímos sistemas psicológicos para nos distanciar e nos retirar de nossa dor e, ao mesmo tempo, de nosso verdadeiro eu. Para curar, precisamos honrar a fragmentação, lamentar o que tivemos que abandonar para sobreviver e dar à dor que sentimos um lugar presente em nossa vida. Para fazê-lo, devemos nos voltar ao trauma que continuamos a infligir a nós mesmos, reativando os circuitos de sobrevivência que nos salvaram uma vez, a fim de nos curarmos. Ao nos voltarmos compassivamente para dentro, vemos como nos abandonamos para sobreviver e sentimos a ferida não curada sob nossas defesas.

"Há muito poder e liberdade em ser vulnerável", disse meu irmão. "Ser vulnerável é expressar a própria verdade. Se você vier a esse lugar, não haverá nada que ninguém possa fazer para machucá-lo, porque você estará falando e agindo a partir da base essencial. É assim que me liberto do peso de defesas rígidas, da necessidade de proteção e do obstáculo que é não poder me expressar, porque tenho medo do que possam pensar de mim."

"Como isso ajuda você a navegar pela escuridão?", perguntei a ele.

"Isso me permite falar sobre e me sentir bem onde realmente me encontro, mesmo quando sou incapaz de atender às expectativas externas ou internas. Não preciso fingir ser um boêmio no auge da juventude, viajando pelo mundo, como meus amigos fazem. Preciso ficar bem com o fato de estar morando com meus pais e cuidando da minha saúde. Ser vulnerável me traz de volta à oportunidade e à redenção advindas de dar às partes de mim que estão evoluindo a experiência de ter um lugar. Trata-se de ser compassivo comigo mesmo."

Brené Brown é amplamente conhecida pelas pesquisas e apresentações sobre vulnerabilidade. Sua *TEDx talk*, "O poder da vulnerabilidade", é uma das mais assistidas no mundo. Brown define vulnerabilidade como incerteza, risco e exposição emocional. Além disso, compartilha o fato de como cresceu em uma família e cultura que valorizava o engolir em seco e conter as próprias emoções; ela não foi ensinada a lidar com a incerteza ou a gerenciar o risco emocional.

"Passei muitos anos tentando superar ou enganar a vulnerabilidade, tornando as coisas certas e definitivas, em preto e branco, boas e ruins", ela explicou. "Minha incapacidade de me inclinar ao desconforto da vulnerabilidade

189

limitou o escopo de atuação dessas importantes experiências repletas de incerteza: amor, pertencimento, confiança, alegria e criatividade, para citar apenas algumas. Aprender a ser vulnerável tem sido uma luta para mim, mas valeu a pena."[20] Brown aponta sabiamente: "Não podemos anestesiar as emoções de maneira seletiva; quando entorpecemos as emoções dolorosas, também o fazemos com as emoções positivas".[21]

Muitas vezes, evitamos as energias inconscientes de narrativas difíceis, memórias dolorosas e experiências esmagadoras porque queremos parecer consistentes e no controle. Quando essa intenção falha, somos consumidos por culpa, vergonha, arrependimento e decepção. Lidar com as dificuldades começa com a aceitação de nossas imperfeições. Durante sua jornada, Eneias parou para realmente sentir as figuras que encontrou pelo caminho, observando seus padecimentos e sofrendo por eles. Imagine enfrentar dificuldades com tanta compaixão – aceitando os próprios fracassos, sofrimentos e fraquezas, assim como os dos outros –, estar vulneravelmente com as emoções obscuras que se agitam em você. A coragem de realizar um trabalho interior compassivo e vulnerável é o que faz, em parte, Eneias ser um grande herói e líder de seu povo.

Ascensão

A ascensão de Eneias merece reconhecimento especial, porque, na mitologia greco-romana, sua ascensão, como a de Orfeu, compõe o único retorno e desenvolvimento heroico ao mundo diurno. Eneias e a sibila retornaram por um portão de marfim polido. Enquanto caminhavam, Eneias disse à sibila que, aos seus olhos, ela era semelhante a uma deusa e prometeu construir um templo em sua homenagem: "A sibila olhou para ele e, com suspiro profundo, respondeu: 'Não sou uma deusa, e você não deve pensar que nenhum ser humano seja digno da honra do incenso sagrado. Para que não erre na ignorância, eu lhe contarei minha história'".[22]

---

20. Dan Schawbel. "Brené Brown: How Vulnerability Can Make Our Lives Better", *Forbes*, 21 abr. 2013. Disponível em: <www.forbes.com/sites/danschawbel/2013/04/21/brene-brown-how-/#a9f24b38d68a>.
21. Brené Brown. *The Gifts of Imperfection: Let Go of Who You Think You're Supposed to Be and Embrace Who You Are*. Center City, PA: Hazelden Publishing, 2010, p. 72.
22. Ovídio. *The Metamorphoses*, p. 314.

CAPÍTULO 7 – ENEIAS

Mais uma vez, Eneias revela sua reverência incomparável, prometendo um templo em troca da orientação da sibila. Ao contrário de outros mitos heroicos, isso demonstra que as qualidades de modéstia e gratidão também fazem parte do heroísmo. A sibila, consistentemente descrita como feroz e selvagem, compartilhou sua vida com Eneias. Nesse momento, há gentileza, curiosidade e anseio por conexão profunda. Às vezes, retornamos da jornada humildes, gratos e curiosos em relação às forças que encontramos e suportamos. Substituir sentimentos de desconexão, fracasso e inutilidade por gratidão pelas lutas, pelo retorno seguro, pelas lições aprendidas e pelo crescimento pessoal pode nos ajudar a viver mais plenamente.

Eneias representa uma das duas ascensões heroicas que mencionam os desafios do retorno. A sibila o alertou: "Lembre-se de seus passos para levitar novamente: este é o trabalho; esta é a tarefa".[23] A integração é o desafio final da jornada do herói – ao ter a experiência da escuridão, o trabalho real começa. Caímos no submundo, um choque para nosso sistema, e lutamos para sobreviver. Contudo, quando a tempestade se instala e a vida recomeça, como podemos permitir que essa experiência e tudo o que aprendemos entrem e informem nossa rotina, nossa vida diária? Cair é desafiador e, em geral, desagradável. Agora, o trabalho está subindo para *ares mais superiores*. Como nos apresentamos para uma vida inteira de ascensão e retorno molda quem nos tornaremos. A parte mais difícil da jornada ao submundo é retornar à nossa vida, mudada para sempre, e ter a coragem e o compromisso de trazer nosso novo eu de volta ao mundo, não retomando antigos vícios e hábitos entorpecentes inúteis.

A integração é tema recorrente para toda a vida. Estamos sempre, em maior ou menor grau, nos curando de momentos de escuridão; estamos sempre recalibrando quem somos. Pela morte de um pai, pela perda de um cônjuge, por uma lesão física ou um colapso mental, caímos no submundo. Para conquistar a cura e integrar o que nos aconteceu, devemos, por fim, ascender da escuridão e trazer tudo o que experimentamos nela para nossa nova realidade. Como o sol, nascemos e nos pomos todos os dias.

Eneias é imagem de reverência pelos poderes da psique profunda. Segue fundo as energias arquetípicas da vida, escutando, valorizando e confiando

---

23. Virgílio. *The Aeneid*, p. 135.

nas mensagens do mundo interior. Pertence às partes de nós que clamam por orientação e não estão determinadas a confiar apenas em si mesmas para navegar rumo à jornada interior. No submundo, Eneias escuta e, por causa da vulnerabilidade e autocompaixão, conquista um senso mais autêntico da própria integridade e autoridade. É a imagem dos imensos desafios da integração e da ascensão da escuridão.

Reflexões

Eneias retrata a abertura ao que está além de nós e a vontade de seguir as orientações de energias superiores – a psique inconsciente. Seu caráter nos mostra o que é exigido de nós para confiarmos em um guia, para navegarmos em nossa jornada interior. É uma figura que honra, ouve e compreende os desafios da ascensão das trevas. Evocamos Eneias quando adentramos o abismo com aceitação e reverência.

Reflita sobre como essas qualidades de Eneias podem estar presentes em sua experiência:

- Buscando orientação.
- Reverenciando – acreditando em um propósito ou em uma fonte que o guia.
- Usando um talismã – imagem ou objeto interior – para fornecer força e conforto.
- Escutando de maneira silenciosa e reflexiva.
- Tendo fé psicológica – deixando imagens, sonhos ou fantasias inspirá-lo e guiá-lo.
- Curando por meio da edificação do mundo, ou seja, ajudando o coletivo e aprendendo a ser você mesmo em relação aos outros.
- Tendo a coragem de ser pacífico e compassivo.
- Honrando os desafios da subida e integrando o que encontrou no submundo.

PARTE III

OS DEUSES

CAPÍTULO 8

HERMES

Os antigos gregos narraram histórias de um deus jovem e irreverente, de pés ágeis, delicados e alados. Hermes, filho de Zeus e da ninfa Maia, era o deus da comunicação, das viagens e do comércio. Governou sobre os limiares e ardis e guiou almas para dentro e fora do outro mundo.

Embora não estejamos mais na era clássica, Hermes – conhecido como Mercúrio em Roma – ainda permeia nosso mundo. Sua presença é revelada em mensagens e interações, inovações e rupturas. Foi patrono de todas as formas de movimento e, portanto, pertence às partes de nós criativas e mutáveis, rápidas e persuasivas. Juntas, as características desse deus ágil e embusteiro dão forma a uma maneira particular de lidar com as trevas.

Guia de almas

Como psicopompo, "guia de almas", Hermes acompanhou todos os heróis, imortais e almas enquanto viajavam do e para o submundo. Foi homenageado como *Psukhais Pompos* ("as almas que você traz"), *Kataibates* ("aquele que desce") e *Diaktoros* ("guia"). Em um hino órfico, Hermes era entoado como:

> Habitante da estrada pela qual todos devem seguir, o caminho sem retorno, o *Kokytos*, você guia as almas dos mortais para a escuridão inferior [...] você assombra a casa sagrada de Perséfone como guia por toda a terra de almas infelizes, as almas que traz para seu porto de destino, quando chegar a hora; você as encanta com sua varinha sagrada; lhes dá o sono do qual as desperta novamente.[1]

Hermes sabe como encontrar, entrar, habitar e integrar o submundo. Seu comprometimento era com essa jornada; era o único olimpiano a

---

1. Athanassakis e Wolkow (trads.). *The Orphic Hymns*, p. 47.

lidar diretamente com os mistérios da morte, papel específico e importante. Personifica uma conexão inata e familiar com o submundo, não necessitando aprender a navegar por esses reinos, qualidade que lhe rendeu o epíteto *Ad Utrumque Peritu*, "habilidoso em ambos os mundos".

Quando precisamos de orientação e a vida nos manda para o submundo; quando estamos cara a cara com medos, inseguranças, estratégias de enfrentamento e perdas, a essência de Hermes manifesta-se como guia. O caminho para as profundezas está repleto de obstáculos e emoções desconhecidas. A escuridão não é um lugar para vagar sozinho.

No início de sua jornada para o inferno, Dante diz: "No meio da jornada de nossa vida, eu me afastei da estrada retilínea e acordei, para me encontrar sozinho em uma floresta escura".[2] O submundo pode ser aterrorizante; tememos nos perder para sempre e jamais encontrar o caminho de volta à luz. Na escuridão, as coisas corriqueiras da vida parecem desarticuladas, como em ângulos não naturais, ligeiramente desequilibradas e tortas. Lembro-me do Memorial do Holocausto em Berlim, onde milhares de pedras são colocadas em terreno inclinado, sem padrão definido, semelhante a uma onda. O objetivo da arquitetura é fazer que o visitante se sinta desorientado e confuso. O horror do nazismo é capturado nas pedras estranhas que criam a sensação de estar perdido.

Um guia pode nos fornecer a segurança necessária para ficar à beira do desconhecido ou do novo crescimento e ver no horizonte distante as áreas de nós que precisam ser exploradas. Às vezes, a orientação vem de fonte tangível. Ao ajudar os alunos a lidar com o não familiar da vida, o professor pode ser "Hermes". Ao conectar seguidores ao divino, um líder religioso é hermético. Ao navegar na doença com um paciente, um médico é igual a Hermes. A orientação pode vir de um amigo, mentor, grupo de ajuda, membro da família ou parceiro. Como psicoterapeuta, meu trabalho inclui ajudar as pessoas a encontrar orientação e significado perante os desafios, acompanhando-as à medida que se envolvem com energias sobrenaturais.

Um homem que trabalha como guia para programas de terapia ao ar livre resumiu seu trabalho como acompanhante de pessoas por seus piores

---

2. Dante Alighieri. *The Divine Comedy*, trad. John Ciardi. Nova York: Penguin Group, 1954/2003, p. 16. [*A Divina Comédia*. São Paulo: Cultrix, 1966 (fora de catálogo).]

CAPÍTULO 8 – HERMES

pesadelos. "Eu as levo ao inferno, as mantenho seguras e as guio para fora dele", ele me disse. "Sou o contêiner – o barqueiro, o barco e o rio." Ele também experimenta crescimento e autoempoderamento em seu trabalho. Para ficar com os outros na escuridão, ele tem que enfrentar a sua própria.

A orientação não advém apenas das pessoas. Também tem origem em fontes intangíveis, como símbolos, sonhos, imagens, fantasia, literatura, arte e o divino. Em *Anxiety and Magic Thinking*, o psicanalista Charles Odier conta a história de uma paciente chamada Ariane, que fora violentamente criticada pelo pai e, muitas vezes, abandonada quando criança. O trauma de infância de Ariane sufocou sua capacidade de se sentir segura, forte e madura. Odier reconta um sonho em que Ariane estava em uma terra estranha. Lá, apareceu um deus que lhe mostrou uma imagem da família em luto profundo. O sonho a conectou a uma figura interior que a ajudou a aceitar a vergonha, o medo do abandono e a falta de significado. No abismo, ela descobriu uma energia que a nutria e a guiava no caminho em direção à totalidade.

Os gregos antigos chamavam de *temenos*, "espaço sagrado fechado", um santuário dedicado à adoração de um deus. O *temenos* de Hermes é um espaço interior imaginativo, para o qual nos voltamos a fim de obter orientação e contenção durante a jornada ao submundo. Nesse santuário interior, imagens e metáforas podem ser mantidas e honradas. Não podemos acabar com o aperto inflexível do medo, a voz provocante do trauma, a franqueza da morte ou o sussurro da preocupação, mas é possível, sim, buscar um lugar de segurança em nós, para podermos descansar nossos ossos extremamente cansados.

Vi inúmeras pessoas confiarem em um *temenos* hermético quando precisavam de orientação e apoio. Durante o tratamento de radioterapia, uma mulher obteve a imagem espontânea de um espaço vazio. No início, ela pensou que o espaço representava todos os lugares de sua vida que o câncer matara – a vitalidade, o senso de confiança e a identidade como lutadora. Quando explorou o vazio mais a fundo, ficou surpresa ao sentir uma presença de plenitude que a fez se sentir menos solitária.

Dos vários sonhos que tive, dois permanecem em minha alma. No primeiro que tive quando criança, estou sentada em uma banheira vazia, olhando, pela janela, um castelo distante. Olho o castelo e vejo através das paredes. Uma escadaria gigante serpenteia para cima, e as paredes estão cobertas de

199

livros. O espaço é preenchido com uma luz dourada – tranquila, suave e mágica. A luz é uma respiração profunda. No andar de cima, ouço um rugido fraco e sei que é um dragão brincando e vasculhando as estantes.

Nesse sonho, a luz tem sido lugar de segurança interior e beleza para mim. Volto a ele quando me sinto perdida e sozinha, confusa em relação aos passos da vida, em luto, com medo e sobrecarregada. Também volto a ele quando preciso liberar a energia de um cliente que decidi atender. No quarto de hospital cinza e estéril de meu irmão, passei horas imaginando aquela luz inundando o ambiente.

Lembrei-me da luz do castelo, mas não sonhei com ela novamente por muitos anos. No início do câncer da minha sogra e de sua jornada, lutei para encontrar equilíbrio entre minha impotência diante disso e minha capacidade de oferecer a ela opções de cuidados por meio de minha rede profissional. O gelo sobre o qual estava pisando parecia fino. Eu estava insegura e impotente, e a luz voltou, revitalizando-me, outra vez, após tantos anos.

No segundo sonho, entro em um antiquário empoeirado, em busca de um objeto antigo. O lojista, um jovem desgrenhado, diz que podemos falar sobre o item no escritório, em sua casa. Eu o sigo até a parte de trás da loja soturna, onde ele abre uma porta antiga. Adentramos uma sala colossal – pisos de mármore, paredes de tijolos e a luz dourada familiar, mágica e, ao mesmo, completamente "diferente". Impressionada, digo ao lojista como a casa dele é bonita. A caminho do escritório, cercado de estantes brancas repletas de livros sagrados, objetos e flores, sinto-me em paz.

Quando o ego fica sem opções, algo novo precisa surgir. Em minha escuridão, a luz voltou, reorientando-me para as coisas antigas, um reino passado e minha memória de um mundo repleto de magia, beleza e harmonia. A luz me ajuda a aceitar o que está acontecendo ao meu redor. Isso me lembra energias e forças superiores e mais inteligentes que eu.

O submundo nem sempre significa uma escuridão tenebrosa. O que é interior e profundo em nós pode oferecer clareza e auxílio. Se vivermos apenas exteriormente, não haverá como sobreviver ao insuportável. Perder a conexão com o mundo interior é perder a conexão com o *self*, a fonte da vida e de significados. Sem relação com os lugares escuros de nossa mente e alma, não poderemos esperar encontrar os aposentos bem iluminados e permeados de esperança.

CAPÍTULO 8 – HERMES

Os gregos narravam a história do Minotauro, um monstro com cabeça de touro preso no centro de um labirinto na ilha de Creta. A besta, também chamada de Astério (derivação de estrela), era um terror carnívoro. Nossas experiências de morte, sofrimento e depressão nos consomem, assim como essa besta mítica – devorando nossa alma e nos forçando a túneis escuros, sem esperança de fuga. Mas devemos ter cuidado para não ignorarmos a estrela brilhante, mesmo na noite mais escura. O astrônomo Carl Sagan nos mostrou que tudo o que somos tem origem no interior de uma estrela moribunda; *somos matéria das estrelas.*

Lendas falam de dragões e monstros que se transformam em príncipes e princesas. Muitos contos de fada têm início com uma bruxa velha que é, na realidade, uma bela feiticeira. Aladim era chamado de diamante bruto, por não ser polido, mas com potencial de se tornar uma joia inestimável. Talvez todos os monstros sejam como tesouros secretos – tudo o que é terrível, insondável e sombrio pode ser, em sentido mais profundo, enriquecedor e significativo. Às vezes, a escuridão tem a própria fonte de luz.

Hermes era o deus da viagem de ida e volta. Fora das profundezas, apontava o caminho à superfície, possibilitando o retorno. Quando o ar estava espesso e negro, Hermes era a luz no fim do túnel e o colete salva-vidas em meio à tempestade. A orientação pode nos ajudar a sentir apoiados o suficiente para suportar o processo de criação de sentido tão essencial à cura. Em uma entrevista sobre sonhos, o analista junguiano Barry Williams disse: "Quando grandes sonhos anunciam a jornada que você está empreendendo, é preciso ter um guia, porque é uma jornada iniciática".[3] O sonho é um guia, assim como o analista que ajuda a interpretar o inconsciente e segura o receptáculo necessário à integração. Eneias viajou mais fundo no submundo e aprendeu mais sobre a ordem dos cosmos por causa de seu guia, não por sua força física ou bravura. Encontrar a coragem de adentrar as partes sombrias de nós e permanecer lá nos momentos mais difíceis da vida requer, muitas vezes, confiar que não estamos sozinhos.

Vamos voltar à senhora mencionada no Capítulo 5, que compartilhou sua jornada como curadora ferida. O trauma a forçou a cair de cabeça em

---

3. Jeanne Schul. "Frequently Asked Questions about Dreams: An Interview with Jungian Analyst Barry Williams". *Dream Network Journal* 24, nº 2, 2005, p. 32.

201

uma escuridão tão densa que ela se perdeu por completo. Como compartilhou esse trauma com um terapeuta disposto a acompanhá-la ao submundo profundo, sua jornada de cura pôde começar. O ingrediente mágico da mudança não era uma intervenção sísmica ou uma teoria inteligente; era o fato de que ela não se sentia mais sozinha em seu sofrimento. As feridas permaneceram, e as memórias continuavam a atormentá-la; no entanto, ao conhecer alguém que não tinha medo de se juntar a ela na escuridão, a mulher foi capaz de voltar à superfície.

Todos nós precisaremos de orientação quando estivermos descendo ao submundo. A necessidade de apoio em tempos de mudança e sofrimento tem sido o domínio de tradições espirituais, mitos, lendas e folclore. Anciãos orientam os iniciados em cavernas ou cabanas isoladas, onde passam dias em jejum e isolamento. O medo mata a parte pueril deles; a escuridão os transforma em adultos. Líderes religiosos ouvem confissões e oferecem reparações. Mitos e contos de fadas transmitem sabedoria arquetípica expressa por meio de imagens e da imaginação de sua cultura originária.

Em um mundo que perdeu muito da base espiritual, é comum confiar em si e não procurar orientação. O submundo pode ser sombrio e cheio de terror, mas é nosso fardo e empreendimento. Esse ideal hercúleo nos ensina a ser fortes e independentes. Todavia, no mito grego, todos os mortais e divindades que viajaram para o reino inferior receberam ajuda – incluindo Hércules, ajudado por Hermes. Odisseu recebeu instruções da deusa Circe; Eneias seguiu o conselho da sibila; Perséfone também seguiu Hermes; e Dionísio aprendeu o caminho com um pastor. Parte de encontrar maneiras novas e mais saudáveis de nos relacionar com nossa dor e nossos comportamentos limitantes é pedindo ajuda.

Os caminhos da vida raramente são diretos ou desobstruídos. Galhos caem, e os obstáculos aparecem. Em dado momento, o caminho parece favorável, apenas para ser interrompido na próxima curva. Na veneração de cultos, a encarnação de Hermes era representada por montes de pedras, as hermas, usados para demarcar estradas e caminhos – as pilhas de pedras onde as trilhas se encontram para nos ajudar a achar nosso caminho. A herma é símbolo da orientação firme. Não importa como a vida possa se tornar estranha ou assustadora, a orientação hermética é uma constante duradoura como pedra.

CAPÍTULO 8 – HERMES

Adorado como *Akaketa*, o "indolor", Hermes é a mão amiga que apoia todos os níveis da empreitada humana. É o deus dos pastores, servos e deveres cotidianos – acender fogueiras, cortar madeira, preparar refeições. Guia viagens perigosas, preside o comércio e as vias, transmite orações e mensagens aos deuses e conduz almas ao submundo. Mais que qualquer outro deus, Hermes está preocupado com nosso bem-estar. Acreditava-se que cada achado inesperado na estrada fosse um presente de Hermes, um *hermaion*.

Durante a Guerra de Troia, o filho do rei Príamo, Heitor, foi morto por Aquiles. Após a morte de Heitor, Príamo estava cheio de tristeza e preocupação por seu povo. A deusa Tétis disse ao rei enlutado: "Não deixe que nenhum pensamento mortal nem o medo perturbem seu coração; pois Hermes, Assassino de Argos, o seguirá como escolta".[4] Quando seu reino caiu e seu herdeiro encontrava-se morto, Príamo encontrou conforto na crença de que um deus estava estabilizando seus passos vacilantes.

Hermes pode ser o deus dos ritmos do cotidiano da vida, mas como deus ele também está além das tarefas mortais. Auxilia em nossos esforços, mas não os experimenta conosco. Um dos aspectos essenciais da psicoterapia é processar a vida com alguém fora de nossas próprias experiências. Para muitos, a aliança terapêutica é a única relação em que podemos compartilhar livremente, sem medo de julgamento, de ferir alguém ou de sentirmos vergonha. Apenas suportar nossa incerteza e turbulência é irreal, e, na minha opinião, não é saudável.

O psicoterapeuta como psicopompo é sobre guiar o outro às profundezas de seu mundo interior, para encontrar partes desconhecidas de si e explorar crenças e comportamentos que lhe trazem sofrimento. O terapeuta deve ser capaz de lidar com as relações intangíveis – morte, doença, sofrimento, medo e distúrbio mental –, de maneira que permita ao cliente estar em diálogo com essas energias. Isso é sobre acompanhar pessoas aos seus limiares.

A importância da tarefa de guiar uma alma à escuridão não pode ser subestimada. É uma arte extraordinária levar alguém às alturas ou às profundezas de suas experiências, além de um presente inestimável ter alguém que o leve direto ao Estige. Nesse ponto, a terapia torna-se xamânica: o terapeuta

---

4. Homero. *The Iliad*, p. 521.

acompanha você até o limiar, abrindo caminho para a alma e a imagem que o guiam enquanto você vai além. Lembro-me da dedicatória no início do livro de Marion Woodman, *Bone: Dying into Life*: "Àqueles que ousaram a escuridão e àqueles que caminharam com eles, sem compaixão".[5]

A analista junguiana Marie-Louise von Franz já trabalhou com uma paciente que não conseguia compartilhar muito durante as sessões. Um dia, a paciente disse que sonhou com um ovo. Animada, Von Franz começou a trabalhar na análise da imagem. Anos depois, a mulher disse que nunca conseguiu se lembrar de nada do que Von Franz dissera naquele dia. Ela só se lembrou da emoção e da esperança que Von Franz lhe transmitira, o que a ajudou a voltar a ter esperança na vida.

Na maioria das vezes, a orientação é positiva, impedindo-nos de nos perder e ajudando-nos a acessar partes mais profundas de nós. No entanto, perder o caminho também pode ser um passo para o encontro. Quando a vida vai bem, não precisamos fazer as mesmas mudanças que quando ela está desmoronando. No entanto, quando as histórias que nos definem se tornam irrelevantes ou obstrutivas, somos obrigados a tentar algo novo. Sempre nos inclinaremos à segurança e à familiaridade, mas nos perderemos, em especial se tivermos a sorte de ter um guia – este pode ser o início do encontro com quem realmente somos. Nas palavras de J. R. R. Tolkien: "Nem todos aqueles que vagam estão perdidos".

Familiaridade com a morte

No papel de guia das almas, Hermes nos mostra como ter uma relação com a morte. Do ponto de vista da vida, a morte é o fim – a destruição do conhecido e estimado. Contudo, em termos psicológicos, a morte raramente é um problema; é precursora do renascimento – a pedra angular sobre a qual o novo nasce, não o fracasso ou a finalidade. O segredo para mudar é concentrar energia não no combate às ameaças ao antigo, mas na construção do novo.

Certa vez, sonhei que combatentes nazistas estavam me perseguindo pelas ruas de uma cidade em ruínas atingida pela guerra. Cheguei a um córrego

---

5. Marion Woodman. *Bone: Dying Into Life*. Nova York: Viking Penguin, 2000 (dedicatória).

CAPÍTULO 8 – HERMES

e corri para a água. Uma arma disparou, e vi sangue derramando do meu peito. Suavemente, caí no riacho. A força vital era derramada do meu corpo, e eu me sentia confortada. Do ponto de vista onírico, eu precisava deixar para trás as batalhas do mundo com o qual estava lutando – a direção da minha carreira, onde morar, ter ou não filhos. Precisava me deixar entrar na corrente da vida.

Uma vida protegida da morte e da interrupção é irreal. Todos nós perdemos amigos, familiares e empregos; sofremos com doenças e enfrentamos os demônios do mundo interior repetidas vezes. Não nos é prometida uma vida dourada; isso é uma fantasia que restringe nossa capacidade de responder a desafios reais. "Para ser e desfrutar desse ser", refletiu Jung, "você precisa da morte [...] a limitação permite que você se torne quem é."[6] A impermanência atenua a preciosidade e a maravilha de estar vivo.

A morte apropria-se de nós de um jeito difícil de entender e lidar. Suas manifestações, sejam elas tangíveis, simbólicas ou imaginárias, pedem por uma relação, um diálogo interior. Evitar ou negar representações de morte porque sentimos medo ou não estamos familiarizados com ela é convidá-la para entrar em nossa vida de várias outras maneiras. Marion Woodman disse que seu câncer "era a morte pedindo para ser aceita na minha vida".[7] Não há morte na ausência de vida, mas em sua presença. "Vida e morte são viagens que devem ser tomadas", disse Russel Lockhart; "recuar de qualquer uma delas é dar combustível à tragédia da falta de sentido."[8]

Hermes criou rituais sacrificiais específicos. Derramou o primeiro vinho para os deuses e o sangue do primeiro touro. "Sacrifício não é destruição", escreveu Jung; "é a pedra fundamental do que está por vir."[9] Parte de responder à vida de modo diferente e de construir uma relação com a morte fala da necessidade de abandonar determinados comportamentos, crenças e estilos de vida não mais adequados; estes já serviram ao seu propósito. De modo a estar presente para a vida adulta, é necessário sacrificar a juventude – a liberdade e a falta de responsabilidade são colocadas em repouso. Para formar uma parceria, é preciso sacrificar certos aspectos da independência – o egocentrismo é

---

6. Jung. *The Red Book*, p. 275.
7. Woodman. *Bone*, p. xv.
8. Lockhart. *Words as Eggs*, p. 63.
9. Jung. *The Red Book*, p. 230.

deixado de lado. Para amadurecer, devemos sacrificar a dependência – assumir autoridade e responsabilidade a fim de substituir a dependência dos outros.

Para os sobreviventes de traumas, os processos de desapego são particularmente difíceis, porque as mudanças no ambiente ameaçam a "retraumatização". O sofrimento está ligado à mudança, e, portanto, esta é evitada, e a personalidade se fecha a novas experiências. O que é velho, mesmo que insalubre, é, ao menos, seguro e familar. Como diz Marion Woodman:

> Toda vez que me vejo coberta do medo de nascer em uma nova realidade, em todos os casos em que estava saindo de uma área na qual poderia ter bom desempenho e ia para um campo novo, acabava tendo a certeza de que algum desastre aconteceria. Isso me dava vontade de permanecer quietinha. O nascimento me levou a um ambiente hostil e perigoso, e isso semeou uma ambivalência profunda em relação à mudança e ao crescimento.[10]

De modo a fazer os sacrifícios necessários para integrar a escuridão, precisamos reconhecer que a morte da psique não trata de fim, mas de começo. Os sacrifícios do submundo existem para renovar a vida. O conceito de "persuasão" está ligado a Peithó, arauta de Afrodite e deusa grega do discurso encantador. Uma perspectiva do submundo requer *peithos* de morte, uma maneira de se convencer do valor da morte e da escuridão, quer sejam as inúmeras mortes simbólicas que prenunciam o crescimento e a totalidade, quer seja a morte do próprio corpo. Temos que nos familiarizar com as imagens, mensagens e *insights* da morte, perguntando o que precisa morrer para que possamos nos tornar quem realmente somos.

Sacrifício e morte são fundamentais para trabalhar o simbolismo do câncer. Há um aspecto biológico e genético complexo do câncer, mas também há um de cunho psicológico. O desejo do corpo de morrer deve ser atendido simbólica e arquetipicamente. Como mencionado, o câncer trata de crescimento celular descontrolado; em termos simbólicos, espelha o crescimento irrestrito

---

10. Marion Woodman. "Spiraling Through the Apocalypse". *In: Understanding and Healing Emotional Trauma*. Daniela Sieff (org.). Nova York: Routledge, 2015, p. 72.

CAPÍTULO 8 – HERMES

de comportamentos prejudiciais, o limitado repertório de enfrentamento, a negação do inconsciente e o centro de nossa essência. Precisamos explorar quais partes de nós precisam morrer para que uma nova vida surja. Se você não tem crescimento de uma forma, terá de outra. Como deixar passar o que precisa ser liberto para restaurar o equilíbrio e os limites e conseguir amenizar a inflamação do corpo, acalmando a mente? Se partes nocivas da psique podem morrer, a morte não precisa se manifestar de forma tão literal, tomando o corpo para si.

Precisamos sustentar os opostos da criação e da destruição (vida e morte) e nos perguntar o que precisa morrer em nós para permitir nova vida. Woodman descreve ir abaixo para sentir a pulsão da vida nos lugares profundos da terra. Desse lugar, podemos ver nosso frágil apego à vida e passar por uma experiência de morte muitas vezes necessária para viver de maneira diferente. Às vezes, é preciso enfrentar a morte para viver melhor a vida.

Movimento

Grande parte do caráter de Hermes se resume ao movimento e à capacidade de cruzar limiares, ser uma ponte em meio ao vazio e lançar-se entre os reinos dos mundos superior e inferior. Hermes está em constante movimento, em mudança frequente, indo além das fronteiras da definição e dos limites para poder buscar o que está emergindo e agitando-se. É descrito como se movendo apressadamente instantes após o nascimento. Foi chamado de "corredor célere, demorando apenas o necessário para colocar as sandálias aladas, pegar na mão potente o caduceu que induz ao sono e colocar o chapéu sobre a cabeça".[11]

Nada sobre Hermes é estático. Nenhum rótulo, ideia, sintoma ou sistema de crenças retém a personalidade hermética (mercurial). Hermes pertence às partes de nós em constante mudança, volatilizando-se e modificando-se. Suas sandálias aladas, chamadas *talaria*, permitiam-lhe atravessar a terra e a água, o céu e a terra. O deus aviário da fuga e do espírito nunca foi vinculado a um local específico.

---

11. Ovídio. *The Metamorphoses*, p. 47.

Completamente absorto pelo movimento, Hermes personifica a complexidade de um mundo em constante mudança. "Hermes é crucial", escreve Keiron Le Grice, "no sentido de que representa o potencial de se mover entre diferentes universos arquetípicos, por assim dizer, e não ficar preso a uma perspectiva singular."[12] O deus das perspectivas em constante mudança carrega nossa capacidade de estar em fluxo, incorporando o truísmo de que a única constante é a própria mudança.

A escuridão está incessantemente em movimento. O pânico passa, o medo diminui, a confiança dá lugar à insegurança, o fracasso e a conquista estão em fluxo e refluxo, a solidão transforma-se em conexão, e o amanhecer substitui a noite. A ansiedade pode ser extrema a ponto de termos de nos sentar, mas, depois de conseguirmos nos ancorar, nosso estado alarmado retorna às profundezas, e a água se vê, mais uma vez, estanque. O luto é muitas vezes descrito como uma maré, um rio, ondas ou uma corrente, todas expressões das propriedades fluidas da água.

Hermes é o nexo das transições. É o deus da viagem (mudanças de localização e aparência), da mudança de forma, da comunicação (trocas de experiências, de ideias e de negócios), das trocas de mercadorias e serviços. Refere-se à evolução, às novas ideias e a qualquer coisa que estimule nossa psique, levando-nos de onde estamos para lugares não conhecidos antes.

A primeira morte que experimentei foi a de um amigo do ensino médio, e, para lidar com isso, queria estar perto de outros amigos. Precisava falar sobre a morte dele. Mais tarde, quando um antigo namorado morreu, fiquei com raiva da perda de um espírito tão brilhante. Queria voltar no tempo e corrigir os erros persistentes os quais senti que havia cometido. Quando minha sogra morreu, aceitei a dor como acompanhante da vida, sabendo que a perda dela e tudo o que representava assumiriam muitas formas distintas pelo resto da minha vida. E eu queria saber a melhor delas para poder cuidar do meu marido. Cada circunstância era diferente, assim como cada resposta.

A vida é repleta de transições – nascimento à maturidade, solteirice ao casamento, dependência à independência, saudável para doente, familiar para desconhecido, vida à morte. A qualquer momento, temos inúmeros limiares

---

12. Keiron Le Grice. *Archetypal Reflection*. Londres: Muswell Hill Press, 2016, p. 181.

CAPÍTULO 8 – HERMES

para escolher; podemos avançar rumo ao crescimento ou voltar à familiaridade; podemos passar para o desconhecido ou permanecer na zona de conforto. Há sempre a opção de responder ao chamado da vida e às provações de desenvolvimento ou permanecer em terreno seguro, embora estagnado. Hermes incorpora a capacidade de estar nas correntes de mudança da vida – suportar a tempestade com a promessa de céu aberto; suportar o inverno para ouvir os pássaros na primavera.

Flutuando entre reinos, Hermes não está nem aqui nem ali. Quando a vida parece restrita, Hermes acende o fogo do potencial. Se algo estiver fechado ou bloqueado, ele escorrega entre as rachaduras, convidando à flexibilidade e à liberdade. "Numa personalidade, o elemento mercurial traz mobilidade e imprevisibilidade",[13] disse a professora Ginette Paris. Hermes tem a ver com nossa capacidade de adaptação, de deslizarmos pelos obstáculos e nos sentarmos em meio à natureza inquietante do desconhecido.

Jornadas herméticas não são construídas com a passagem do tempo e intenção. Surgem quase como fogo incendiário – como mágica. Param-nos no meio do caminho, dão-nos uma bofetada ou nos atropelam como um ônibus. O submundo tem o talento de surpreender. A dor entra e sai, o luto é como um pêndulo, e os momentos de luz e escuridão aparecem e desaparecem rapidamente. As descidas premeditadas ao submundo são exceção. Na maioria das vezes, simplesmente caímos como chumbo no abismo.

Todos nós já vivenciamos a escuridão ou conhecemos alguém que, de repente, se viu imerso nela. Quando a mãe de uma mulher faleceu enquanto dormia, a irmã ligou para lhe dar a notícia. Ela sentiu o mundo ruir. Em segundos, não tinha mais um dos pais vivos. Mencionei anteriormente um amigo morto em um acidente de esqui. Num momento de mudança física do gelo e da água, uma mente brilhante, uma alma selvagem, um bobão amado por todos partiu, e uma comunidade inteira se viu vagando pelos túneis negros da dor e do remorso.

Hermes flexiona-se, dissolve, levanta-se e voa. Às vezes, é a mudança do velho mundo; às vezes, a abertura ao novo. A psicologia clínica defende terapias que reduzem a complexidade da experiência humana a categorias e diagnósticos.

---

13. Ginette Paris. *Pagan Grace*. Trad. Joanna Mott. Dallas: Spring, 1990, p. 110.

209

Características da personalidade enigmáticas e imprevisíveis são rotuladas como instáveis e até patológicas. A compreensão psicológica vem da padronização, da medição e da estabilidade, em vez do movimento ou da flexibilidade. Quando nosso psicológico tem menos liberdade, tornamo-nos mais rígidos.

Todos nós conhecemos pessoas com qualidades herméticas – elas são curiosas, compreensivas, mas não se sentem obrigadas a serem participativas nem responsáveis por um resultado ou uma ideia, e parecem se sentir mais à vontade enquanto passam pelo submundo. Personalidades herméticas buscam o romance; estão presas à elaboração de novas histórias, caminhos e opções. Essas pessoas mudam de atitude com agilidade – nada as puxa, prende ou obriga, incorporando o que os gregos chamavam de *omnes colores*, "todas as cores". Estão abertas à complexidade e à fluidez da vida, absorvidas pelo movimento, sempre buscando novas perspectivas em vez de se apegar a velhas atitudes.

Hermes foi associado ao metal mercúrio, substância transformadora e incrivelmente maleável. "Em temperatura na qual outros metais são duros", escreve Ginette Paris, "o mercúrio é líquido e fluido."[14] Quando outras partes da vida se resfriam e solidificam, a personalidade hermética está em fluxo. Ela nunca se acomoda ou estagna, sempre carregando alguma diferença e se transformando. Hillman chamou esse oportunismo mercurial de: "Não tendo posição fixa, nenhum senso de estar no centro, mantém o olho sempre na porta, nos limiares nos quais ocorrem as transições e possam haver passagens da declaração à implicação, do fato à suposição, do relato à fantasia".[15] Ao nos convidar para explorar todas as possibilidades, boas e ruins, iluminadas ou sombrias, Hermes nos impede de reduzir a complexidade da vida a uma única história ou conjunto de crenças. Mesmo as partes mais calcificadas de nós podem mudar – qualquer coisa sólida pode se tornar líquida mais uma vez.

Puer e *Puella*

A flutuação e o movimento constantes podem criar uma personalidade sempre repleta de potencial, jamais enregelando para poder amadurecer. A

---

14. Paris. *Pagan Grace*, p. 109.
15. James Hillman (org.). *Puer Papers*. Dallas: Spring, 1991. p. 156.

CAPÍTULO 8 – HERMES

natureza mercurial produz indivíduos difíceis de alcançar, em constante transformação e impossíveis de ser contidos. Se a capacidade de selecionar e manifestar algo se perde, a roda nunca para de girar. Hermes, escreveu Hillman, "não tem notas de rodapé, e você não consegue entender sua ideia... [Ele é a] brisa pela janela, refrescante, mas impossível de pegar".[16]

Uma personalidade sob essa influência arquetípica é chamada de *puer* ou *puella*. O arquétipo do *puer* (masculino) ou da *puella* (feminino) são expressões da juventude eterna. *Puer aeternus* vem do latim, "menino eterno", e representa qualidades de frescor, espírito, liberdade e oportunidade. É uma sensibilidade encantada pelo desejo de se elevar acima do comum, buscando altura em vez de profundidade, velocidade em vez de gravidade. O *puer* é obcecado por levantar voo, ganhar altura e velocidade e, claro, inflar-se. Essa personalidade é impulsionada a permanecer sem amarras, flutuante e desinibida.

Os gregos narraram a história de Ícaro, filho de Dédalos. Tentando escapar do rei Minos, de Creta, Dédalos criou dois conjuntos de asas de cera, e, juntos, pai e filho fugiram pelo mar. À medida que voavam, Ícaro subiu cada vez mais alto. Ignorando os avisos do pai, voou tão perto do sol que suas asas derreteram, e ele caiu no mar.

A qualidade sombria do *puer* é a inflação do ego. Hipnotizado pela própria capacidade, pelas ideias e pela liberdade, Ícaro voa cada vez mais perto do perigo. A inflação é uma energia que retrata qualidades como altura, espírito e religiosidade. Tem a ver com falta de raízes e vínculo com a realidade. Não podemos ficar com os pés no chão enquanto nos elevamos acima do tédio da realidade. Se alguém com energia pueril desequilibrada for forçado para baixo muito rapidamente, sua força vital desaparecerá. Ele se tornará deprimido e despencará na terra com as asas derretidas.

A energia *puer* é inspiradora, sedutora, rápida e inventiva. O perigo é preferir o potencial à escolha da maturação. Peter Pan é figura *puer* por excelência; tudo sempre permanece no hipotético. "Eu poderia ter sido..." torna-se o hino da vida de alguém. Há uma razão para Peter Pan viver na Terra do Nunca: nada acontece lá. Personalidades *puer* poderiam ter conquistado o reino, mas imaginaram a vida em vez de vivê-la. A preferência desequilibrada

---

16. James Hillman. *Senex & Puer.* Glen Slater (org.). Putnam, CT: Spring, 2013, p. 97.

por possibilidades leva à falta patológica de atualização. Encontram-se partes aqui, partes ali, mas também em nenhum lugar.

Por volta dos vinte e poucos anos, tive uma sequência de sonhos na qual fui repetidamente expulsa de *resorts* extravagantes. As figuras oníricas recusavam-se a me servir na piscina, meu quarto de hotel inundou, e meu cartão de crédito deixou de funcionar. Na época, liberdade e irresponsabilidade eram meus principais alimentos. As partes de mim que não queriam crescer cobiçavam o conforto da vida no *resort*, onde tudo é fácil e feito para você. Várias vezes, os sonhos me alertavam de que eu não pertencia a um *resort*.

O arquétipo que traz equilíbrio ao *puer* é o *senex*, que significa "velho". O *senex* representa a sabedoria adquirida pela repetição, tradição, idade, ordem, tempo, sofrimento e integração. A capacidade de colher os campos. A vida é feita de escolhas, não mantém todas as portas entreabertas. O paradoxo da dinâmica *puer/senex* é que, se desistirmos de tudo, conseguiremos tudo. Se o aspecto *senex* do desenvolvimento da personalidade for negado, os indivíduos vão se limitar ao apego inadequado à juventude e à possibilidade.

O *senex* foi associado ao Titã Cronos, mais tarde adotado pelos romanos como o deus Saturno. Cronos era avô dos deuses, incorporando a sabedoria do tempo, da experiência e do sofrimento. A energia de Saturno se esvai e envelhece, como o vento remodelando lentamente o deserto. Cronos tinha a representação da foice de uma colheitadeira, significando a colheita do sofrimento de uma estação inteira de trabalho. Associado ao chumbo metálico, Saturno nos fala da forma, do peso e da substância. Uma vida muito encantada por promessas acarreta a incapacidade de levar a vida a sério e ao senso vazio de identidade, sendo esta nebulosa e insubstancial.

É difícil deixar a juventude e sua promessa de liberdade. A maturidade requer reconhecimento da influência do *senex* – morte, repetição, depressão, solidificação e peso da tradição e da responsabilidade. Aqueles que escolhem a juventude eterna convidam o *senex* para sua vida em forma de sombra. Cronos ouviu uma profecia que dizia que os filhos o destronariam. Com medo, ele os devorou – Deméter, Héstia, Hera, Hades e Poseidon. O sexto filho, Zeus, foi poupado e voltou-se contra o pai, reivindicando para si o título de governante dos deuses. Em forma de sombra, a energia da vida pode ser devorada pelo *senex*, impedindo-nos de emergir para o mundo. Em vez de prudência e

CAPÍTULO 8 – HERMES

dos dons da manifestação, tornamo-nos excessivamente disciplinados e controlados, esquecendo-nos de mudar, transformar ou ter um coração leve. *Puer* e *senex* precisam um do outro; juntos, criam equilíbrio.

Mensageiro

Hermes foi o arauto (mensageiro) dos imortais, eternamente responsável por fazer cumprir a vontade dos deuses. Carregava um caduceu ou o bastão arauto. "Vou dar-lhe um belo cajado da riqueza e da prosperidade", disse Apolo, "dourado, com três ramos, para protegê-lo contra o mal e realizar todas as leis de palavras e atos nobres."[17] O caduceu permitia que Hermes viajasse entre o Olimpo, o reino mortal e o Hades, transmitindo mensagens entre deuses e mortais.

Após Zeus concordar em permitir o retorno de Perséfone à mãe, enviou "Argeifonte a Erebus, com sua varinha dourada, para exortar Hades com palavras doces e trazer de volta a gentil Perséfone da névoa escura". Vários deuses ficaram chocados com o sequestro de Perséfone – Afrodite fez com que Hades se apaixonasse pela donzela Coré; Zeus permitiu ao irmão roubá-la; Hades sequestrou sua noiva; e Deméter matou o mundo de fome por causa de sua dor. O tempo todo Hermes estava transmitindo suas mensagens.

Hermes era o intermediário divino, o que Karl Kerényi chamou de "mediador linguístico" que vem de "profunda escuridão primordial, de onde se espera apenas o animal mudo, o silêncio sem palavras ou os gritos de prazer e dor"[18]. Hermes podia ouvir e repassar mensagens em qualquer forma de comunicação transmitida. A fluência com o submundo e a capacidade de transmitir mensagens significaram que ele traduziu a energia arquetípica bruta do submundo em algo que nós, mortais, poderíamos compreender, falar e criar significado. Donald Kalsched explica que "a energia arquetípica é coisa de alta tensão – digamos 440 volts – e, para ser integrada ao ego humano consciente, precisa ser transformada em 220 volts, de modo a ser mais gerenciável".[19]

---

17. Apostolos Athanassakis (trad.). *The Homeric Hymns*. Baltimore: Johns Hopkins University Press, 1976, p. 45.
18. Karl Kerényi. *Hermes Guide of Souls*. Trad. Murray Stein. Dallas: Spring, 1976-1900, p. 88.
19. Donald Kalsched. "Uncovering the Secrets of the Traumatized Psyche". In: *Understanding and Healing Emotional Trauma*. Daniela Sieff (org.). Nova York: Routledge, 2015, p. 17.

Sem modificação, a energia arquetípica é poderosa demais para ser integrada. Seja por um complexo ativo que "toma conta de nós" ou porque é provocado por alguém, integrar tanta energia bruta e dolorosa exige nova forma de "embalá-la" e reutilizá-la, de modo que possamos ser capazes de tolerá-la e digeri-la.

Certa vez, um supervisor me disse que ser terapeuta é como ser mãe pássaro. O pássaro cava a terra até encontrar toda a minhoca. Então, mastiga o verme, segmentando-o em pedaços menores, e o dá, pouco a pouco, às crias. O terapeuta tem que estar ciente daquilo que o paciente está absorvendo e de quanto consegue digerir. Não é sábio forçar uma refeição inteira garganta abaixo. A dinamite é ineficaz e inábil como ferramenta terapêutica.

Sonhos, imagens e metáforas são maneiras de traduzir as mensagens do inconsciente para a atenção consciente. Trabalhei com um homem que tinha vergonha de se sentir o segundo melhor quando comparado ao irmão. O pai era abertamente frustrado com ele, o que o inspirou a ser competitivo e motivado, sempre procurando fazer mais e ser melhor. Ele tinha dificuldade de relaxar e apenas "ser". Quando esse paciente descreveu essa energia incessante, disse que era o garotinho nele que nunca se sentiu ser suficiente. "Mas não me lembro daquele garotinho", acrescentou. Vá encontrá-lo, sugeri, ouça sua voz, ouça sua mensagem. O garotinho comunica-se com imagens e sensações, emoções e memórias. Para se reconectar com essa parte de si mesmo, ele precisou "escutar" de maneira diferente.

Compreender termos psicológicos abstratos, como dissociação, transtorno de apego ou diagnósticos de negligência emocional, mania ou ansiedade generalizada, pode ser algo evasivo. Mas podemos *visualizar* a dissociação como um disjuntor; apego, como cola; negligência emocional, como um deserto; ou podemos personificar emoções como sendo uma criança. Fazê-lo pode nos ajudar a sentir as mensagens e as energias arquetípicas que nos vêm da alma por meio dessas representações.

A origem e a representação do câncer sugerem qualidade hermética. Repetidas vezes, pacientes me dizem que seu câncer se revelou primeiro por meio de imagens. Uma paciente lembrou-se de, em outubro, ver a imagem de fogo correndo por suas veias. As chamas a fizeram pensar em câncer, mas ela se esqueceu dessa possibilidade. Em janeiro, foi diagnosticada com glioblastoma. Outra mulher viu uma figura camuflada, o ceifador, perto do ombro. Ela

214

CAPÍTULO 8 – HERMES

perdeu quatro quilos e meio, mas não se preocupou. Olhando em retrospectiva, ela percebeu que o câncer tivera início no dia em que vira a Morte: "Meu corpo estava tentando me dizer; ele sabia. Eu estava muito ocupada para ouvir". Em minha prática, os sonhos com câncer mostram representações de tornados, mandalas, edifícios em chamas, figuras sombrias, guerras (muitas vezes, a Segunda Guerra Mundial), ameaças, dinossauros e inimigos, para citar algumas. As representações de aviso parecem vir com imagens numinosas e vívidas, energia a qual parece esmagador estar na presença dela.

Em *Words as Eggs*, Russel Lockhart fala de um homem idoso que veio vê-lo após a morte da esposa em decorrência do câncer. Antes do diagnóstico, ela teve pesadelos terríveis, nos quais era a presa de animais. Acordava à noite gritando, com cães rasgando seu estômago e incêndios queimando sua carne. Ela foi diagnosticada com câncer vários meses após os sonhos e morreu três meses depois do diagnóstico. O homem disse a Lockhart: "Você sabe, esses sonhos foram o começo disso. O câncer estava se pronunciando. Sinto nos ossos a verdade disso. Mas as pessoas não dão atenção a um homem idoso".[20]

As imagens relacionadas às origens são com frequência ignoradas até se tornarem sintomas. A medicina persegue os sintomas, enquanto a psicoterapia profunda procura chegar ao núcleo arquetípico da doença. Para fazê-lo, devemos ouvir as mensagens das profundezas que nos chegam traduzidas em símbolos, metáforas e representações, para que possamos agir de acordo com os avisos.

Muitas pessoas utilizam a linguagem poética e metafórica para expressar seu sofrimento. Uma mulher chamou a morte do marido de "buraco negro" – tudo na vida vai em direção à ausência. Um jovem descreveu um amigo em quem projeta sua sombra como a própria máquina do tempo – revertendo-o ao garotinho que todos evitavam. Ouvi desgosto descrito como bigorna; a voz do cônjuge, como tiro; tristeza, como areia; e várias emoções, como calor, vento, gelo ou pêssegos. Depois da morte da esposa, Robert Romanyshyn disse que sua dor era "o batimento cardíaco lento das pedras".[21] Perguntei à minha sobrinha de 5 anos como é quando alguém não compartilha algo. Ela disse que parece um monstro.

---

20. Lockhart. *Words as Eggs*, p. 58.
21. Romanyshyn. *Soul in Grief*, p. 63.

Nenhuma dessas descrições é mensurável ou racional, mas captura uma camada de expressão impossível de ser mantida de forma literal. Em vez de procurar fatos e observar, Hermes usa a criação de representações, *flashes* de *insight*, metáfora, intuição e imaginação para lidar com os meandros da vida. Percebemos a presença hermética quando estamos confortáveis em algum lugar entre o explícito e o implícito, o específico e o não dito, o óbvio e o invisível, sem cansar de explorar diferentes formas de comunicação, para que nossa mensagem seja ouvida e colocada em contexto.

É muito complexo manter e decifrar as áreas cinzentas da vida. O submundo raramente é preto e branco, cabe em caixas ordenadas ou é contido por um cercado bem-feito. Complexidade e confusão não são a mesma coisa. Hermes pode ser complexo, mas não é complicado. É o deus da articulação. Transmite muitas mensagens para ser incoerente; suas formas fluidas e criativas de expressão comunicam, com efeito, camadas importantes de experiência.

Ficção de cura

Histórias moldam nossa vida. Contamos narrativas inspiradoras, curativas, restritivas e até violentas. Os roteiros que escrevemos nos lançam como líderes, vítimas, mães, guerreiros e fracassados. Histórias são expressões de sentido; os enredos imaginados são importantes.

Com a narrativa (ou imagem) certa, a perspectiva pode ser remodelada. Hillman chamou isso de ficção de cura – a crença de que nossas narrativas são flexíveis e, sob o ponto de vista criativo correto, podem ser, de fato, reescritas. Todos os dias, não importando quanto nossa dor nos consuma, quanto nossa perda nos traga desgosto, quão pesado seja nosso complexo ou quão devastador seja nossa doença, decidimos, mais uma vez, o que será de nós. Podemos dizer a nós mesmos que estamos com medo, dependentes, desvalorizados ou mal equipados para lidar com o que está acontecendo, ou que somos capazes, compassivos, fortes e bem fundamentados.

"No início da minha recuperação", disse meu irmão, "eu tinha uma noção romantizada da minha capacidade de superar obstáculos. Senti que, para fazê-lo bem, ou seja, com coragem e heroísmo, era necessário ser elegante e digno." Perguntei a ele o que mudara. "Aprendi que a única coisa que poderia controlar

CAPÍTULO 8 – HERMES

era minha própria perspectiva – como demonstro que temos a oportunidade de criar nossa história. Para sobreviver, tive que rever meus desafios como oportunidades." Ao tratar as narrativas como oportunidades de cura, trazemos imaginação e escolha aos movimentos imprevistos e imprevisíveis da vida.

Muitos de nós nos mantemos reféns de histórias dolorosas, vergonhosas ou regressivas. Depois que a mãe morreu, uma paciente se sentiu culpada por não ter dado a ela tudo o que pôde. Ela tinha filhos pequenos para cuidar, e o parceiro viajava a trabalho. Sua dor era uma penitência que a impedia de passar por um sofrimento crítico. A terapeuta dela espelhou a história sobre a morte da mãe, perguntando à paciente se havia algo de que sentia falta. Ela se viu irritada; era óbvio que sentia saudade de algumas coisas. Ela não contara à psicóloga as diversas cartas que lera para a mãe escritas pelo pai, quanto tempo passara indo e vindo entre a própria casa e a casa de repouso da mãe ou, ainda, os inúmeros momentos doces que tiveram quando a mãe ainda estava lúcida. A terapeuta lembrou-lhe de que ela precisava incluir essas partes da história na narrativa interior, não apenas o que não realizara. É fácil limitar nossa cura e crescimento lembrando-nos, tão somente, de alguns recortes da realidade. Essa mulher estava sofrendo porque estava ignorando detalhes importantes de como realmente agiu antes da morte da mãe.

"Em minha experiência", escreve Donald Kalsched, "a mudança só se torna possível quando somos capazes de assumir a responsabilidade e sofrer o luto por esse sistema autoinfligido e negador de vida que nós mesmos construímos."[22] Não podemos mudar as circunstâncias que nos lançam ao submundo; no entanto, podemos mudar a história, o próprio sistema que construímos. Como narramos acontecimentos e o que sentimos enquanto nos lembramos deles prova-se ser, muitas vezes, algo mais importante que os próprios acontecimentos. A ficção (do latim *fictionem*, "modelar ou fingir", e *fingere*, "formular") retrata ações como artesanato e criação. As ficções de nossa vida moldam e formulam nosso mundo, nossas respostas, nossos papéis e nossa identidade.

Ficções são caminhos na floresta. Quanto mais andamos por um caminho, mais fácil, mais amplo e mais familiar ele se torna. Vagar fora um caminho bem percorrido pode ser assustador; as referências anteriores são perdidas,

---

22. Kalsched. "Uncovering the Secrets of the Traumatized Psyche", p. 19.

e o novo caminho não é familiar. Temos que agir com cuidado; nosso destino é desconhecido. No entanto, não importa quão seguro seja o caminho mais percorrido, temos a capacidade de criar um novo, em especial quando há a necessidade de novas perspectivas.

As palavras que usamos para nos descrever podem ser vistas como mitos de criação ou narrativas de origem. No livro bíblico do Gênesis, Deus cria o mundo pelo verbo. No cerne da principal história da criação ocidental, as palavras dão à luz todos os seres vivos. O Evangelho de João (1:1-2) ressoa: "No princípio era o Verbo, e o Verbo estava com Deus, e o Verbo era Deus. Ele estava no princípio com Deus". A palavra é a expressão viva arquetípica do espírito de criação que há em todas as coisas. Por meio das palavras, tornamos a psique realidade, podendo construir ou destruir nossa personalidade, nossas ideias e até diferentes esferas de atuação.

O terapeuta de luto David Kessler estabelece uma distinção entre dor e sofrimento. Ele diz que dor é o sentimento inevitável de perda, enquanto o sofrimento é como nossa mente digere a dor. A dor é parte da perda; o sofrimento é uma escolha oriunda das narrativas que contamos a nós mesmos e aos outros. As palavras que escolhemos para descrever a escuridão são poderosas. Podem nos manter presos ou nos ajudar a viver com significado. Como Kessler explica, se nossa velha história é "esta morte aconteceu comigo", uma nova história pode ser "a morte acontece". Ou, ainda, "esta morte foi uma punição" para "a morte, geralmente, é aleatória".[23]

Mudar a narrativa expande o leque de possibilidades. Se acreditarmos que nossa vida é forjada por uma única história, sempre encontraremos provas válidas dela. Se nos sentirmos incapazes de sermos amados, encontraremos provas de nossa inutilidade em todos os lugares e nos veremos presos a ciclos de autoaversão. Somos incapazes até de perceber nossas amarras enquanto não somos capazes de imaginar nossa liberdade. Não conseguimos nos sentir valorizados a menos que imaginemos valor. Não podemos esperar atuação a menos que reconheçamos nossos pontos fortes.

Somos atraídos para aquilo que entra na consciência sem grande esforço. Queremos resultados imediatos e mensuráveis, além de diagnósticos,

---

23. David Kessler. *Finding Meaning: The Sixth Stage of Grief*. Nova York: Scribner, 2019, p. 71.

CAPÍTULO 8 – HERMES

para podermos explicar por que sentimos e agimos de determinada maneira. Instantaneamente, qualquer coisa atrai o ego – mas não a profundidade. Os lugares profundos de nosso ser, nossa alma, não são atraídos por soluções rápidas. Preferem o eterno, o sagrado, o imagético, o mítico, o que traz a grandeza da vida, como narrada por milênios. Prefere a poesia e o *storytelling*, as narrativas oníricas e as representações tecidas por gerações. Como escreveu Jung:

> Nossa mente verdadeira é resultado do trabalho de milhares ou, talvez, um milhão de anos. Há uma longa história em cada frase; cada palavra que pronunciamos tem uma história tremenda; cada metáfora está repleta de simbolismo histórico; elas, de fato, não continuariam se não fossem verdade. Nossas palavras carregam a totalidade daquela história que já foi tão viva e ainda existe em todo ser humano.[24]

"Por meio das palavras, podemos alterar a realidade", disse Hillman. "Podemos trazer à existência e tirar dela; podemos moldar e mudar a própria estrutura e a essência do que é real."[25] Ao termos consciência de nossas ficções, trazemos imaginação às experiências do submundo, libertando-nos de interpretar a jornada sob uma única perspectiva, apenas. Se nos convencermos de que temos certo defeito, sofreremos vergonha. Se dissermos a nós mesmos que somos um fracasso, o sucesso será inatingível. Se vivermos com medo da morte, deixaremos de viver plenamente.

Nós, seres humanos, somos programados para contar histórias. Primeiro, expressamo-nos nas pedras usando tinta; depois, por meio da palavra verbalizada, do papiro, do pergaminho e do papel. Temos uma rica história de compartilhamento de mitos, fábulas, folclores e contos de fada, para conseguirmos explicar quem somos e o mundo ao redor. Contamos histórias que retratam terrenos férteis de caça, heróis que salvam o mundo, mitos que descrevem as estações do ano e as estrelas, princesas que beijam sapos, deuses que destroem os infiéis, e bruxas que veem o passado, o presente e o futuro. Parte de nós precisa contar histórias de nossa vida, e nos sentimos embasados quando o fazemos.

---

24. C. G. Jung. *Dream Analysis*. Zurique: C.G. Jung Institute, 1958, pp. II, 53-4.
25. James Hillman. *Mythic Figures*. Putnam, CT: Spring, 2007, p. 58.

219

Quando o luto toma conta de nós, contamos histórias sobre aqueles que perdemos. Damos continuidade à vida deles com memórias compartilhadas, mantendo-os vivos com palavras. Encontramos força nos presentes que deixaram para trás – nas vezes em que fizeram rabanadas para nós, nas caminhadas na praia ao nascer do sol. Nossas memórias tornam-se uma tábua de segurança. Tudo isso não pode ser tirado de nós.

Contar histórias é uma plataforma profunda de compartilhamento. Meus pais fundaram a Deer Hill Expeditions, no Colorado, para levar jovens adultos a aventuras em grupo em meio à natureza selvagem. De todas as experiências que os participantes vivenciam, sempre nos dão *feedback* do valor e do impacto do Círculo. Todas as noites, o grupo se reúne em um círculo para falar sobre um tópico preestabelecido. Um tesouro daquele dia – uma pedra, um pau ou um galho é passado, e, quando alguém está segurando esse objeto de poder, é encarregado de duas coisas simples: falar com o coração e ouvir com respeito.

Já vi pessoas que mal se conheciam contar histórias para as quais nunca haviam dado voz antes, revelar partes de sua alma que não sabiam existir. Com isso, puderam se empoderar e integrar a mudança e a autodescoberta, sob a proteção e o suporte da recém-descoberta comunidade.

O dom e o poder do Círculo demonstram uma experiência arquetípica que perpassa nossas veias. Durante séculos, reunimo-nos para contar histórias, criar significado, vivenciar iniciações e, coletivamente, conduzir os poderes além de nossa vida. Para a mentalidade moderna, parece algo novo sermos expostos, apoiados, passarmos por rituais e, ao mesmo tempo, sermos capazes de estarmos tão conectados. Estamos famintos por validação, significado e representações para explicar as correntes que moldam nossa vida. Temos sede de conexão arquetípica, fome de histórias mais profundas, autênticas e sutis, para que possamos integrar os desafios da vida. Precisamos de rituais de contação de histórias. Certamente, a psicoterapia é um ritual, mas também precisamos de algo mais; necessitamos de maneiras de viver, de nos conectar uns aos outros e expressar a alma. Por séculos, a imaginação grega buscou os segredos da retórica, da música e da prosa que dialogavam com a alma, curando-nos por meio da fala.

Maya Angelou disse que não há agonia maior que carregar dentro de si uma história não contada. As tradições populares estão repletas de narrativas de fantasmas que se recusam a descansar em seus túmulos até que suas

CAPÍTULO 8 – HERMES

histórias sejam ouvidas. Há grande poder em falar o indescritível. "Na psiquiatria, em muitos casos", refletiu Jung, "o paciente que vem até nós tem uma história não contada, que, via de regra, ninguém sabe. Na minha opinião, a terapia começa, de fato, apenas após a investigação dessa história totalmente pessoal. É o segredo do paciente, a pedra contra a qual ele é despedaçado."[26]

Assim como nossos comportamentos, nossas ideias, narrativas e feridas têm histórias, podemos dizer o mesmo de nossos sintomas. Ansiedade, depressão e pânico, cada sintoma carrega o próprio caráter, origem e sabedoria. Um complexo de autoestima narra a história de fraqueza e insegurança; já o pânico, trata de uma narrativa de sobrecarga.

Fabricamos monstros como o Leviatã para podermos superar, derrubar e fugir do nosso sofrimento, destruindo nossa capacidade de não só ouvir, mas também de escutar atentamente sua mensagem. Hillman cunhou o termo *patologizando* para iluminar seu oposto – sofrimento, desordem, caos e desequilíbrio têm histórias importantes a contar. Os sintomas significam que algo está errado em nossa relação com a vida. Se tivermos sorte, esses avisos serão sussurros, dando-nos tempo e oportunidade de buscar caminhos para recuperar nossa vida não vivida.

"Os deuses", disse Jung, "tornaram-se doenças."[27] Hoje, os deuses manifestam-se em nossos medos, obsessões, complexos, e naquilo que Jung resumiu como sintomas neuróticos. Os deuses ficam irritados e vingativos quando são negados e desvalorizados. "O que é preciso", escreve Russel Lockhart, "é entrar no sintoma, na doença, e se conectar novamente com o Deus escondido lá."[28] O sofrimento, a doença e até o processo de morte podem ser caminhos para a individuação – por mais dolorosos que sejam. Só devemos nos voltar para suas mensagens e escutar sua sabedoria. "O homem precisa de dificuldades", disse Jung; "elas são necessárias à saúde."[29]

Trabalhei com uma jovem que sofria de uma ansiedade paralisante, manifestada como aperto no peito, acompanhada da sensação de

---

26. Jung. *Memories, Dreams, Reflections*, p. 117.
27. Jung. *Alchemical Studies*, p. 43.
28. Lockhart, *Words as Eggs*, p. 65.
29. C. G. Jung. *The Structure and Dynamics of the Psyche. Collected Works*, v. 8. Princeton: Princeton University Press, 1958-1969, p. 61.

hipervigilância. Pedi a ela que procurasse manter a mente aberta, explorando como essas qualidades de aperto e vigilância podiam, de fato, estar lhe servindo. Imediatamente, ela me disse que precisava criar um escudo protetor firme, defendendo seus valores, não cuidando dos outros à custa de seu bem-estar. Ela se traiu quando sacrificou a própria voz pelo bem de terceiros. E, à medida que criou limites saudáveis, a ansiedade diminuiu consideravelmente.

Temer ou superar a escuridão nos afasta das tragédias da vida e das mensagens curativas que a alma envia para nos ajudar a recuperar o equilíbrio. A depressão parece um inimigo; a doença, uma injustiça; e a morte, impossível de incluir como parte da completude e da vida como um todo. Mas em algum momento somos desafiados a lidar com isso e temos que abandonar nosso ideal de vida brilhante e privilegiada e aceitar a presença desorganizada da penumbra. Estamos presos ao antigo padrão de imaginar aflições como casualidades, em vez de parte do tecido de nossa vida e de resposta às nossas atitudes unilaterais. Quando damos aos nossos sintomas um lugar à mesa, eles se tornam não só menos ameaçadores e destrutivos como verdadeiros aliados.

O esforço cego para manter nossa vida na superfície pode ser cansativo. Hermes representa nossa capacidade de mergulhar fundo e explorar a escuridão. Não podemos mudar a existência de um sintoma ou circunstância com o simples estalar dos dedos, mas podemos, sim, cultivar uma resposta consciente em relação a isso. Podemos enfrentar a escuridão patologicamente ou com imaginação. Quando tentamos a imaginação, tudo parece relevante. Ela constrói pontes, liga e conecta. Hermes é criador de conexões – psicopompo, mensageiro e contador de histórias. Está preocupado em tornar o invisível visível, traduzindo o impossível em representações e linguagem. Discernindo as mensagens incorporadas em nossos sintomas, ajuda-nos a chegar à fonte do sofrimento.

Pesquisas mostram que ouvir histórias libera cortisol e ocitocina, neurotransmissores que nos ajudam a nos conectar, a termos empatia, a criarmos significado e a nos apaixonar. As narrativas nos ajudam a aprender com os outros, a nos expressar, a construirmos tradição e cultura e a nos conectar com nossa linhagem ancestral. A principal função do mito é explicar o que significa ser humano em relação ao Universo. Nossa capacidade de contar histórias nos dá o poder de imaginar de novo e reinventar nossa vida, além de nos conectar com a veia profunda da verdade que flui por intermédio de nós.

222

CAPÍTULO 8 – HERMES

Paradoxo

Hermes é um deus contraditório, inteligente e sedutor – está em constante mudança e governa as fronteiras, as estradas e a comunicação. É o "alado e sem asas [...] o seco e a terra, o úmido e o viscoso", Jung nos diz.[30] Surge como sucesso e fracasso, bondade e infortúnio, suborno e honestidade, e vive no peso da dor e na leveza do espírito. Símbolo de "todos os opostos concebíveis",[31] Hermes lida com as impossibilidades da vida.

A escuridão é paradoxal. Ela nos mostra como aquilo que se quebra se expande, o que é arruinado se recria, e o que mata dá vida. O submundo é, muitas vezes, doloroso, mas belo; debilitante, mas fortalecedor; solitário, mas conectado. Todas as mortes, quartos hospitalares, sessões terapêuticas e traumas que testemunhei ou experimentei foram terríveis; no entanto, essas experiências me deram profundidade de presença e compreensão que me tornaram uma terapeuta melhor, assim como esposa, amiga, filha, tia e irmã. Sou grata pelo submundo, apesar de desejar nunca mais ter de passar por lá.

Aquele que deseja receber favores de Hermes deve, ao mesmo tempo, aceitar a perda e a destruição, pois não pode haver um sem o outro. Hermes personifica a estrada sinuosa, as reviravoltas da vida. "Voltamo-nos para ele", escreve Christine Downing, "quando queremos aprender e fazer uso da experiência do submundo para transformá-la em vantagem, encontrar nela a sorte escondida."[32] Não sabemos o que a vida tem reservado para nós – podemos ser ludibriados ou trapaceados, destruídos ou remodelados, traídos ou recompensados. Tentar ser um indivíduo consciente e completo é um caminho escorregadio, como o próprio Hermes.

Afastados por muitos anos, um irmão e uma irmã se reconectaram durante a morte do pai. As feridas do passado eram menos importantes que a dor agora compartilhada. Nos momentos finais do pai, eles focaram o olhar sobre a cama de hospital; aí, a compreensão deu lugar a todos os anos de isolamento, e cada um deles conseguiu se lembrar de como é precioso o vínculo de sangue. Embora tenham lamentado a morte do pai, eles também se sentiram gratos por terem se reconectado.

---

30. Jung. *Alchemical Studies*, p. 217.
31. Ibidem, p. 237.
32. Christine Downing. *Gods in Our Midst*. Nova Orleans: Spring Journal Books, 1993, p. 41.

É a Hermes que devemos as experiências de traição, roubo, infortúnio, quebra de regras, assim como a sorte. Ele nos guia e nos desvia, representando uma energia benigna, canalizada e segura, mas que pode rapidamente se transformar em outra dura, sofrida e cruel. É ameaça e proteção, guia e dínamo, representando o escurecimento da noite e a claridade do amanhecer. Hermes é "o súbito dar e tirar", escreveu Walter Otto, "a sabedoria e a astúcia, o espírito do amor favorecido, a bruxaria e o crepúsculo, a estranheza da noite e da morte – um todo diversificado, inesgotável, que, ainda assim, nenhum lugar se faz capaz de negar a unidade de sua existência".[33] Ele é inanimado e animado, desperto e adormecido, rápido e estável, cintilante e apagado.

Hermes é um trapaceiro arquetípico, símbolo da imprevisibilidade da vida. É a energia do malandro que perturba e desatina, incorporando maneiras erráticas de ser, repleta de lábia afiada e sedutora que plana pela vida inspirando enganos, manipulações e agitações. Quando a vida vira de cabeça para baixo, uma nova energia pode aparecer. Interferências estimulam o crescimento das sementes, forçando-nos a um novo território, agitando as águas por meio da turbulência, acenando-nos para novas perspectivas.

Ao minar nossas estruturas de vida, o trapaceiro revela as obras de uma força superior em nossa existência. Se escolhermos olhar, poderemos encontrar um propósito oculto por trás do pandemônio da vida. A perda nos torna mais empáticos; o trauma nos motiva a ajudar os outros; o abandono nos auxilia na recuperação; a morte nos ensina a viver. Assim como o embusteiro, os perigos do submundo destroem, muitas vezes, padrões profundamente arraigados, forçando-nos à linha tênue entre quem fomos e o que poderemos nos tornar. É aqui que o crescimento acontece. Colocar estabilidade e conforto em risco nos desafia a entrar no desconhecido e a enfrentar o chamado para a vida.

Nosso mundo está sempre em fluxo e em constante remodelação, por inúmeras condições. O acidente de meu irmão aguçou meu interesse por jornadas ao submundo, o que me incentivou a me tornar psicoterapeuta. A condição de Helen Keller a motivou a tornar-se a autora e ativista inovadora que fora; o assassinato do arquiduque Francisco Ferdinando foi o gatilho para a

---

33. Walter F. Otto. *Dionysus: Myth and Cult*. Trad. Robert B. Palmer. Bloomington, IN: Indiana University Press, 1965, p. 9.

CAPÍTULO 8 – HERMES

eclosão da Primeira Guerra Mundial; e os ataques terroristas ao World Trade Center motivaram a Guerra ao Terror e a subsequente invasão ao Iraque. Eventos imprevistos moldam o mundo como o conhecemos.

Quando Hermes está envolvido, não podemos prever o resultado ou os efeitos duradouros de uma jornada ao submundo. Imprevisibilidade é o que é previsível quando se trata desse deus travesso. Sem base clara, devemos enfrentar o presente e nos adaptar a ele, buscando novos significados e novas perspectivas. A jornada ao submundo pode ser o fim de um modo de vida, assim como a iniciação para as grandes energias da vida e a próxima fase de nossa jornada. Pelas conexões que Hermes nos mostra, podemos transformar nossa vida e a dos outros.

Hermes é mais sobre opostos que refletem um todo que sobre distinções nítidas. Sua realidade existe em um espectro no qual até mesmo pensamentos, comportamentos e ações contraditórias estão em relacionamento. Podemos ser um pouco ou destrutivamente ciumentos, leve ou intensamente inseguros, nervosos ou aterrorizados, solitários e satisfeitos, de coração partido e aliviados, inspirados e devastados pelo tédio. Não se trata de ambos/ou, mas sim, muitas vezes, de uma relação ambos/e.

Uma paciente compartilhou comigo que o abuso físico que sofrera do marido lhe deu a força necessária para deixar o relacionamento tóxico e seguir uma vida que descreveu como que "vale a pena viver". Para outro indivíduo, o diagnóstico de câncer o forçou a desacelerar e a perceber quão rápido estava correndo. Ele fugira da morte do pai e de quanto o amava e esperava por seu respeito; também fugira do fato de como o odiava. Ele se esquivou das memórias do pai voltando para casa bêbado e batendo nele, assim como da vergonha sentida na infância e da decepção consigo mesmo, a qual se tornou parceira de vida – como uma espécie de apetite obscuro que o devorou. O câncer lhe disse que parasse, e assim ele o fez.

O submundo é complexo e tem diferentes níveis. Não podemos nos dar ao luxo de olhar isoladamente nossas experiências sombrias. "Matriz", palavra associada à interconexão, vem do latim *matris*, "útero". A matriz da vergonha, da tristeza, da insegurança, da angústia, da dúvida e de outras emoções do submundo revelam-se por entrelaçamentos e contradições. Essas experiências são o útero do sofrimento e do crescimento, da clareza e da decisão.

Vejo Hermes como o deus da teoria do caos – a hipótese de que, na aparente aleatoriedade de sistemas complexos, há padrões subjacentes, conexões, *loops* de *feedback*, repetição e auto-organização. Mesmo os momentos mais aleatórios e dolorosos têm propósito e ordem. Se mantivermos as coisas em sua complexidade inata e paradoxal enquanto estamos com essa matriz sombria, seremos capazes de nos movermos em direção à totalidade.

O caos é difícil de engolir. Quando a escuridão nos envolve, procuramos a razão por trás da tragédia, acreditando que nosso sofrimento deve ter tido uma causa externa. E postulamos um resultado favorável ou desfavorável, com base em condições que não têm nada a ver com a realidade diante de nós ou com o que simplesmente se mostra presente. No início da jornada de meu irmão, as pessoas diziam que ele sobreviveria porque é uma boa pessoa. Encontrei força e esperança nessa validação, até perceber que bondade não tem a ver com sobrevivência. O acidente de Ben teve muito mais relação com as correntes imprevisíveis da vida que com valores morais. Acreditamos que a bondade deve ser recompensada, e que viver uma vida baseada em princípios morais pode evitar a má sorte. Os julgamentos morais têm pouca correlação com os fluxos e refluxos da vida. Pessoas boas morrem, indivíduos amorosos partem corações, pessoas honestas cometem erros, e coisas terríveis acontecem com inocentes.

Seja doença, dinâmica familiar fora de controle, perda de emprego ou violações terríveis, limitamos nossas chances de encontrar significado se acharmos que merecemos os tormentos do acaso. Algumas coisas terríveis simplesmente acontecem. Ou são resultado de fluxos mais profundos e complexos que culpar, sentir-se culpado ou estar nas mãos de divindades iradas.

Encontrando o sagrado

Hermes era patrono das dimensões espirituais da vida. Está associado ao voo, à iluminação, aos picos das montanhas, à inspiração repentina, aos pássaros e à revelação divina. Como mensageiro dos deuses, conecta-nos às dimensões sagradas da vida. Jung escreveu: Hermes fará de "você testemunha dos mistérios de Deus".[34]

---

34. Jung. *Alchemical Studies*, p. 230.

CAPÍTULO 8 – HERMES

Hoje, muitas pessoas querem viver uma vida espiritualmente significativa, sem abraçar qualquer tradição religiosa. A teologia nos fala de maneiras específicas de manifestação do divino e nos mostra lugares exclusivos para adorar e seguir o dogma. Para muitos, esse caminho não é mais convincente. Em vez disso, buscam senso do sagrado que não esteja vinculado aos ensinamentos, às doutrinas ou às narrativas religiosas da infância.

Os contos sobre o desejo de conexão com o divino são tão antigos quanto a própria literatura. Em todos os lugares, no mito e na teologia, encontramos a representação de uma ligação mágica entre o mundo profano e o divino. Algo do eterno entra no mundo e o muda para sempre. A água flui no deserto, o divino filho da luz nasce à noite, um arbusto queima sem ser destruído. Todos esses símbolos têm a ver com o divino adentrando nosso mundo, forjando uma ligação entre a força vital espiritual dos indivíduos e o mundo cotidiano.

Numinoso, do latim *numen*, "a vontade divina", fala de um encontro com a dimensão sagrada da vida, o reino arquetípico. As experiências numinosas têm qualidade transpessoal, de efeito poderoso – estar fora da terra. Um vislumbre do numinoso pode transformar nosso senso de significado e mudar a direção de nossa vida. Muitos que experimentam intensa escuridão têm experiências místicas, até do tipo em que o numinoso salva vidas.

Alguns meses após o falecimento da mãe, meu marido estava deitado do lado de fora da casa. Sentia-se sobrecarregado com o peso do sofrimento e da raiva. Enquanto estava deitado, um passarinho pousou em seu peito. Ele fechou os olhos e sentiu os pés minúsculos pulando – um espírito ágil descansando suavemente sobre um coração pesado pela perda e pelo luto. O pássaro o lembrou a mãe – de sua leveza de espírito, ternura, natureza ocupada, mente rápida e imensa envergadura ao amor e à apreciação da vida. Deitado lá, ele sentiu a admiração do mundo, a numinosidade de tudo isso, e, apesar do peso da dor, sentiu-se mais leve.

A presença do divino fornece a muitos de nós explicação, conexão e apoio em tempos de sofrimento. Sem conexão com esses poderes transpessoais, podemos ser deixados com um anseio doloroso que nos obriga a procurar por substitutos em lugares que não nos preenchem. Jung preocupava-se com o fato de que, sem conexão com o sagrado, muitas pessoas não seriam capazes de encontrar significado e compreensão na vida. Observou uma linha tênue entre espiritualidade e psicologia e sentiu que a dimensão psicológica da experiência espiritual é essencial para ser apreciada. Jung argumentou que cada um de nós necessita de uma relação pessoalmente significativa com o sagrado, que ele acreditava poder ser encontrada em contato com o *self* – representação de totalidade psíquica equivalente ao divino.

"Eu costumava orar de forma não sistemática, recitando pequenos trechos aqui e ali", disse-me uma pessoa, "mas agora ajoelho-me e faço isso de maneira formal." A vida dessa mulher tem sido escura e complexa – trauma infantil, mudanças na fase da vida. Há muito que resistir. A oração a ajuda a se render a algo além de si mesma. "Não me sinto tão sozinha." Orar oferece a ela uma saída para deixar de lado o peso excessivo da autorresponsabilidade. "Tenho trabalhado pesado para ser vista, ouvida e fazer as escolhas certas. Deus me ajuda a respirar em meu desamparo." Não importa como é nossa relação com o sagrado – pode ser por meio de sonhos, escrituras, atenção plena, natureza, arte ou qualquer outro recurso. O importante é termos acesso a uma condução maior que nossa própria vida.

Psicotamias (guardião das almas)

Hermes enfrentou a escuridão com atitude menos diretiva e orientada a objetivos que os heróis. Qualidades como força, força de vontade, confronto direto e hiperindividualidade não têm lugar em seu mundo. Sua personalidade prospera em meio ao mistério, à astúcia e à inventividade, em vez de em meio ao poder, à lucidez ou à bravura. Sua esfera de atuação não trata de progresso, realização ou tentativa de dividir o mundo em duas partes. Mover-se com essas intenções diurnas contraria a intimidade de Hermes com o submundo. Ele é o deus da complexidade, do limbo e da trapaça. Não tem experiência em combate, mas está sempre presente quando a vida passa a girar aleatoriamente – seja para o avanço ou o fracasso.

Quando enfrentamos a escuridão com flexibilidade e imaginação, a essência de Hermes se manifesta. Seu estilo de encarar a jornada evoca acompanhamento e paradoxo, mensagens e comunicação, conexão e liminaridade, criatividade e destreza. Hermes representa o espaço para o autoconhecimento mais duradouro e indireto, que sempre compreende que há uma camada

CAPÍTULO 8 – HERMES

mais profunda, um desafio adicional, outra dimensão ou uma consequência imprevista a ser desemaranhada. Para o deus do movimento e da profundidade, não há caminho ideal, estabelecido ou correto para abordar o submundo. Realizar essa viagem implica estar aberto a encontrar o que quer que venha a surgir, adaptando-se e mudando o rumo, conforme necessário. Essas são as jornadas herméticas.

Reflexões

Deus da encruzilhada, das mensagens e do acaso, Hermes pertence ao sempre cambiante, nebuloso e paradoxal. Ele guia por dentro, presenteando-nos com profunda conexão com o imaginário e o reino da morte. É a substância misteriosa na garrafa que provoca a transformação. Com Hermes envolvido, você nunca sabe o que receberá – as impossibilidades da vida são infinitas. Tornamo-nos complexos e reveladores, inteligentes e ladrões, encantadores e persuasivos, nunca nos acomodando em uma coisa só, mas remexendo-nos como um turbilhão. Hermes é o trapaceiro à porta, o malandro na esquina. Não está em lugar nenhum e, ao mesmo tempo, está em todos os lugares, capturando um conjunto de possibilidades como brisa inquieta, exigindo de nós natureza leve e fluida.

Reflita sobre como essas qualidades herméticas podem estar presentes em seu campo de experiências:

- Guia das almas – o arquétipo do guia.
- Percebendo que você pertence tanto ao reino da luz quanto ao reino da escuridão.
- Construindo um relacionamento com a morte, em sentido literal e simbólico.
- Em momentos nos quais você se sente em movimento, onde nada fica parado e tudo está em fluxo.
- Estando preso às áreas nebulosas da vida, lugar onde qualquer coisa pode acontecer – boa ou ruim.
- Encontrando a própria maneira de comunicar o que está acontecendo, de forma sutil e oculta.

229

- Ficções de cura – recontando a própria história.
- Conhecimento criativo – criação como meio de cura e mudança.
- Confrontando a escuridão com charme e humor.
- Sentindo os momentos paradoxais da vida.
- Energia do malandro, ou seja, imprevisível e difícil.
- Sentindo o impulso de seguir adiante.
- Na capacidade de entrar e sair de diferentes configurações e poder ver inúmeras possibilidades distintas de atuar no mundo. Preferindo a multiplicidade à singularidade.
- Encontrando o próprio sentido do sagrado.

CAPÍTULO 9

PERSÉFONE

Coré colhia flores de narciso quando a terra se abriu e de lá saiu Hades, "com seus cavalos imortais, aquele filho de Cronos de tantos nomes [...] [e] agarrou-a, resistindo, e ele a levou em sua carruagem dourada, chorando".[1] Hades levou Coré ao submundo, para ser sua rainha. Lá, ela adotou o nome Perséfone.[2]

A deusa Deméter procurou intensamente pela filha perdida. Arrasada pela dor, Deméter recusou-se a permitir que as colheitas crescessem, então a terra ficou estéril, e o mundo passou a morrer de fome. Quando soube do destino de Coré, implorou a Zeus que a ajudasse a recuperar Perséfone, prometendo que continuaria a impedir que as colheitas crescessem até que Zeus atendesse ao seu pedido.

Zeus concordou, com a condição de que nenhum alimento fosse ingerido por Perséfone enquanto estivesse no submundo. Contudo, em sua melancolia, Perséfone comeu seis sementes de romã, então foi forçada a passar seis meses de cada ano no submundo, permanecendo com Hades nos meses de inverno. Toda primavera, ela vinha para a superfície, e a alegria de Deméter refletia-se na fertilização das plantações e no crescimento da nova vegetação. No outono, quando Perséfone retornava ao submundo, a tristeza da mãe ecoava na frieza da deterioração e no vazio do inverno.

Perda da inocência

Coré, identidade de Perséfone antes de ser sequestrada ao submundo, é símbolo da virgindade – pureza e inocência. Na arte e na escultura, era retratada como uma jovem vestida com túnica, ao lado da mãe – escondida e protegida do mundo. Ser sequestrada abriu esse botão de flor idílico. Coré

---
1. Boer. *The Homeric Hymns*, pp. 92-3.
2. Perséfone é Proserpina no mito romano.

foi afastada de tudo o que conhecia e arrastada para o reino dos mortos. Não mais uma donzela intocada e ingênua, Coré tornou-se Perséfone, a temida rainha do reino inferior.

A inocência é inevitavelmente perdida e engloba um estágio brutal da expansão da consciência. Conforme crescemos e amadurecemos, a totalidade original de nosso mundo é destruída, o ego é separado da fantasia, a consciência, do inconsciente, e, em maior ou menor grau, as partes de nós semelhantes a Coré são puxadas para a escuridão.

Até a personalidade mais pura está sujeita à escuridão. Nossas fantasias mais defendidas, aquelas imagens sussurrantes de uma vida bela, boa e segura, podem ser tomadas. A qualquer momento, a escuridão pode se projetar e nos roubar. Os complexos nos arrastam, as memórias traumáticas ressurgem, acidentes acontecem, entes queridos morrem. Hades e seus cavalos imortais estão bem abaixo da superfície. Essa é uma verdade dramática.

Um homem sofreu com o longo, controverso e, poderíamos dizer, abusivo processo de divórcio. Quando seu casamento estava desmoronando, ele "entrou em parafuso", que incluía prescrição exagerada de coquetel de psicofármacos, *gaslighting*, pensão alimentícia exorbitante e perda incapacitante da identidade – tudo isso o levou à tentativa de suicídio. Essa experiência rompeu sua crença de que as pessoas são fundamentalmente boas, confiáveis e verdadeiras. Ele não confiava mais na integridade da instituição da família, ou que o amor era possível para ele, e chegou a pensar até que as pessoas não se importavam umas com as outras. O mundo não era mais sentido como seguro; as pessoas não eram mais confiáveis. Sua inocência foi devorada e posta para baixo.

Viver sem compreensão do submundo pode nos deixar perigosamente despreparados para lidar com as dificuldades quando estas surgirem. Ser como Coré, evitando a escuridão, remete a ignorar a vida como ela é. Como Ovídio contou, Coré fora raptada em uma clareira onde sempre era primavera, e, com "entusiasmo pueril, ela reunia as flores em cestas e nas dobras do vestido".[3] A primavera representa brotos e inícios – tudo é jovem, fresco, frágil e inocente.

Quando não percebemos o flanco aberto do mundo, Coré manifesta-se. Todos nós representamos Coré na alma, argumentou Hillman, quando

---

3. Ovídio. *The Metamorphoses*, p. 126.

CAPÍTULO 9 – PERSÉFONE

estamos "entorpecidos com a ilusória inocência oriunda do conforto e de coisas agradáveis, até sermos arrastados e puxados para baixo, por Hades. Aí, nossa consciência natural intacta é violada e aberta à perspectiva da morte".[4] A inocência vive em uma clareira encantada, onde cremos tolamente estarmos protegidos do escurecer da vida.

Logo antes de Hades se lançar das profundezas, Coré estava deslumbrada, sem nada perceber, perseguindo narcisos intensamente perfumados. Diz-se que as delicadas flores brancas tiveram efeito estonteante – é fácil ser acalmado pelo conforto da inocência. O desejo de permanecer ignorante em relação ao lado escuro da vida é tentador, e até mesmo tranquilizante, embora tenha um custo. Se nos apegarmos a uma visão orientada à superfície, seremos pegos desprevenidos quando a vida, inevitavelmente, se tornar mais escura.

A inocência deve ser sacrificada para lidar com a realidade da vida. O inimaginável pode ocorrer – pais, amigos, amantes e filhos morrerem; traumas e desastres acontecerem. Coré representa o desejo de fechar os olhos para a escuridão e a retirada da inocência em meio a grandes desafios.

No Ocidente, temos a tendência a adorar a perfeição e a ver apenas o lado positivo da vida. Compartilhamos o que é bonito, polido, organizado e bem-sucedido. As psicologias tradicionais são intervencionistas, oferecendo ferramentas e métodos para manter nosso bem-estar superficial, impedindo que Hades nos leve para o escuro. Preferimos prados agradáveis e a primavera e trabalhamos duro para conseguir fechar o portal do submundo. No entanto, a alma é forjada na escuridão; a crueza da vida pode ser fonte de aprofundamento.

É natural, e até saudável, buscar alívio na escuridão. O submundo pode obscurecer a luz do dia, e crer que a vida pode ser brilhante, alegre e repleta de esperança e potencial é, de fato, algo importante. Há diferença entre positividade e inocência. Ignorar o potencial do Hades não o impede de entrar em nossa vida.

O ciclo anual de Perséfone permite que a morte seja honrada, enquanto há, também, a escolha da vida e da abundância. Deméter, mãe de Coré/Perséfone, era deusa das riquezas terrenas, enquanto Hades, igualmente chamado de Aïdoneus, "oculto" ou "invisível", formava a presença invisível

---

4. Hillman. *Re-Visioning Psychology*, p. 208.

e inevitável da escuridão. Perséfone é filha das maravilhas do mundo diurno e mulher das riquezas ocultas das trevas, personificando o equilíbrio entre luz do dia e escuridão.

Quando a escuridão nos sequestra, devemos ter em mente os dons de Deméter – fecundidade, colheita, claridade e grãos. Nos antigos mistérios eleusinos, os adoradores seguravam talos de grãos para simbolizar que, mesmo em um mundo afetado pela morte, a vida continua. O culto reencenou o sequestro de Perséfone e a reunião com Deméter. Quando os neófitos realizavam os rituais corretamente, entoavam as palavras certas e faziam as ofertas corretas, tinham a garantia da proteção da grande deusa e da certeza de vida após a morte abençoada.

Após a Segunda Guerra Mundial, a médica psiquiatra e tanatologista Elisabeth Kübler-Ross visitou campos de concentração nazistas e viu borboletas talhadas nas paredes. Muitos anos depois, no trabalho com crianças em estágio terminal, notou que estas também desenhavam borboletas. Ela percebeu que borboletas, símbolo da transformação, ajudavam os moribundos a sentir a continuação da vida em vez de apenas perceber a morte. Há sempre vida na escuridão e transformação na morte.

Narcisos estão associados ao mito de Narciso. Consumido pelo amor não correspondido, Ameinias orou por vingança à deusa Nêmesis. Sua oração foi ouvida, e Narciso apaixonou-se pelo próprio reflexo. Ele se tornou tão obcecado pela própria beleza que desprezou a todos os demais, enfraquecendo-se e transformando-se numa admirável flor branca. Hoje, o narcisismo implica a admiração fútil e egoísta da autoimagem e dos atributos pessoais idealizados.

Narciso vem do grego *narkao*, "para ser rígido" ou "morto". Na religião grega, narcisos eram as flores sagradas de Hades e, portanto, estavam associadas à abertura dos portões de seu reino. Foi a inocente autoabsorção de Coré que atraiu Hades para fora de seu domínio. Ao negar a realidade, Coré paradoxalmente o convocou.

Não podemos permanecer inocentes nem abandonar uma vida repleta de boas expectativas. Se permanecermos absortos na inocência e na pureza, correremos o risco de ignorar o potencial enriquecedor da escuridão. Quando as pisadas em falso, as perdas e as imperfeições da vida encontram nossa alma desavisada, isso pode ser sentido como um rapto.

CAPÍTULO 9 – PERSÉFONE

Sequestro

Às vezes, uma força poderosa e destrutiva salta da terra e nos puxa para o submundo. Descrevendo o sequestro de Coré, Ovídio escreveu:

> Plutão [Hades] a viu, e a amou, e a raptou – tão rápido é o amor. Chorando aos prantos, a deusa desesperada clamava pela mãe e por suas companheiras, mas, sobretudo, pela mãe. Ela rasgou e partiu a borda superior de sua roupa, até que as flores que colhera caíram das dobras folgadas de sua veste: e ela era tão jovem e inocente que até mesmo essa perda [das flores] lhe causou nova angústia.[5]

A "experiência de Perséfone" acontece quando nos sentimos pegos e atraídos para baixo, puxados de nossa vida por uma energia invisível e escura. A morte súbita de um ente querido, o desencadeamento de um complexo materno negativo, atos violentos de crueldade, doença mental, feridas de ordem emocional, enfermidades, desastres naturais e problemas financeiros configuram sequestros. Eles rasgam o tecido da realidade, paralisam a vida, mudam quem somos e nos fazem despencar para a sensação de incerteza e luto. Somos inconscientemente arrastados para lugares de turbulência e julgamento. O sequestro não é desejável, muito menos previsto, mas pode ser uma convocação para a consciência.

Hades ameaça nosso modo arraigado de ser, agir e entender o mundo. Representa a invasão que nos puxa para baixo da estabilidade e da segurança, exigindo que nos relacionemos com partes mais profundas e escuras de nós. Estar vivo é arriscar o sequestro. A perda da perfeição, da inexperiência, da segurança, da estabilidade e da inocência é inevitável. Ninguém é esculpido em mármore imaculado.

Quando somos arrebatados para o reino inferior, o mundo continua girando. As pessoas compram frutas, jogam e vão para o trabalho, enquanto nós estamos em outra esfera, incapazes de alcançar a luz. Estamos envoltos em matéria escura, impotentes para interagir com o mundo cotidiano.

A morte de minha sogra chegou a mim como a carruagem de Hades – imprevista e abrupta. A fantasia de controle foi substituída por desamparo

---

5. Ovídio. *The Metamorphoses*, p. 126.

abjeto; e a certeza, pela confusão; e a presença, pela ausência. A configuração familiar foi alterada; havia um buraco. Meu marido perdeu a mãe; minha relação com minha própria mãe mudou; meu casamento se estendeu, aprofundou-se e encontrou desafios dolorosos.

Assim como somos tomados por forças internas – descontentamento, complexos, psicoses, medos, ansiedade, decepção e vícios –, também somos sequestrados por forças externas – chacinas, propaganda, mídias sociais, notícias, política, acidentes, pandemias, mudanças climáticas. Em nosso mundo globalizado e orientado pela mídia, o rapto coletivo faz parte da vida.

Truman Capote retratou um dos assassinatos mais inesquecíveis da história no livro *A Sangue Frio*. Descrevendo a cidade de Holcomb como a pacífica garota-propaganda do interior dos Estados Unidos, ele narrou como esta foi efetivamente tomada pelo assalto frustrado de Richard Hickock e Perry Smith, que se transformou em assassinato hediondo. A rede comunitária de confiança e proximidade foi quebrada, mergulhando a cidade e o país na escuridão – o submundo tornara-se visível a todos.

A personalidade Coré acredita que a inocência e a facilidade prevalecerão contra a sombra e a profundidade. Ser pego nessa fantasia é ser sequestrado pela realidade. Hades não toma os vivos com flechas, como Ártemis ou Apolo, nem guia as almas, como Hermes. É ele quem *recebe* as almas para a vida após a morte. Hades não é um deus de retribuição ou julgamento; é a porta aberta, uma força que vem para todos nós, o grande equalizador.

A maneira pela qual nos autodescrevemos e nos conhecemos antes e depois de um rapto é importante. Hades pega algo de todos nós; às vezes, a escuridão é tão premente que nos esquecemos de quem éramos antes desse sequestro.

Na primeira sessão com uma paciente que teve câncer de mama em estágio quatro, ela me relatou, em detalhes, como adquiriu a doença. Tudo começou quando o filho mais novo foi horrivelmente queimado quando criança. A família mudou-se para ter acesso a melhores cuidados médicos de longo prazo. O que deveria ser uma estada temporária transformou-se em oito anos de permanência.

No dia do acidente, Hades subiu das profundezas e tomou sua vida. Ela deixou para trás a comunidade, abandonou as montanhas exuberantes que alimentavam sua alma, mudou-se para o deserto e desistiu de uma vocação

CAPÍTULO 9 – PERSÉFONE

significativa. Ao longo dos anos, sua família mudou-se com frequência, passando por dificuldades financeiras; seu casamento transformou-se em uma espécie de acordo de negócios, e ela estava cada vez mais isolada da natureza. Além de tudo isso, o trauma não processado passou a borbulhar. Não é difícil encontrar a patologia na história de vida dela.

Por oito anos, ela ficou presa num trem-bala, incapaz de descer. No trem, estavam o luto pela antiga vida, o lamento pela comunidade abandonada, padrões de autoconfiança para compensar o desamparo, estratégias para voltar atrás ou revogar a culpa e o medo engendrado por ter se encontrado com Hades. Ela enterrou-se numa espiral de autoculpa, decepção e vitimização.

Seu rosto se iluminava quando ela falava em se mudar para as montanhas e voltar para a natureza. Ela fora presa pela vida suburbana; sua alma protestava contra esse ambiente estéril. Ela procurou o gosto de viver – a imaginação, as representações e os sentimentos. Sua mente se encheu de fantasias de viver em uma cabana na floresta e remodelar os filhos, levando-os para a mata a fim de comer frutas silvestres, beber água limpa e correr livremente. Ela ansiava pelas águas da vida, pelo desejo de hidratar uma alma dessecada.

A mulher costumava dormir no conforto dos pinheiros ao redor e viu-se inesperadamente desperta em Mordor, o reino do perverso Sauron. Toda escolha lhe fora roubada; ela foi arrancada da vida que amava e arrastada ao Hades. Essa queda da graça, a perda da inocência e do controle e ter que testemunhar o sofrimento do filho passaram a ser um constante vagar pelo submundo. O câncer surgiu nesse aprisionamento, nessa perda de energia, nesse sofrimento e nessa tragédia. A doença não aparece do nada; ela é forjada. A patologia desenvolve-se ao longo do tempo, mas a percepção abrupta e perpétua de sua presença se mostra como um sequestro. Minha paciente havia sido sequestrada por Hades, forçada à escuridão e presa, enquanto seu mundo interior permaneceu atado ao terror do acidente, incapaz de seguir em frente ou de sentir de novo.

Todas as doenças podem ser uma convocação à transformação por meio do rapto. A enfermidade pode ser uma iniciação – destruição do velho modo de ser e arrebatamento contundente no submundo da perda e da morte. A jornada da doença nunca é escolhida, mas pode ser um caminho à individuação. Somos forçados a nos afastar do ego e de nossa *persona* e a nos relacionarmos com algo mais profundo e completo – nosso autêntico *self*.

239

"Ninguém", escreveu Hesíodo, "nem os deuses imortais nem os homens mortais, escutou sua voz, nem ainda as oliveiras que dão ricos frutos."[6] Não há forças – nem mesmo os poderosos deuses – que podem nos proteger do sequestro. Coré é a ilusão de que as garras sombrias da vida não podem nos tocar; Perséfone é a realidade de que estas o podem.

A jornada é certa; o resultado, não. Quando Hades se apodera de nós, a pergunta com a qualidade de Perséfone deve ser: como nos mostramos? Todos os mitos relacionados à descida e à ascensão lidam com essa questão – Orfeu lamenta sua dor; Eneias ora e a aceita; Hermes move-se continuamente; e Perséfone torna-se rainha do submundo. Não podemos evitar o rapto; só podemos escolher como responder a ele.

O mito de Perséfone introduz a morte na vida, e vice-versa. Saber que Hades nos espera torna nosso mundo na superfície mais significativo. Vida e morte são parceiras; a consciência da morte nos ajuda a viver com mais intenção e plenitude. "Contemplo a morte", escreveu Jung, "já que ela me ensina a viver."[7] Vida e morte devem encontrar um equilíbrio, para que a fragilidade e o fascínio pela vida possam ser vistos claramente. Lembro-me destas palavras de Rumi: "Quando fui menos ao morrer?".[8] A escuridão está sempre à espreita, presença oculta pronta para nos pegar. Conhecer essa verdade contundente é ter o potencial de viver plenamente.

O foco na positividade e na felicidade nos deixa admirados com a inevitável escuridão da vida. Fazemos tudo para cair nessa "armadilha". O brilho da luz do dia é um dos muitos momentos da vida, mas a verdade é que temos uma variedade de emoções e experiências. Quando sofremos imensa pressão para sermos sempre felizes, ficamos tensos para não sofrer. O "trauma" tornou-se nossa maneira de nos permitir sermos raptados. Dizemos: "Posso sofrer porque tenho um trauma", e todos meneiam a cabeça positivamente. Em um mundo que exige felicidade, o sofrimento não evapora; afunda abaixo da superfície, fermenta e, por fim, entra em erupção para nos arrebatar. A história de Perséfone nos remete a essa dura realidade.

---

6. Hesíodo. *The Homeric Hymns and Homerica*. Trad. Hugh Evelyn-White. Rampton: Cambridge University Press, 1914, p. 54.

7. Jung. *The Red Book*, p. 275.

8. Jalal Al'Din Rumi. "I Died as a Mineral". *Consolatio*. Disponível em: <www.consolatio.com/2005/04/i_died_as_a_min.html>. Acesso em: 18 set. 2020.

CAPÍTULO 9 – PERSÉFONE

As pessoas falecidas que amo me ajudam a ver o tênue milagre da vida. A vida e a morte delas me motivam a encontrar meus amigos, dando a eles atenção e amor, assim como a deixar de lado o que não posso controlar, ser grata pelo que tenho, trazer empatia e profundidade ao meu trabalho e viver minha vida de maneira a honrá-los.

Sermos levados para a escuridão nos permite nos familiarizarmos com o submundo e seu limiar. É doloroso ser arrancado da existência segura e confortável. Ser convocado ao submundo não é um desejo. Mas é um dos inúmeros limiares da vida que nos arrastarão para novas perspectivas, hábitos, formas de ser e, acima de tudo, crescimento e transformação. Podemos nos tornar sábios, empáticos, abertos e aprender a estar com os outros quando a escuridão toma conta, quando somos puxados para uma expansão pessoal que inclui escuridão mortal, aterrorizante e dolorosa. Em outras palavras, tornamo-nos Perséfone.

O *télos* dos deuses

Hades pediu a Zeus a mão de Coré em casamento. Zeus aprovou a partida, mas adivinhou corretamente que Deméter se oporia, então aconselhou Hades a levar Coré à força. "Nenhum outro imortal", revelou a deusa Hécate, "deve ser culpado, exceto Zeus, que a deu a Hades, seu próprio irmão, para se tornar sua atraente noiva."[9]

A extensão da intromissão de Zeus implica que há um panorama mais amplo do destino de Perséfone. Como rei dos deuses, Zeus personifica a *teleologia do "self"* – a ideia de que o mundo interior é governado por uma fonte maior e mais completa de integridade. A intromissão dos deuses revela o significado mais profundo do submundo que se força à consciência. Sua intervenção cria as condições para a mudança, que só podem nascer pela exposição a algo profundo e problemático. Por questão de integridade, o inconsciente administra sua vontade em nossa mente e em nosso corpo, empurrando a mente egocêntrica rumo à *coniunctio* dos reinos superior e inferior.

O sequestro de Coré foi necessário em termos psicológicos. Perséfone "precisou se tornar ela mesma", pondera Christine Downing. "Procurou

---

9. Athanassakis. *The Homeric Hymns*, pp. 3-4.

241

aquele lindo narciso escuro; comeu as sementes de romã."[10] Ao comê-las, abriu-se para um lado mais profundo de si mesma. A escuridão a forçou a se tornar quem realmente é; não mais uma donzela, mas sim a rainha do Hades. "O conhecimento do inconsciente", argumentou Marie Louise von Franz, "é indispensável para uma investigação completa da transformação da personalidade [...] mergulhar nas profundezas inconscientes do ser é a condição essencial para assumir responsabilidade maior pela vida."[11]

Zeus e Hades não foram os únicos deuses a interferir. Como Ovídio descreveu, a deusa Afrodite foi a fonte do amor de Hades. A deusa do amor perguntou ao filho Eros: "Por que o Tártaro é deixado à parte dos poderes do amor?".[12] Afrodite temia que o amor estivesse se esvaecendo do mundo, deixando o submundo aparentemente intocado por seu poder, o que a preocupava, porque, se permitisse que isso continuasse, Coré permaneceria virgem. Em resposta às aflições da mãe, Eros abriu sua aljava de flechas encantadas, dobrou o arco contra o joelho e atingiu Hades no coração, com a flecha farpada.

Meu irmão não pediu por sua lesão cerebral. Não pedimos por nossas neuroses, nossos traumas ou nossos abandonos. Quando bombas caem nas cidades, tanques entram nas aldeias e soldados derrubam portas, os civis são forçados a entrar em guerras que certamente não desejam, para quais não têm poder de escolha. Energias além do nosso controle, às vezes impulsionadas de maneira inconsciente e aparentemente circunstanciais, podem nos forçar a situações não escolhidas, sobre as quais temos pouca autoridade. No entanto, esses podem ser os momentos mais importantes de nossa vida, nos quais, quebrando velhos padrões (e, de certa maneira, quebrando a nós mesmos, temporariamente), abrimos espaço para algo novo e mais verdadeiro tomar lugar.

A rainha das trevas

Quando adentra o submundo, Coré transforma-se na rainha das trevas. "Enquanto estiver aqui", diz Hades a ela, "você governará tudo o que vive e se

---

10. Christine Downing. "Journeys to the Underworld". *Mythosphere* 9, n° 2, 1999, p. 192.

11. Marie Louise von Franz. *On Dreams & Death*. Trad. Emmanuel Kennedy-Xipolitas. Chicago: Carus, 1986-1998, p. xii.

12. Ovídio. *The Metamorphoses*, p. 126.

CAPÍTULO 9 – PERSÉFONE

move e terá os maiores direitos entre os deuses imortais: aqueles que a fraudarem e não apaziguarem sua autoridade com oferendas, realizando ritos reverenciais e fazendo ofertas adequadas, serão punidos para sempre."[13] Todos aqueles que desejam uma passagem segura para o mundo inferior procuram o auxílio e a permissão de Perséfone. Odisseu ofereceu sacrifícios a ela enquanto buscava por Tirésias. Quando as sombras que se agrupavam o assustaram, ele confessou: "O pavor que tive foi como se Perséfone tivesse trazido do mais escuro inferno a cabeça morta de algum sáurio. Fiquei tonto, então fui para a nau. Gritei aos tripulantes que embarcassem e expulsassem os seriamente impedidos".[14]

A ninfa Ciane disse a Deméter que, quando avistou Perséfone, "Ela estava triste, certamente, e seu rosto ainda mostrava sinais de medo; no entanto, ela era rainha, a maior do mundo das sombras, a poderosa consorte do tirano do submundo".[15] Sequestrada, forçada a comer sementes de romã e destinada a permanecer no submundo pela metade de cada ano, Perséfone fez algo poderoso com seu destino: abraçou sua transformação de Coré para rainha do submundo.

A maneira como qualquer processo de rapto e recristalização se desdobra depende de nossas reações e atitudes. Se negarmos e ignorarmos a realidade diante de nós, arriscaremos a solidão e o desespero de Orfeu. Se formos precipitados e confiantes demais, poderemos sofrer o aprisionamento de Teseu. Se não integrarmos as lições que aprendemos, poderemos não aprender nada, assim como aconteceu com Hércules. Perséfone simboliza, ainda, outra maneira de realizar a jornada – em meio ao pavor e ao desamparo, *ela se tornou governante*.

O sequestro nas profundezas da depressão, da perda, da violência e do trauma cria uma escolha: você vai passar o resto da vida de luto pelo que aconteceu, vivendo na dor e no sofrimento? Ou vai tecer a escuridão jogada sobre si em uma nova forma de ser? Não há como negar a diferença entre a inocente Coré e a governante do mundo inferior. Não importa a circunstância, cada um de nós tem a oportunidade de se tornar governante do próprio destino. Quando enfrentamos os momentos mais sombrios da vida como parte integrante, para encontrarmos partes de nós que só podem ser achadas na escuridão, Perséfone está lá.

---

13. Hesíodo. *The Homeric Hymns and Homerica*, p. 58.
14. Homero. *The Odyssey*, p. 206.
15. Ovídio. *The Metamorphoses*, p. 129.

Crescimento pós-traumático

Em 1995, os psicólogos Richard Tedeschi e Lawrence Calhoun descreveram o crescimento psicológico causado pelo submundo como "crescimento pós-traumático". Isso é o que acontece quando o trauma nos transforma e aprofunda o significado da vida. Embora a dor talvez nunca desapareça, é provável que algo poderoso venha do submundo. O autor David Kushner discutiu o crescimento pós-traumático em relação ao sequestro e assassinato de seu irmão mais novo, Jon. No início, ele disse que a possibilidade de crescimento era impossível: o foco da família era sobreviver ao que acontecera. Assim como Jon, a vida e a alma deles foram sequestradas. Em um artigo para *The New Yorker*, Kushner compartilhou uma nota do diário do pai:

> Há algo embutido que permite que a maioria dos seres humanos, nem todos, para ser mais preciso, mas a maioria, consiga passar por isso. [...] É algo que fora construído para nos permitir atravessar, nos forçar, para sobreviver, permanecermos vivos. Depois de entender que SERÁ diferente, menos cru, que a morte não pode ser desfeita, que você continuará a viver, a questão passa a ser [...] "O que devo fazer com o resto da minha vida?".[16]

Aqueles que passaram pelo submundo costumam demonstrar empatia, paixão e abertura e, muitas vezes, são menos defensivos, mais gentis, mais curiosos e mais otimistas. Apesar da dor e do sofrimento, muitas pessoas experimentam imenso crescimento, o qual, apesar do luto, das feridas e do estresse, é capaz de aprofundar sua vida. Mas o submundo sozinho não gera sabedoria; é o que fazemos com nosso sofrimento, como deixamos a escuridão nos mover, que expande nossos horizontes.

Minha mãe teve uma infância isolada e sem amor. A primeira lembrança dela foi sentir vergonha. "Eu não queria aquela vida", ela me explicou. "Então, escolhi viver de maneira muito diferente. Formei-me em educação infantil, tornei-me professora, construí nossa família e, muitos anos depois, abri uma

---

16. David Kushner. "Can Trauma Help You Grow". *The New Yorker*, 15 mar. 2016. Disponível em: <www.newyorker.com/tech/annals-of-technology/can-trauma-help-you-grow?>.

CAPÍTULO 9 – PERSÉFONE

pré-escola para minha neta. Sempre quis dar às crianças espaço de imaginação, amor e apoio – o espaço que nunca tive. Sei da importância desses sentimentos porque conheço de perto a falta deles."

Sempre temos a opção de nos envolver consciente e intencionalmente, tornando-nos mais fortes do que pensávamos ser possível, sendo mais gentis do que imaginávamos e mais compassivos do que fomos antes. Ficarmos cara a cara com a escuridão não é, muitas vezes, escolha nossa, mas definitivamente temos um voto sobre quem nos tornamos como resultado dessa experiência.

Como rainha das trevas, Perséfone simboliza a fertilidade da terra. Na religião grega, as divindades ctônicas eram associadas à fertilidade. A terra profunda é o útero a partir do qual a vida cresce – o corpo da Mãe Terra onde as sementes da vida são plantadas e nutridas. Religiões pagãs adoram deusas da terra e espíritos, como a deusa Gaia. No mito judaico-cristão, a terra e o feminino estão associados à vida, à fertilidade e ao pecado.

Perséfone é a semente que cresce na escuridão – as partes de nós que vão fundo no solo, germinam e florescem mais uma vez. É uma nova vida armazenada no submundo durante todo o inverno frio que salta na primavera, transformando a terra numa cornucópia. Quando estamos em um lugar escuro, podemos sentir como se tivéssemos sido enterrados vivos, perdidos numa escuridão desprovida de amor, mas, talvez, na realidade, tenhamos sido *plantados*.

"O acidente destruiu parte de mim", refletiu meu irmão, "mas também me deu vida. Agora, quero ser agente de cura. Compreendo melhor a dor; tenho empatia real pelas pessoas em dificuldade. É claro, gostaria que o acidente não tivesse acontecido, mas também posso ver como me afeta positivamente." Com mentalidade significativa, até mesmo os momentos mais sombrios da vida podem ser incubadoras. Podem ser inícios ocultos que nos desafiam, nos alongam e expandem nossa vida.

"Há lágrimas na trama da vida", escreveu a psicóloga Tanya Wilkinson, "que nunca podem ser reparadas por completo; sentidos tomados que, mesmo não tendo sido escolhidos e sejam injustos, nunca podem ser totalmente revertidos, porque o *eu* é modificado por eles."[17] Mesmo quando retornou ao mundo diurno, Perséfone também estava ligada ao submundo. Agora, a

---

17. Tanya Wilkinson. *Persephone Returns*. Berkeley: Pagemill Press, 1996, p. 27.

245

escuridão estava tecida em seu ser. Ela continuava a brincar com as ninfas nos doces prados, mas por dentro era diferente. Nas profundezas, não era mais Coré. Tornara-se a temida deusa da morte. Ninguém que experimenta o submundo o esquece; não há retorno a quem éramos.

Para nos tornarmos os governantes das trevas, devemos ser surpreendidos pela carruagem sombria de Hades. Estamos na escuridão – com medo, sozinhos e ansiando pelo conforto do mundo inocente deixado para trás. Após um período de aclimatação e cuidados, temos que decidir se queremos permanecer sob o peso formidável de nossa dor ou se, passo a passo, podemos nos familiarizar com partes de nós não vistas antes, para podermos aprender a governar nesse novo reino.

Vítima

No momento em que o submundo nos atinge, a jornada de cura é posta em movimento, quando começamos a integrar o obscurecimento. Se permanecermos "vítimas", culpando os outros pelo que aconteceu conosco, será difícil iniciar uma mudança duradoura.

Muitos sobreviventes de trauma na primeira infância identificam-se como vítimas da agressão de outrem. Claro que a história por trás do sofrimento dessas pessoas tem início com essa verdade. Donald Kalsched chama isso de *identificação com o agressor*, argumentando que, ao longo do tempo, o sobrevivente assume a agressão externa experimentada durante o trauma no mundo interior e começa a odiar a si e, em muitos casos, a atacar os outros. "Obviamente, em algum momento", explicou Jung, "a ideia de ser a vítima perseguida passou a ganhar vantagem, tornou-se autônoma e formou um segundo sujeito, que, às vezes, substitui por completo o ego saudável."[18] Nesse estado, o ego permanece com medo constante do trauma que pode se repetir. A parte ferida e regredida da personalidade não participa do desenvolvimento de outras partes do *self*. Eventualmente, o sobrevivente torna-se vítima tanto do trauma externo original quanto da violência que preenche seu mundo interior.

---

18. C. G. Jung. *Psychogenesis of Mental Disease. Collected Works*, v. 3. Princeton: Princeton University Press, 1928-1960, p. 168.

CAPÍTULO 9 – PERSÉFONE

Um paciente foi fortemente criticado pelo pai quando criança. O pai gritava com ele e o punia por qualquer coisa menor que notas perfeitas. Ele apanhava na cozinha, no quintal e no quarto. Os sons de seu passado sombrio ressoam até hoje. Ele escuta o cinto do pai sendo puxado, a voz impetuosa gritando seu nome. Atualmente, sempre que se vê em conflito (no trabalho, em relacionamentos, com as filhas adolescentes), é transportado de volta à presença do pai. Esse homem torna-se um garoto assustado e indigno. Hoje, procura por terapia porque não quer mais ser vítima da ira do pai, agora internalizada.

A terapia baseada em trauma liga novamente partes fragmentadas da personalidade. O processo não trata de remover a dor, mas de reimaginar e reparar nossa relação com a realidade. Para curar as divisões internas causadas pelo trauma, medidas cuidadosas são tomadas a fim de ajudar o paciente a tolerar o medo e a ansiedade de sustentar ideias e representações contraditórias. O terapeuta utiliza-se de técnicas como aterramento (conexão com os sentidos e respiração) e atenção plena (*mindfulness*), concentrando a consciência do paciente no momento presente, para ajudar a transformar as partes "vítimas" em um sistema de personalidade com senso de independência que cria expectativas realistas e se conecta ao corpo, podendo, também, se autorregular. Esse processo é complexo, repetitivo e lento. Com o tempo, o trabalho terapêutico reconfigura o mundo interior de um estado de fuga ou luta, sobrevivência e vitimização, para outro de autogestão, integração e liberdade.

Muitos consideram indicativo de fracasso ter descido ao submundo e se sentem, portanto, envergonhados. Em vez de se esforçarem para integrar a complexidade da humanidade, continuam acreditando que foram injustiçados, atacados ou incompreendidos, verdadeiros bodes expiatórios, culpando os outros e procurando por resgate.

Lembre-se de que os junguianos chamam de projeção a dinâmica de jogar nos outros as emoções ou os traços indesejados de si. É como lidamos com o doloroso ao nosso ego. Ao projetarmos o medo, a ansiedade, a raiva, o desejo e o preconceito em outra pessoa, criamos uma sensação de clareza e alívio da remoção de sentimentos que não podem ser tolerados. A libertação dessa pressão ocorre porque ideias incompatíveis com as percepções de nós mesmos agora não fazem mais parte de nós.

Em nosso mundo globalizado, estamos cercados de exemplos de como as ideias e ações de outrem nos afetam. Em uma matriz tão interconectada, é tentador culpar os outros pelos conflitos e tensões do mundo. Não precisamos olhar muito longe para testemunharmos o conflito cultural e a divisão; as evidências de mudanças climáticas, por exemplo, aumentam visivelmente, enquanto fatos relacionados à terra, ao ar e à água continuam a ser debatidos. Alguns estadunidenses respondem a um vírus pandêmico lutando contra o uso de máscaras; o Reino Unido se retira da União Europeia; a política está mais partidária que nunca, enquanto movimentos como Vidas Negras Importam e Me Too procuram conscientizar as pessoas das lutas de sua população. Em raiva, frustração e sobrecarga, é fácil julgar os outros equivocadamente, desculpando-nos da corresponsabilidade. Quanto mais apontamos os dedos, mais somos protegidos de nossa atuação e responsabilidade.

Para assumir a responsabilidade por nossas jornadas de cura, temos que renunciar à tentação de culpar os outros pelo nosso sofrimento. Quando alguém é emocionalmente negligenciado, abusado, envergonhado ou humilhado, muitas vezes é vítima de um poder que se encontra fora dele. Contudo, se continuarmos a nos ver como vítimas, permaneceremos alheios ao nosso papel, responsabilidade e agência e correremos o risco de ficar presos em círculos de culpabilização dos outros por nossa angústia. Tornamo-nos vítimas de qualquer coisa fora de nosso controle. Sofremos pelo perigo externo que não podemos controlar; por uma atitude que nos faz sentir sozinhos e desamparados. Nada vai mudar até que assumamos a responsabilidade por nós mesmos. Compaixão, palavra oriunda do latim *compati*, significa "sofrer com". Para a cura, temos que sofrer com nossa dor em vez de projetá-la nos outros.

Perséfone saiu da posição de vítima indefesa para uma em que passou a ter domínio sobre sua dificuldade. Em vez de projetar seu sofrimento em Hades, permanecendo vítima do sequestro dele, ela se tornou soberana. Perguntar por que algo aconteceu conosco ou o que fizemos para merecer determinada coisa é um passatempo natural. Muitas tragédias jamais fazem sentido – perder o emprego quando a economia entra em crise, ter uma mãe narcisista ou sofrer abuso sexual na infância.

Acreditar que a escuridão não pode surgir é a energia de Coré, a inocência do ego que busca o retorno impossível a um mundo intocado. Processar

248

CAPÍTULO 9 – PERSÉFONE

nossa dor por meio da pergunta "por que eu?" pode ser sedutor, embora não ajude. Nunca haverá um "porquê" satisfatório para as tragédias da vida: por que minha irmã morreu? Por que meu noivo me deixou antes do casamento? Por que meu filho se afogou? Por que tenho transtorno bipolar? Por que ele? Por que eu?

Perséfone nos convida a refletir sobre uma questão filosófica, ou até teológica: Por que coisas ruins acontecem com pessoas boas? Esta é uma das tarefas do submundo – como fazemos as pazes com o mundo das sombras? Como nos rendemos à nossa realidade, mesmo que dura, dissociada e fria? Às vezes, temos que enfrentar o que não pode ser mudado. A vida não vivida é como bolas infláveis que tentamos manter submersas, mas sempre voltam à superfície.

Muitas pessoas passam anos procurando por respostas que nunca chegam. A questão é: continuamos como Coré, atrofiados e ansiando pelo passado, projetando nossas dificuldades nos outros, implorando-lhes para nos proteger, deixando o trauma consumir lentamente nossa vida e liberdade, ou pegamos os limões do destino e fazemos uma limonada, transformando a escuridão em algo que podemos governar e tornar nosso destino?

O termo vítima tem origem no latim, *victima*, "animal sacrificial, pessoa ou animal morto em sacrifício". Sacrifício é uma oferta sagrada; é abrir mão de algo precioso. Podemos nos ver como o cordeiro sacrificial oferecido às trevas ou, ainda, olhar essas trevas como nos convidando a abrir mão de algo a serviço do divino, para trazer à tona a plenitude de nossa vida. Coré, os aspectos ingênuos e virginais de nosso complexo *puer* ou *puella*, é sacrificada para se tornar Perséfone, a regente da dormência e da fecundidade. A escuridão é dolorosa e temida, mas também faz parte do aprofundamento e do passo em direção ao nosso poder.

Imaginar-nos como vítimas de uma terrível injúria, por um lado, ou como participantes ativos da vida, por outro, altera drasticamente a percepção e a consequência de nossa vida. Quando o corpo entra no modo luta ou fuga, libera adrenalina e cortisol, hormônios que causam aumento da frequência cardíaca, os sentidos se afloram, havendo também aumento da força e do desempenho. O corpo leva cerca de noventa segundos para metabolizar esses hormônios. Após esse tempo, nossa resposta autônoma não é mais a fonte de nossos batimentos cardíacos acelerados, das mãos contraídas e da falta de ar.

Após esse tempo, permanecer estressado é uma escolha. Isso pode ser difícil de acreditar, uma vez que nosso sistema nervoso (que não conhece o passado do presente) permanece com os mesmos sintomas, mas eles se tornam controláveis com o tempo.

Em 1959, após a brutal supressão do povo e da cultura tibetana pelas tropas chinesas, Sua Santidade, o décimo quarto dalai-lama, Tenzin Gyatso, foi forçado a fugir de sua terra natal, a pé e a cavalo, para a Índia. Desde então, tem trabalhado incessantemente para promover a paz e a liberdade, esforços que resultaram no recebimento do Prêmio Nobel da Paz e de mais de 150 outros prêmios. Gyatso foi autor e coautor de mais de cem livros e continua a defender seu povo. Teria sido "natural" para ele permanecer preso à vitimização, contando ao mundo a história da opressão sofrida por seu povo e das injustiças cometidas contra os tibetanos. Mas ele não fez essa opção. Em vez disso, liderou seu povo com compaixão e paz, tornando-se o governante de um destino jogado injustamente sobre ele e figura de autoridade moral admirada em todo o mundo.

Viver em relação com o trauma, o luto, complexos e doença mental é uma jornada contínua. A dor não precisa ser nosso único destino. Isso não significa "que a vida segue", que superamos ou mesmo que diminuímos nosso sofrimento. O que ocorre aqui é algo bem possível de nos tornar maiores. Aprendemos a estar com a estação das trevas, trabalhando conscientemente nossos piores momentos, para auxiliá-los a ser empurrões para *insights*, integração e transformação. Cura não implica que o sequestro não tenha acontecido. Significa que não nos governa.

A mitologia de Perséfone dá forma a uma lição humana central: quando você é puxado para a escuridão, a maneira que responde a ela faz toda a diferença. Ser governante ou vítima são dois caminhos muito distintos para enfrentar dificuldades. O primeiro nos ajuda a aceitar situações difíceis e a ser transformado por elas. No segundo, fugimos, ignoramos e resistimos às sombras e à dor e permanecemos vítimas.

Não estou dizendo que isso é fácil. Algumas de nossas principais feridas são gigantescas, e leva tempo para que possamos suportá-las e estarmos presentes diante delas, para que a escolha seja vista como opção. E alguns não são chamados a tomar o caminho da presença consciente, e tudo bem – não há julgamento caso você recue, pare ou se retire. Mas as recompensas da presença e da integração são múltiplas; não se trata de nada menos que a plenitude da vida que o aguarda.

Ritmos cíclicos

A cada primavera, Perséfone ascende à superfície para estar com a mãe, e o mundo, os botões e as flores, o vento da primavera e os riachos murmurejantes alegram-se com a nova vida. A cada outono, ela viaja de volta ao abraço de Hades, e a morte rouba os campos de trigo, os pássaros voam para o sul, o sol se põe mais cedo. Geralmente, o submundo opera em ciclos. Mergulhamos na escuridão, voltamos à superfície e tropeçamos de volta para baixo. O submundo não pode ser simplesmente esquecido; continua a influenciar o presente – girando como uma roda, como um círculo e como as estações.

O reboque recorrente das trevas exerce poderosa atração na vida. A escuridão traumática cria um mundo interior que nos prende a uma defesa espiral que se autoperpetua. Quando as respostas ao medo aprendidas assumem o controle, seguimos no piloto automático, comportando-nos de maneiras que recriem os sentimentos traumáticos, como se estivessem no mundo exterior, prendendo-nos no ciclo de nossa própria criação. Nós nos envergonhamos e nos repreendemos, sabotando as mesmas coisas com as quais tanto nos importamos, convencendo-nos de que somos vítimas, caindo, assim, em desespero. Ciclos de ódio de si mesmo tornam e retornam outra vez.

Uma paciente sempre namorou homens incapazes de estabelecer conexão íntima. Emocionalmente negligenciada quando criança, ela acredita que os homens não são confiáveis. É mais seguro ter relacionamentos superficiais que sentir a dor de outra decepção. Ela é "segura" (blindada, na realidade), mas solitária, jamais arriscando uma conexão real. O filme que passa pela cabeça dela traz lembranças contínuas de que algo está errado com ela, e ela está convencida de que os outros a veem dessa maneira. "Finjo que esse sentimento de não ser o bastante não está lá", ela me disse, "e, ao mesmo tempo, quero que alguém me resgate. Esse ciclo me leva a relacionamentos humilhantes, e sinto-me ainda mais desesperançosa." Ela quer ser salva, amada e benquista, mas, inconscientemente, recria padrões, ações e comportamentos que afastam os parceiros. E, mais uma vez, o ciclo se repete.

Repetimos o que não reparamos. É comum reencenar padrões de vergonha, dor e trauma. Isso parece seguro e esperado, mesmo que limitado e disfuncional. Sobreviventes de traumas de apego ou de relacionamento recriam relações semelhantes, buscando resultado diferente, enquanto reforçam o ódio contra si mesmos e a crença de que merecem sofrer.

A solução parece ser uma subida unilateral. Eles anseiam por acabar com suas dificuldades, superar a doença, derrotar a depressão e ir além do passado assombroso. Todos nós queremos nos libertar da dor e dos ciclos negativos, mas, para isso, temos que dar ao submundo um lugar na vida. Se não o fizermos, o sofrimento não desaparecerá. Apenas afundará de volta abaixo da superfície.

Nada sobre a relação de Perséfone com o submundo é definitivo ou unilateral. Ela desce e sobe, ano após ano. A cura é um processo que ocorre ao longo da vida, começando com a aceitação do passado, honrando o presente e nos comprometendo com o futuro, aonde quer que nos leve. Notavelmente, Perséfone não é consumida pela eternidade de suas provações. Em vez disso, traz resiliência à natureza repetitiva do submundo.

Uma amiga me contou a jornada ao submundo que experimentou após o AVC do pai. Embora ele tenha sobrevivido, a cognição, a capacidade física, a linguagem e a independência diminuíram drasticamente. Ela descreveu um ciclo entre os momentos críticos e breves de gratidão e a descoberta pelo que o pai conseguia fazer, o fluxo e refluxo entre perda, tristeza e alegria. "Estou constantemente de luto pelo que era", disse ela, "enquanto estou presa em um eterno presente. É difícil seguir em frente quando a escuridão está lá todos os dias. Papai precisa de apoio para entrar no chuveiro, terapia fonoaudiológica intensiva para formar os sons mais simples e assistência para se levantar depois de cair, mais uma vez."

A onipresença de cuidar do pai nasce e se põe como o sol. Todos os dias, ela desce à escuridão e ressurge outra vez, repetindo a jornada no dia seguinte. "Não consegui me integrar de volta à 'normalidade'", ela me disse. "O que aconteceu impede o retorno à minha própria vida."

Repetir a jornada traz os próprios terrores – constância, tristeza pela vida perdida, responsabilidade e exaustão de cuidar, estresse, desesperança, sobrecarga e melancolia que se instala quando você percebe que a luz do sol nunca mais retornará da mesma maneira.

CAPÍTULO 9 – PERSÉFONE

Quando embarcamos numa jornada de cura e criação de sentido ao submundo, podemos nos esforçar para chegar a um lugar livre de sofrimento. Mas não é isso o que acontece. Algumas experiências perduram, não importa a quantidade de trabalho interior realizado nem quantos anos se passam. Não podemos remover a dor, mas podemos mudar nossa relação com ela.

Perséfone não se corrompeu ansiando pelo passado. Aceitou a escuridão como parceira de vida. Sua jornada foi cíclica e não linear. Ela não escalou acima do sofrimento ou o removeu; teceu a escuridão e a luz em um todo equilibrado, simbolizado pelas estações que se modificam. Ao passar seis meses no mundo inferior e seis meses no mundo superior, ela se tornou o elo entre a luz e a escuridão. A separação entre os dois mundos foi sanada, e o equilíbrio, restaurado.

Quando experimentamos o submundo pela lente de Perséfone, reconhecemos e aceitamos que jamais nos livraremos da escuridão. Quando sequestrados pelo vício, pela morte de um ente querido, pela violência, pelos complexos, pela depressão ou por outro material sombrio, temos a opção de chegar a um acordo esse fato essencial – nunca seremos capazes de "lavar" nossa alma do submundo. Não funciona assim, de jeito nenhum. Mesmo no mundo diurno, onde os problemas passam e a vida continua, a escuridão permanece sendo nossa parceira.

Todos com quem conversei sobre suas jornadas ao submundo vivem em constante relação com suas experiências. Anos após a morte da filha, uma mulher me disse que ainda sente a presença dela. Ela a encontra nas árvores por onde passa enquanto faz uma caminhada, nos rostos que vê nas ruas e no aperto no peito. Uma amiga que luta contra a insegurança me disse que todos os dias se convence de que o parceiro a ama, para não sabotar mais um relacionamento. Quando a morte nos surpreende, um acidente acontece ou um erro é cometido conosco, é tentador fazer birra contra a injustiça de tudo isso. Os "porquês" retornam. Nenhuma compreensão ou compartimentalização, remoção ou superação pode trazer consolo. Temos que encontrar uma maneira de estar com a presença constante do que aconteceu de forma tão sombria.

Enquanto estava crescendo, uma garota sentiu o peso das expectativas sobre a maneira como deveria agir, além de suas capacidades. Ela precisou se calar quando adulta e competir, intelectual e fisicamente, com a irmã mais velha. Como falhou em cada tarefa, a paciente se sentiu inadequada. Na vida adulta, a terapia a ajudou a ver que os pais estavam projetando nela os próprios traumas emocionais – sentimentos de inadequação e necessidade de se esforçar cada vez mais para fazer o impossível. Percepção, no entanto, não implica resolução ou conclusão; remete ao início da jornada. A cicatriz deixada para trás é difícil de desaparecer. Essa paciente sente-se fundamentalmente falha e tenta se intimidar até a perfeição, assim como os pais fizeram com ela. Alcança o céu e falha, reforçando seu senso de fracasso. O abuso contra si mesma retorna em meio aos ciclos de alienação e depreciação, como um disco arranhado. À medida que a paciente começa a enxergar e a valorizar quem é, de fato, tentando discernir o passado do presente, permanece acompanhada dos sentimentos de inadequação, embora não mais sendo definida apenas por eles.

Os resultados da guerra, da negligência, da fome e do abuso racial imprimem-se psicológica e biologicamente em indivíduos e grupos inteiros, levando às novas gerações as feridas do passado. O trauma transgeracional do Holocausto e da escravidão e a limpeza étnica continuarão a afetar judeus, afro-americanos, bósnios e muitos outros em um futuro próximo. Assim como um adicto em recuperação está sempre em relação com o próprio vício e um pai que perde o filho vive sempre triste, o toque do submundo entrelaça-se em nosso ser. As feridas não desaparecem nem com o tempo. Podem amenizar e recuar devagar, mas nossa relação com a escuridão é cíclica. Vem e vai. Flui e reflui. Podemos reprimir essas feridas ou nos dissociar delas, mas elas simplesmente gravitam para o subsolo, até que as falhas sísmicas as abram de novo e elas nos tomem mais uma vez.

Superar o desconforto do desenvolvimento psicológico gera percepção e estabilidade. Perséfone personifica uma sabedoria advinda da compreensão da escuridão e de seu ritmo cíclico. A primeira vez que experimentamos uma grande perda pode desencadear um sentimento de abandono e solidão absoluta. Ainda não temos um contexto para encaixar a experiência. Nosso primeiro desgosto pode ser devastador, mas é realmente o pior rompimento com a única pessoa que vamos amar? A primeira vez que fazemos uma entrevista de emprego e não somos selecionados tem um tom diferente das rejeições posteriores, porque aquele terreno ainda não nos é familiar. Esses primeiros

CAPÍTULO 9 – PERSÉFONE

sequestros nos ensinam sobre quem somos – valores e preferências, lugares nos quais nos sentimos inadequados e a surpreendente resiliência. A vida nunca oferece apenas uma jornada ao submundo. Com o tempo, viagens mais longas e mais curtas ao submundo nos ajudam a nos familiarizar com o ritmo desse reino inferior. As descidas e subidas podem parecer menos íngremes à medida que cultivamos uma relação com a escuridão.

A rainha Elizabeth II, monarca do Reino Unido, viveu a vida em ciclos semelhantes ao padrão de Perséfone. Aos 18 anos, a jovem princesa se juntou ao Serviço Territorial Auxiliar durante a Segunda Guerra Mundial, usava macacão e treinou para ser mecânica e motorista de caminhão militar. Estava em Londres durante os bombardeios. Quando o pai morreu em 1952, ela, então com 25 anos, se tornou rainha da Comunidade Britânica. Quando subiu ao trono, o Império Britânico contava com mais de cinquenta colônias, territórios e nações, e hoje há menos de quinze. Elizabeth II foi a monarca britânica há mais tempo a governar um país, além de chefe de Estado. Sua vida foi um pilar de autossacrifício, compromisso e resiliência. Durante décadas, ela se reuniu com os primeiros-ministros, defendeu as leis constitucionais da monarquia e representou as tradições, os valores e os interesses da família real. Sua ascensão seu deu graças ao tio, Eduardo VIII, que abdicou ao trono do pai, o rei Jorge VI. Para ela, a abdicação dele foi um rapto, tirando-a, inesperadamente, da terceira posição na linha de sucessão e levando-a à primeira. Elizabeth II não rejeitou seu destino. Com resiliência e aceitação, dedicou a vida a servir seu país.

A jornada cíclica de Perséfone lhe deu sabedoria – prudência advinda de saber que podemos suportar algo porque já o fizemos antes e o faremos novamente. Há um elemento saturnino em Perséfone: a sabedoria da recorrência, do tempo, da resistência, e o fluxo e refluxo das estações. Os gregos chamaram a isso de *palingeneisa*, "sobrevivência do renascimento contínuo". A escuridão pode nos despir até os ossos, mudar tudo em nossa vida, criar ciclos terríveis de sofrimento, crítica e dúvida, nos partir o coração e nos deixar inseguros. Nossas tentativas de compreender e integrar suas lições nunca são como um dia ensolarado. Aprender a conviver com a jornada e ser afetado por seus desafios é trabalho de toda uma vida.

255

Persefônico

"Persefônico" significa "grande beleza nascida do caos e do sofrimento como um todo, o ponto em que a profundidade da escuridão encontra a crista da luz, o subproduto de dois extremos opostos."[19] Perséfone é profunda, obscura e poderosa. Não é como as flores coloridas, a luz solar quente ou os prados de gramínea alta. Sua beleza é o interior, esculpido em dificuldades. Ela personifica o empoderamento advindo de ser forçada a um relacionamento com Hades e, portanto, consigo mesma.

Do grego *pertho*, "destruir" ou "imolar", o nome Perséfone foi traduzido como "aquele que destrói a luz". Até mesmo o nome dessa deusa está associado à destruição e ao renascimento, à escuridão e ao amanhecer. Ela pertence ao submundo que rapta a vida, destrói a inocência e, ao fazê-lo, nos ensina a lidar com o que nos aconteceu e, finalmente, a governar sobre esse acontecimento. Depois de passar pelo impensável, você se familiariza com esse limiar e se torna, de certa maneira, soberano do submundo, alguém que não teme os desafios e questionamentos.

Reflexões

Coré representa a perda da inocência e da pureza, a experiência da escuridão que nos rouba. No entanto, na escuridão, ela se torna Perséfone, rainha do submundo. Perséfone personifica o ser puxado para a escuridão e como esse sequestro pode levar a um propósito de vida e poder. Parte de nós deseja se aprofundar e, com a atitude certa, pode ser capaz de governar sobre a dor em vez de se tornar vítima dela. A rainha das trevas é representação de resiliência que tem origem na repetição do sofrimento.

Reflita sobre como essas qualidades de Perséfone podem estar presentes em sua experiência:

---

19. "Persephonic". *Urban Dictionary Online*. Disponível em: <www.urbandictionary.com/define.php?term=Persephonic>. Acesso em: 13 fev. 2020.

CAPÍTULO 9 – PERSÉFONE

- Experimentando a perda da inocência.
- Sendo sequestrado para o submundo.
- Escolhendo se tornar governante do próprio destino.
- Pela sabedoria advinda da exposição repetitiva à escuridão.
- Pelas partes de si mudadas para sempre por meio do sofrimento.
- Pela capacidade de integração e aceitação.
- Pelo senso da preciosidade da vida, que pode vir do convívio com a escuridão.

CAPÍTULO 10

DIONÍSIO

Dionísio era o deus da folia, do vinho, da libertação e da insanidade. Pertence à natureza e à comunidade, ao caos e à regeneração, à liberdade e à destruição, ao instinto e ao corpo. Mais que outros deuses, Dionísio tem lugar difícil de ser contemplado na mente ocidental. Esquecemo-nos, em grande parte, do deus da loucura, do prazer e da selvageria, em sua forma mais indomável.

Personalidades vulcânicas, desenfreadas e indomáveis são rotuladas como patológicas, desequilibradas, neuróticas ou maníacas. Em vez de honrar e reconhecer, tratamos, filtramos, envergonhamos e mitigamos a energia dionisíaca. Mas a subjugação cobra um preço – o que sofre pressão é internalizado, cresce e distorce nossa percepção.

O mito nos diz que Zeus se apaixonou e engravidou a princesa tebana Sêmele. Quando Hera, a esposa ciumenta, descobriu o caso, resolveu persuadir Sêmele a pedir a Zeus que revelasse seu brilho divino. Sabendo que tal exposição a mataria, Zeus implorou à princesa que desistisse do apelo. Sem sucesso, ele se revelou na forma divina, chegando em uma carruagem de raios, e Sêmele foi abrasada.

Enquanto as chamas a consumiam, Hermes arrancou o bebê Dionísio de seu ventre e o deu a Zeus, para colocá-lo em sua coxa até que chegasse à maturação. Depois que Dionísio nasceu, Zeus confiou o filho às tias dele, Ino, Agave e Autônoe. Ao descobrir que Dionísio estava vivo, Hera enlouqueceu seus protetores, fazendo com que matassem uns aos outros e aos próprios filhos. Para salvar Dionísio, Zeus o transformou em carneiro e o levou até o velho sátiro Sileno e às ninfas do Monte Nisa, onde Dionísio foi criado em uma caverna. O jovem deus passou, então, a vagar pelo mundo, ganhando, mais tarde, seu lugar no Olimpo.

Ungido como deus, Dionísio decidiu viajar ao submundo para devolver a vida à mãe, Sêmele, instalando-a como a deusa Tione. Sua jornada é uma metáfora para adentrar a escuridão e recuperar as partes negligenciadas e esquecidas de nós mesmos. Confrontar-se com Dionísio é voltar-se para as partes reprimidas da psique.

Natureza

O nome "Sêmele" vem do grego *zemyna*, "nova terra". Como filho de Sêmele, Dionísio é filho da terra. Em todas as tradições, o deus aparece como representante da natureza selvagem. Invocado como *Endendros*, "aquele na árvore", e retratado como jovem selvagem, Dionísio vagava pelos vales coroados de cachos de hera e uva, carregando uma lança com ponta de pinha chamada tirso. Dionísio personifica a alma da natureza – deus da selvageria e dos animais, do instinto e da hera.

Em 2005, Richard Louv publicou *Last Child in the Woods*, primeiro livro a abordar um corpo crescente de pesquisas indicando que a exposição à natureza é essencial ao desenvolvimento saudável de uma criança.

Louv explorou a crescente divisão entre crianças e atividades ao ar livre, cunhando o termo "transtorno de déficit de natureza" como fator para o aumento da obesidade infantil, distúrbios de atenção e depressão. Ele alertou que nossa sociedade desencoraja inadvertidamente o brincar ao ar livre, priorizando atividades internas. Estudos comprovam os benefícios psicológicos e físicos de se conectar com o mundo natural. Levar flores para quartos de hospital diminui a necessidade de administração de analgésicos, e olhar fotos de lagos e rios acelera a restauração mental.

Nossa conexão com o mundo natural está mais tênue que nunca, e, para os próximos trinta anos, é previsto que 60% da população mundial viverá em cidades. Como espécie, estamos nos afastando cada vez mais da natureza. Jogar *videogame* não é o mesmo que acampar. Apreciar fotos de natureza não é o mesmo que ouvir riachos murmurejantes ou entrar neles, sentir a textura dos campos ou ver um animal selvagem. Um estudo britânico revelou que, hoje, as crianças conhecem mais personagens do mundo Pokémon que nome de árvores.[1]

Proteger um ambiente com o qual não estamos realmente conectados apresenta um desafio. Como podemos saber o valor de preservar o primitivismo da selva se nunca nos sentimos sem fôlego diante de sua beleza? Como podemos reconhecer um ecossistema se nunca estivemos nele? Como podemos

---

1. Steve Conner. "Children Better at Recognising Pokemon Characters Than British Wildlife". *Independent*, 29 mar. 2002. Disponível em: <www.independent.co.uk/news/uk/home-news/children--better-recognising-pokemon-characters-british-wildlife-9131306.html>.

CAPÍTULO 10 – DIONÍSIO

sacrificar algumas conveniências da vida cotidiana sem entendermos como nossas ações afetam negativamente os hábitats? Apartados do nosso planeta e de seus ecossistemas frágeis, estamos destruindo nossa própria casa.

Jung acreditava que a perda da participação emocional com a natureza cria isolamento e sentimento de desconexão. Não muito tempo atrás, a maioria dos seres humanos sentiu que os espíritos da natureza estavam vivos e influenciavam ativamente nosso mundo. A industrialização, as escrituras judaico-cristãs que enxergam o domínio do homem sobre a natureza (e sobre as mulheres) e a criação de materiais não naturais advieram por meio de alto custo – a "desanimação" do nosso mundo. *Anima*, do latim "alma", ou "ar, respirar", significa "trazer à vida". Nossa exploração do mundo natural trata esse mundo como se não tivesse alma. Não sentimos culpa nem tristeza por destruir o que é vivo e dotado de alma. É mais fácil desrespeitar os hábitats se acharmos que são desprovidos de alma, sentimento ou mente.

Sempre que sente o caos e a infelicidade puxando-o, um paciente encontra apoio vivendo a vida simples – estando ao ar livre e fazendo trabalhos manuais. De memória, o paciente recita uma passagem de *Leaf and Tendril*, do naturalista John Burroughs:

> Ver o fogo que o aquece ou, melhor ainda, cortar a madeira que alimenta o fogo [...] estar em contato direto e pessoal com as fontes da vida material; não querer adicionais, sem escudos [...] achar o ar e a água emocionantes; ser revigorado por uma caminhada matinal ou um passeio à noite [...] ficar fascinado com as estrelas à noite, encontrar-se exultante com o ninho de pássaros – essas são algumas das recompensas da vida simples.[2]

Parar e ouvir o chamado da natureza selvagem e notar, no ar, o perfume natural que prediz a vinda da chuva; percorrer a floresta e saber quais plantas o sustentarão e quais você deve deixar em paz; confiar nessa colheita para saciá-lo; ver veados e esquilos, pássaros e raposas como irmãs e irmãos; usar os ritmos das estações para rastrear a passagem do tempo – essas são maneiras

---

2. John Burroughs. *Leaf and Tendril*. Houghton, MI: Mifflin Company, 1908, p. 261.

de mergulhar no mundo natural de nossos ancestrais, hoje quase completamente desconhecido por muitos de nós.

No Ocidente moderno, tendemos a viver um mito de desconexão – Deus é separado dos seres humanos; somos separados dos animais; os animais são separados da terra; a mente é separada da matéria; o mundo diurno é separado do submundo. Pensamos no corpo como uma máquina; nos sonhos, como epifenômeno do cérebro, e na natureza, como sem alma. Dividimos, simplificamos e compartimentalizamos, desconectando-nos da vibração e da complexidade da vida.

Dionísio é a resposta a essa desconexão. Como o espírito da natureza, restabelece a força vital a todas as coisas – um mundo natural repleto de energia e espírito, alma e corpo. Para ver a vida compartilhada entre você, outra pessoa, o urso que hiberna na caverna, a casca de uma árvore, uma samambaia e um pássaro cantor. Como escreve o ativista ambiental Steve Van Matre:

> Sim, a terra fala, mas apenas àqueles que podem escutar com o coração. Ela fala de mil maneiras pequeninas, mas, assim como nossos amores, famílias e amigos, muitas vezes envia mensagens sem palavras [...] sua voz é o contorno de uma nova folha, a sensação de uma pedra desgastada pela água, a cor do céu noturno, o cheiro da chuva de verão, o som do vento da noite. Os sussurros da terra estão em toda parte, mas apenas aqueles que dormiram com ela podem responder prontamente ao seu chamado.[3]

Enquanto deixarmos Dionísio fora de nossa vida, correremos o risco de viver em um mundo controlado, entorpecido e não relacionado, suportando uma existência dividida que ameaça a natureza e nos afasta cada vez mais de nossas partes selvagens, orgânicas, vivas e providas de alma.

O câncer é, muitas vezes, chamado de "doença da civilização", o mal da modernidade. O nome do santo padroeiro do câncer, São Peregrino, significa "cruzar os campos". Existe conexão entre o câncer e a terra. Em uma jornada com o câncer, algo da substância da vida encontra-se desnutrido. Como diz Russel Lockhart, "algo da psique e da corporeidade terrena não é permitido

---

3. Steve Van Matre e Bill Weiler. *Earth Magic*. Greenville, WV: Institute for Earth Education, 1983, p. 3.

CAPÍTULO 10 – DIONÍSIO

viver; não é permitido o crescimento".[4] Uma maneira de imaginar o submundo que é o câncer pode ser pela observação da doença como expressão de nossa separação da natureza. Até que ponto não haveria conexão entre como tornamos tóxica, destruímos e saqueamos nossa terra e o surgimento de processos patológicos que imitam tal destruição no corpo? "O câncer não é apenas uma doença do nosso tempo", disse Russel Lockhart, "mas um sintoma do nosso espírito."[5]

O ar poluído é uma das principais causas de morte prematura em todo o mundo. Os microplásticos estão no ar e nos oceanos. O ar sobre os Pireneus e as Montanhas Rochosas é poluído com microplásticos, e quase um terço das fibras encontradas no ar de ambientes fechados é microplástico. Nós, seres humanos, comemos uma média de cinco gramas de plástico por semana, o equivalente, em peso, a um cartão de crédito. Microplásticos foram encontrados em 97% dos tumores dissecados. São biologicamente persistentes, o que significa que o corpo não pode dissolver as toxinas que carregam. Quando liberados em nosso corpo, são neurotóxicos, prejudiciais à transmissão de impulsos nervosos. Esses plásticos alojam-se no tecido pulmonar, resultando em lesões que podem causar falta de ar, inflamação persistente, doença pulmonar e câncer. Não sou bióloga nem médica, então não vou enumerar todas as maneiras pelas quais nosso desrespeito e desencanto pelo mundo natural nos afetam como espécie; esses são apenas alguns exemplos do custo que temos por não atender ao chamado de Dionísio e da Mãe Natureza, personificações das qualidades vivificantes e nutritivas da selvageria e da natureza primitiva.[6]

Há um paralelo entre o mito de Erisictão e a avareza descontrolada e desconectada da sociedade moderna. Como Ovídio narrou, Erisictão levou um grupo de homens portando machados para o bosque sagrado de Deméter, à procura de lenha. Os espíritos femininos das árvores o alertaram de sua arrogância e das consequências da devastação da floresta. Mantendo o foco no

---

4. Lockhart. *Words as Eggs*, p. 54.

5. Ibidem, p. 57.

6. Ver, por exemplo, "Study estimates exposure to air pollution increases Covid-19 deaths by 15% worldwide". Sociedade Europeia de Cardiologia, 27 out. 2020. Disponível em: <www.escardio.org/The-ESC/Press-Office/Press-releases/study-estimates-exposure-to-air-pollution-increases-covid-19-deaths-by-15-world>. Ver também Robert Litman, "The Air We Share". Spirituality and Health. Disponível em: <https://spiritualityhealth.com/articles/2020/01/04/the-air-we-share>.

objetivo, ele cortou o carvalho sagrado de Deméter, enfurecendo, assim, a deusa. Ela infligiu a ele uma fome insaciável, e, após comer todo o suprimento de alimentos, ele devorou a si mesmo.

Sem a nutrição da alma e o estabelecimento de conexão profunda com o terreno de nossa existência, devoramos a nós mesmos – buscando, cada vez mais, preencher um vazio insaciável. Há equilíbrio e interconexão na natureza, mas nós os perturbamos – derramando glifosato e outras toxinas em nossa terra, queimando florestas, destruindo habitações para produzir materiais pensados para preencher o crescente vácuo, extraindo e queimando combustíveis fósseis. Desconectada da fonte, a máquina se consome.

Energia vital

Dionísio é elementar e instintivo – a força vital na forma mais incontida. Não o encontramos em jardins bem-cuidados, em cercados nivelados e em buquês de fragrância doce. Ele é *Argios*, o "selvagem", personificação da natureza intocada, inflexível e indestrutível; videira que cresce sem cultivo ou cuidado – realidade implacável, vibrante, arcana e dura. Jung chamou Dionísio de "natureza desenfreada e ininterrupta".[7] Em um hino órfico, ele foi descrito como "Dionísio, de rugido alto e revelador, primevo, de natureza dúplice, três vezes nascido, senhor Baco, selvagem, inefável, secreto, de dois chifres e duas formas, coberto de hera, com cara de touro, guerreiro, uivo, puro".[8]

Dionísio pertence às camadas não cultivadas da psique. A poética da tragédia e do luto, da escuridão e da morte além das palavras e da razão, mas elementares no sentido de serem profundamente arraigadas – as forças naturais da psique. Esse deus é a quebra de conexões e o nascer das emoções sob a razão. Não há nada fechado ou idílico sobre o submundo dionisíaco. Quando somos empurrados a qualquer coisa explosiva, implacável e vital, sua presença está lá. Ele explode à consciência com estrondo, violência e crueza. É a videira que parece morta, mas está viva e crescendo novamente; é a personificação do crescimento incessante da natureza que nos conecta a aspectos da vida que

---

7. Jung. *Symbols of Transformation*, p. 401.
8. Athanassakis e Wolkow. *The Orphic Hymns*, p. 27.

CAPÍTULO 10 – DIONÍSIO

não podemos cortar, prever ou estruturar. Ir ao submundo é um deserto onde encontramos as forças cruas da psique – a natureza empenhada em desfazer tudo o que construímos e polimos, protegemos e refinamos. Ser dionisíaco é sentir a escuridão selvagem e instintiva tornada carnal, visível e imediata.

As emoções do reino inferior são incessantes e consomem redemoinhos para as almas quebradas. Depressão, tristeza, dúvida e ansiedade se enchem, quebram e recuam como ondas. "Violência" vem do latim *vis*, "força da vida". A vida se torna visível por meio de impulsos dinâmicos e energia. Se procurarmos acalmar e esterilizar tudo o que é forte, vamos nos isolar dos poderes que sustentam a vida criativa. Dionísio é a força vital das raízes profundas, crescentes e sinuosas que sustentam a vida, torrentes de água infinitas que corroem as fundações. Pertence à umidade da vida – sentimento, expressão, representações, instinto. Se tentarmos domar ou barrar sua energia, evitando, talvez, as emoções, correremos o risco de essa energia encontrar violentamente seu caminho em nossa vida.

No submundo, nossa conexão com o diurno desaparece. No entanto, no meio desse desabrochar, pequenos brotos irrompem. Uma descida até as emoções elementares pode incutir uma fome pela vida crua. O poder insaciável da força vital tem suas maneiras de subir da escuridão em direção ao calor do sol. Como Robert Romanyshyn escreve, "foi essa força elementar, esse rio latejante da vida, que dissolveu a dormência gelada do meu luto". "A força verde da vida", acrescentou, "tomara conta de mim, me *sacudira para a vida*."[9]

Muitos dos meus pacientes procuram terapia porque a vida parece pesada, problemática ou ressequida. Desejam mais paixão, criatividade e energia. Querem mais umidade. Muita responsabilidade, repetição e indiferença estragaram o fluxo de energia da vida deles. A alma está desidratada. Alguns culpam os empregos, os parceiros ou as finanças, enquanto reprimem ou ignoram mensagens do mundo interior. À medida que a repressão se decompõe, os avisos transformam-se em doença e falta de sentido. Para restaurar o equilíbrio, as correntes do inconsciente precisam de reidratação.

Uma paciente veio me ver com memórias assustadoras de incesto na infância. Quando jovem, ela tentou afogar a dor em drogas, vício em sexo e automutilação. À medida que amadureceu, a vida exterior se estabilizou, mas

---

9. Romanyshyn. *Soul in Grief*, p. 57.

o mundo interior ainda se enfurecia com a escuridão. Ela se sentiu atraída por meu trabalho por causa da minha formação junguiana e de uma representação onírica recente. No sonho, ela caminhava por uma caverna profunda, com chão arenoso e quente. Encontrou uma fonte natural e bebeu dela; a água fria a refrescava. Conversamos sobre quão seca e morta era sua vida; sobre quanta energia depositara na segurança, controlando o medo, sem emoção e com ódio de si. Ela chorou durante muitas sessões; as águas da vida eram derramadas por ela, acalmando lentamente a terra seca de sua alma.

Os adoradores de Dionísio deixaram suas casas e responsabilidades para se divertirem na natureza. Na floresta, soltaram os cabelos, vestiram-se com pele de bestas e coroaram a cabeça com hera e briônia selvagem. A fogueira queimava, e eles rodopiavam, pisoteando os pés e liberando-os – abraçando a energia vital pura. Reconhecemos Dionísio nos momentos em que nos sentimos descontroladamente vivos, em contato com o verdejar das coisas – a vibração pulsante e animada da natureza forçada à mente humana.

Dionísio, escreve Ginette Paris, é a "vingança das forças do instinto sobre as forças da ordem [...] o rugidor, aquele que grita mais alto, o desembaraçado, a besta, o touro da montanha".[10] Dionísio está presente quando gritamos, choramos, quebramos e desmoronamos. Quando permitimos sentir a energia bruta do nosso ser. Na presença dele, o caos, o sofrimento e o imediatismo são aceitos e até encorajados. Em vez de conter o submundo por filtros de normalidade e controle, expressamos nossa totalidade.

Animalismo

Dionísio é muitas vezes retratado montando nas costas de um leopardo ou dirigindo uma carruagem puxada por animais sagrados. Era adorado como *Bromios*, "o rugidor", e associado à pantera, ao leopardo, ao tigre, ao touro, à cobra e à cabra. Os sacrifícios em sua homenagem foram chamados de *axios tauros*, "touro digno".

Dionísio é uma expressão humana tornada animalesca. As representações animalistas podem ser aproveitadas para nos ajudar a capturar e sentir

---

10. Paris. *Pagan Grace*, p. 5.

CAPÍTULO 10 – DIONÍSIO

a selvageria do submundo. Às vezes, nossa raiva é como um urso ou um leão rugidor; outras vezes, nossa transformação é tão complexa quanto a metamorfose de uma borboleta. O luto pode ser uma baleia encalhada; a dúvida pode parecer um falcão à caça da presa; a falha, uma pantera em perseguição.

Trabalhei com uma paciente que tinha dificuldade em se autoafirmar. Quando se sentiu impotente e vulnerável, chegou a visualizar um pequeno animal preso numa diminuta gaiola, desnutrido e com medo. A pequena criatura carregava sua incerteza e opressão. Com o tempo, ela começou a visualizar um lobo branco, de pé, ao lado da gaiola. Ele estava lá para proteger o pequeno animal, enquanto este deixava a gaiola e se aventurava no desconhecido. Esses animais representavam sua vulnerabilidade e seu poder, permitindo-lhe sustentar os dois ao mesmo tempo.

Instintos como medo, autopreservação, sexualidade e conexão são diametralmente opostos ao comportamento humano aprendido. Já vêm de fábrica e são muito intuitivos, menos organizados que os comportamentos socialmente ensinados e mantidos. Dionísio nos conecta ao nosso lado animal, embora não seja, em si, irracional, primitivo ou desumano. Essas energias são o domínio dos Titãs, deuses primitivos que precederam os olimpianos. Os Titãs desmembraram Dionísio quando criança. Eram seus inimigos. Dionísio era o único deus do panteão grego de doze que tinha mãe mortal. Era o único deus com sangue mortal, infundindo controle humano e civilidade em sua natureza primordial.

Atualmente, temos poucos recipientes para experimentar o animalismo de Dionísio. "Em vez de sermos expostos a animais selvagens, rochas trepidantes e águas inundantes", escreveu Robert A. Johnson, "o homem está exposto, hoje, às forças elementares da própria psique."[11] A repressão dos instintos dionisíacos internaliza essa energia, onde eles se tornam complexos, neuroses e representações sombrias – gigantes adormecidos à espera de serem despertados de seu sono.

Escrevendo no fim da Primeira Guerra Mundial, Jung observou que "o animal em nós torna-se apenas mais bestial quando reprimido".[12] Ignorar nosso lado sombrio e instintivo é permitir que essa energia escura se fortaleça,

---

11. Robert A. Johnson. *Ecstasy*. São Francisco: Harper & Row, 1987, p. 19.
12. Calvin Hall e Veron Nordby. *A Primer in Jungian Psychology*. Nova York: Signet Classics, 1973, p. 50.

269

ameaçando, por fim, o ego. A repressão nunca faz o que queremos. O reprimido sempre retorna em forma demoníaca.

O pai de uma paciente morreu de ataque cardíaco quando ela era criança, ainda muito jovem para processar a perda. A mãe internalizou o próprio luto e se tornou distante e incapaz de confortar a filha. A mulher não tinha um ambiente emocional seguro para sentir e lamentar a perda, então a enterrou. Mas a dor não desapareceu, e, em vez disso, a tristeza transformou-se em raiva, depois em vergonha. Por fim, a perda desacompanhada assumiu vida psíquica própria. A mulher se sentiu envergonhada da necessidade de conexão e odiava suas emoções; enquanto isso, atraía pessoas tristes e solitárias para cuidar (inconscientemente) do próprio sofrimento reprimido.

A repressão é uma defesa sedutora. Em um momento crucial, serve a um propósito. A escuridão profunda, como o trauma e a morte, muitas vezes se torna impossível de digerir, sem que surja um sofrimento esmagador, então a mente se divide para proteger o que está ferido e sobrecarregado. Depois da morte de um pai, uma violência sexual ou uma guerra, não podemos mergulhar de cabeça na crueza dessas feridas – podemos nos afogar. Defesas como a repressão nos contêm quando precisamos delas. Mas chega uma hora em que o enfrentamento não é mais necessário; enfrentar nossos demônios é possível, e continuar a reprimi-los nos mantém presos e inseguros, criando uma vida de dormência e desconexão, vergonha e ódio por nós mesmos, raiva, complexos restritivos ou dependências.

Há um lado selvagem e noturno de Dionísio. Na Grécia, o caçador de animais era chamado de Zagreus, do jônico *zagre*, "poço para a captura de animais vivos". Zagreus era outra forma de Dionísio que pertencia à sua barbárie – devorar a carne, fazer fogueiras e uivar à noite. Em alguns relatos míticos, Zagreus foi descrito como o filho de Lete, "esquecimento". É representação do titânico e terrível. Sentir Zagreus é esquecer nossa civilidade, estar livre da influência humana – violenta e de outro mundo.

Quando pensamos em Dionísio, também pensamos em Zagreus – folia e bestialidade, insanidade e selvageria. Demonizamos essas partes de nós não refinadas – janelas para o interior das almas não polidas, ordenadas ou controladas. Ao não permitir que o instinto e o animalismo tenham lugar em nossa personalidade, negligenciamos uma importante camada da expressão humana.

CAPÍTULO 10 – DIONÍSIO

Não é justo esperar enfrentar os pesadelos insuportáveis de viver sempre com compostura e civilidade. Às vezes, precisamos berrar, chorar ou cair de joelhos. Há sombras na vida que devoram, uma escuridão perfurante que nos faz nos perder por completo. Alguns momentos da vida precisam ser rugidos, sentidos no corpo, gritados e expressos por emoções cruas, não com compostura estável e comedida. Às vezes, temos que nos enfurecer e liberar, destruir e regenerar, desmoronar para reconstruir.

O instinto dionisíaco não deve ser visto como algo leve. Não há muitas pessoas que possam aproveitar essa energia e se manterem equilibradas. O inconsciente em forma não filtrada pode ter a consciência do ego. A falta de contenção apresenta sérios riscos – suicídio, acidentes, vícios, mania, violências e depressão profunda. Nossa tarefa é encontrar o equilíbrio – sentir e até expressar o poder do instinto, sem ser consumido por ele.

Intensidade

Tudo a ver com Dionísio está em nossa cara. Não há nada silencioso ou distante nisso. Ele é a cacofonia explosiva da experiência emocional em grande escala. Jung o chamou de dilúvio "do sentimento universal avassalador, que explode irresistivelmente, intoxicando os sentidos como o mais forte vinho".[13] Dionísio é o rugido, o frenesi e o uivo. É imediato e visceral – dolorido, arrebatador, atirador, lacerante, devorador, feroz, bem-aventurado e chocante. Ovídio descreveu sua vinda: "O rugir de tambores invisíveis [...] e o latão sacudido ressonante; de repente, toda a casa começou a tremer, as luminárias cintilaram, e todos os quartos se tornaram brilhantes, com fogos carmesim que piscavam, e, ainda, formas fantasmas de presas selvagens uivavam por todo o entorno".[14] Dionísio é puro afeto: instintivo, carnal, convincente e ofuscante. Pertence a respostas enérgicas e até esmagadoras à escuridão. Em vez de se reprimir e se aprisionar, controlar e minimizar a intensidade do submundo, o deus da libertação selvagem nos oferece libertação pela catarse.

---

13. C. G. Jung. *Psychological Types. Collected Works*, v. 6. Princeton: Princeton University Press, 1921-1971, p. 114.

14. Aaron Atsma. *The Theoi Project: Guide to Greek Mythology*, modificado pela última vez em 2019. Disponível em: <www.theoi.com>.

271

Há honestidade e liberdade em se sentir dionisíaco. Quando o impensável acontece, nossa alma precisa de uma saída. Precisamos gritar de dor, sacudir o corpo para liberar o estresse, mover-nos de maneira que incorpore nosso medo ou até uivar em desespero. Dionísio permite que nos sintamos sombrios, ligados ao submundo. É mais fácil nos culparmos, dar desculpas ou brincar de "e se" ou "por que", que estarmos presentes, de forma crítica, para a experiência sentida do sofrimento. O encontro afetivo com o reino arquetípico é, no mínimo, esmagador. A repressão costuma ser mais fácil que sentir a intensidade do que está acontecendo tão obscuramente. O segredo de ser dionisíaco é deixar o mundo estruturado, ordenado e newtoniano, e mergulhar num lugar de sensações, intensidade e crueza intuitiva.

Rotulamos de profanas, desequilibradas e até pecaminosas as partes bárbaras, viscerais e extasiantes. Somos incapazes de experimentar a intensidade de Dionísio de maneira contida e comunitária, e, assim, abaixo da superfície, o não expresso se transforma em raiva, mania, compulsão e comportamento viciante. Quando as partes imediatas e instintivas de nós não têm uma saída apropriada, no lugar da libertação, temos um excesso que não pode ser contido.

Zeus engravidou Sêmele com um raio – símbolo da força penetrante da energia da vida psíquica. Do mesmo modo, Sêmele morreu quando exposta à divindade de Zeus. Dionísio nasceu de uma união tão esmagadora que era aniquilante. A intensidade dionisíaca pertence a interações, transições, complexos, doenças, relações ou outras energias psicológicas que nos dão mais do que aquilo com que podemos lidar.

A intensidade da escuridão pode ser impossível de suportar. Conversei, certa vez, com uma paciente vítima de estupro. Anos depois, ela ainda é incapaz de viver no presente ou imaginar o futuro, porque está presa no imediatismo do medo. Muitas coisas na vida dela lembram-na de estar paralisada no quarto. Até estar com o menor dos sentimentos por dez ou vinte segundos por vez causa-lhe dissociação e a separa do vínculo com a realidade. No início, a terapia com ela foi lenta, cautelosa e gentil. A cura não pode acontecer abrindo a porta. A intensidade do trauma deve ser abordada pouco a pouco, para que ela possa aprender a conviver com sua dor de nova forma.

Ginette Paris alertou que viver muito perto da intensidade de Dionísio, o que chamou de "fome insaciável por emoção e experiências intensas", pode,

CAPÍTULO 10 – DIONÍSIO

com o tempo, "trazer o oposto do que se quer; nada é muito sentido em sua presença".[15] Com a alta intensidade vem o risco da superexposição. A consequência do pedido de Sêmele foi tornar-se uma sombra sem vida no Hades. Muita intensidade pode levar ao esgotamento, à exaustão e à perda de si mesmo.

No documentário *Meru*, o alpinista Jimmy Chin confessa que é viciado nas alturas dramáticas das montanhas que escala. Uma vez que você tocou o reino dos deuses, ele adverte, nada mais invoca sentimento. Há uma razão pela qual os deuses vivem no topo das altas montanhas, e nós, mortais, muito abaixo. Viver em estado de extremos é arriscar o entorpecimento para qualquer coisa menos. Intensidade e dor podem ser difíceis de distinguir. Quando vivemos em desequilíbrio crônico, estabilidade e normalidade podem nos fazer sentir como sombra. É importante não igualar a intensidade de Dionísio. Nós, seres humanos, não poderíamos sustentar a vida se estivéssemos habitando apenas nesses extremos.

No livro biográfico, *An Unquiet Mind*, a psiquiatra Kay Redfield Jamison captura o terror e o fascínio de viver com uma condição psiquiátrica como a bipolaridade. Ela descreve vividamente um mundo interior animado pela loucura e pela dor. Sua narrativa varia entre picos maníacos e baixas de consumismo pesadas. Ela trava uma batalha pessoal entre a libertação, a liberdade e a grandeza da mania e a necessidade de medicação e psicoterapia. Transtornos de humor, como a bipolaridade, criam ciclos de inflação e deflação que, para muitos, tornam viver uma vida estável algo desafiador.

A escuridão é aterrorizante – a perda do conhecido e estável em nossa personalidade é algo evitado no Ocidente. As sombras horripilantes da vida – o que parece "outro" e desumano – podem devorar. A exposição ao instinto cru e apavorante não é questão simples. Sem ego estável para patrulhar os limites da identidade e um recipiente seguro para nos manter, os cães das profundezas podem uivar.

Lysios

Dionísio era chamado de *Lysios*, "o afrouxador", e pertence à libertação – quebrando a compostura, abolindo velhas maneiras, afrouxando os laços.

---

15. Paris. *Pagan Grace*, p. 21.

273

"Análise" vem do grego *analyein*, que significa "desatar, soltar, libertar", ou, como Aristóteles pensava, de *ana* ("para cima, de volta, por toda parte"), *lysis* ("afrouxamento") e *lyein* ("soltar"). A análise é, portanto, um afrouxamento, um ambiente livre. A análise pode ser um corte, um desembaraçar para revelar quem realmente somos. Se lutamos com a inadequação, a insegurança precisa se soltar a fim de abrir espaço para a autoestima. Se formos feridos, nossa dor deverá se soltar para abrir espaço para o bem-estar. Se estivermos presos, a rigidez deverá se soltar a fim de que algo novo surja. A solidez da barragem impede que a água flua.

Todos nós temos vieses de confirmação que nos fazem procurar, interpretar e favorecer informações que ratifiquem nossas suposições, crenças ou ideias. Essas suposições distorcem a realidade e bloqueiam a mudança. Tive algumas sessões com um casal que já internalizara quem era o outro. Eles viam o mundo de maneira diferente e estavam tão presos à própria vida que se afastaram um do outro, não conseguiam mais se conectar. Ambos ansiavam por amor, testemunho e respeito, mas essa necessidade fora tão reprimida que se manifestava com brigas constantes – como uma guerra crônica de baixa intensidade. Nosso trabalho juntos foi breve, porque eles não estavam dispostos a ver as coisas sob novas perspectivas. Já estavam vinculados a um destino de decepção compartilhada e não conseguiam enxergar o outro, mesmo quando estavam tentando melhorar.

É fácil ficar preso a padrões. A viscosidade dos complexos, da vergonha e do luto é espessa, e somos mantidos na escuridão, incapazes de reconhecer as escolhas disponíveis. Quando nos apegamos a uma única gama de emoções, tornamo-nos amargos, irritados, deprimidos, estagnados e temerosos.

Como vamos além da atração da escuridão? Parte da resposta está no afrouxamento – abrindo espaço para a fragmentação, a mudança e o surgimento. Não me refiro à perda patológica da identidade, mas a deixar algo ir embora para que algo novo possa surgir.

Nem todo mundo tem momentos insuportáveis no submundo, mas estamos todos feridos até certo ponto. Todos nós temos histórias que permitem que apenas certas partes de nós prosperem. Para ir além dessas limitações, grandes ou pequenas, e acessar nossa totalidade e potencial, alguns velhos hábitos devem ser eliminados. Morte e nascimento, destruição e renovação – um não é possível sem o outro.

CAPÍTULO 10 – DIONÍSIO

Uma paciente sonhou que os fundos de casa estavam pegando fogo. Ela não estava no imóvel naquele momento e, ao retornar, ligou para o corpo de bombeiros. Quando o fogo foi extinto, a casa estava severamente danificada; tudo o que ela podia ver eram a rocha e os tijolos expostos da chaminé. Do ponto de vista onírico, a vida dela estava pegando fogo. Com trabalho, filhos e casamento, ela não guardara nada para si e se queimou. A lareira, símbolo do centro da vida, estava incendiando-se fora de controle; ela não estava em "casa" de maneira equilibrada. No entanto, os restos da lareira permaneceram, um augúrio de esperança. O fogo é símbolo de destruição e violência, mas também de purificação e renovação – destruição que abre espaço a novos crescimentos. O fogo está queimando velhos edifícios, forçando a família dela a se dirigir a fantasmas ocultos por muito tempo. Nas chamas, os velhos hábitos de se relacionar com o mundo foram afrouxados. "Foi preciso tudo isso", disse ela, "para tomar consciência. O câncer é a segunda chance da qual eu não sabia que necessitava." O fogo revelou o tijolo e a pedra, estruturas básicas e elementares. Agora ela pode ver o que é importante.

Quando a mudança parece assustadora ou impossível, podemos recorrer a Dionísio, convocando sua energia desenfreada. O afrouxamento dionisíaco é catártico, libera qualquer coisa calcificada ou repetida. É uma poderosa energia de libertação. A experiência dionisíaca trata da liberdade das restrições físicas, sociais, emocionais ou espirituais. É a revolução que reabastece atitudes antigas com novas. Sob sua influência, as cadeias estão quebradas, tecidos não tecidos, recipientes partidos.

Surtar, afrouxar-se e dissolver-se, tudo isso cria a possibilidade de se desfazer, enlouquecer. Dionísio era o deus da máscara, incorporando qualquer experiência de ser removido da normalidade e da identificação de equilíbrio.

Qualquer transformação de caráter implica quebra das estruturas de personalidade previamente estabelecidas. A loucura, nesse sentido, pode ser uma libertação da escravidão. Se quisermos crescer, teremos de aceitar que a mentalidade que nos levou aonde estamos deve ser abandonada.

É preciso coragem que beira à insanidade para se render ao submundo – enfrentar o terror das trevas e expor-se à mandíbula devoradora do desconhecido. Iniciar a jornada de cura é saber que você não está completo. O que está conectado se solta, o que está parado se move, e o que está oculto se

275

revela. Se você conseguir sustentar a tensão entre o afrouxar e o reformar, descobrirá novas maneiras de existir. A palavra "apocalipse" é oriunda do grego *apokalyptein*, "revelar". O fim de um capítulo revela o início do próximo.

Encontrar o equilíbrio entre a loucura e o desembaraço é uma conquista relacionada ao compromisso e à força de vontade. É essencial que não ultrapassemos o ponto no qual possamos nos agarrar à realidade. Nosso objetivo deve ser nos envolvermos com a intensidade dionisíaca sem que sejamos devorados. "Ainda se deve ter o caos dentro de si", escreveu Friedrich Nietzsche, "para dar à luz uma estrela dançante."[16]

Muitos grandes pensadores, escritores e artistas foram consumidos pela chama dionisíaca. Van Gogh sofreu de psicose, passou um tempo em hospitais psiquiátricos e, mais tarde, atirou contra si mesmo. Edvard Munch, pintor de *O Grito*, sofria de depressão, agorafobia, colapsos nervosos e alucinações.

É de vital importância reconhecer quando estamos no território da energia psíquica capaz de nos despedaçar. Os estados psicológicos de Van Gogh e Munch, embora ambos fossem mestres artísticos, não são ideais de atingir. Para a maioria de nós, é preferível perseguir a totalidade interior, sem nos abrirmos até o ponto da loucura. O crescimento que se mantém constante só ocorre quando nos sentimos seguros, não quando forçamos limites que não devemos impor, em especial quando o fazemos por conta própria.

Se pudermos segurá-lo, Dionísio cria o desejo de deixar os padrões sufocantes de uma vida exaustiva. Foi chamado de *Eleutherios*, "o libertador", representando as partes livres de nós, ainda não formadas e repletas de vida. "O maior presente de Dionísio", escreveu o classicista William Guthrie, "era o senso de total liberdade; na Grécia, eram as mulheres, com sua vida costumeiramente confinada e atribulada, o público para o qual a tentação de libertação tinha apelo mais forte."[17] Uma das coisas mais difíceis da vida é deixar passar, seja a culpa, a vergonha, o amor, a perda, a raiva ou a traição. Mudar nunca é fácil. Temos dificuldade em suportar, mesmo enquanto lutamos para deixar ir.

A exaltação purgativa – limpar ideias e comportamentos que nos partem como lama seca – é encorajada em poucos locais. O festival Burning Man

---

16. Citado em Lloyd. "Return from Exile", p. 42.
17. W. K. C. Guthrie. *The Greeks and Their Gods*. Boston: Beacon Press, 1950, p. 148.

CAPÍTULO 10 – DIONÍSIO

é uma exceção. Teve início como fogueira ritualística no solstício de verão, para ser um local catártico que homenageava a necessidade de ser libertado dos confinamentos da sociedade cotidiana. Burning Man é um evento dionisíaco. Substitui a cadência da sociedade pelos ritmos das máscaras, das fantasias, da celebração coletiva, da criatividade, da dança, da noite e do afastamento – celebração da selvageria, do instinto, do fogo e da expurgação emocional.

A década conhecida como anos 1960 capturou Dionísio em ação na cultura, na sociedade e na política. Essa época é definida pela contracultura, revolução nas normas sociais e decadência do confinamento social e da falta de vida da década anterior. Roupas, música, drogas e sexo, tudo fora afrouxado. Normas de todos os tipos foram quebradas – artistas como Bob Dylan, Grateful Dead e os Beatles revolucionaram a música, trazendo liberdade e autoexpressão a toda uma geração. Com a pressão de uma cultura rígida incapaz de permitir a expressão individual, a psique cultural da América afrouxou-se.

Boa parte do que é Paris foi construída do próprio subterrâneo. Sob a agitação parisiense, há uma cidade sombria em um mundo completamente diferente. A partir do século XIII, os parisienses extraíram a rocha calcária abaixo deles e, bloco a bloco, construíram edificações icônicas, como a Catedral de Notre-Dame e o Louvre. Primeiro, mineraram as passagens, depois as abandonaram e, por fim, retornaram para sepultar os mortos espalhados pela cidade, e, agora, o restante são câmaras e túneis, os *vides de carriers*, ou seja, as catacumbas.

Atualmente, a rede de catacumbas de Paris é um lugar onde as pessoas mergulham na escuridão para se perder, buscar identidades diferentes, assumir novas maneiras de agir, pensar e se movimentar. No subterrâneo, aqueles que vagam pelos túneis, os *cataphiles*, mapeiam o submundo, arquivam suas histórias, constroem santuários, festejam, exploram a história, fazem grafites e criam esculturas e estátuas. O labirinto oferece um lugar de celebração e exploração – um reino onde as subculturas florescem, e os caminhos selvagens são menos restritivos. Uma cidade espelhada, subterrânea e incontida, as catacumbas são um eco escuro da irmã do mundo diurno, que segue leis distintas de sua contraparte superficial. No entanto, esses túneis e artérias de escuridão, apesar da falta de luz solar, encontram-se com muita vitalidade.

Como deus do vinho, Dionísio simboliza folia e catarse, despertando o espírito de libertação, trazendo o livre e instintivo à vida. É por causa da

277

sensação de libertação que Dionísio está associado a diferentes estados de consciência – alterações psicotrópicas, transe, alterações sexuais e alcoólicas, apenas para citar algumas. É o inventor e professor do cultivo do vinho, o doador de alegria e liberdade, mas também do excesso, da falta de controle e da capacidade de conexão com a nossa tristeza.

Minha mãe cresceu em uma família "certinha". Tudo estava sempre OK e "bem o suficiente". Na realidade, havia uma escuridão bem real – o pai dela era veterano de guerra que sofreu episódios violentos de TEPT, e, enquanto isso, a mãe era emocionalmente distante. Quando jovem, minha mãe queria fazer qualquer coisa que pudesse despertar algo em seu ambiente estéril e absoluto. Ela se lembra de ter dançado diante da TV, tentando se expressar, e de ter sido instruída a sair da sala. A liberdade de autoexpressão, afrouxamento e libertação tornaram-se anseios nela que, ao longo do tempo, foram internalizados como vergonha.

A catarse do ego não basta; o inconsciente deve ter um peso. A vida muito contida e fechada não deixa espaço para a intensidade esmagadora que é sentir algo maior. Dionísio é uma metáfora para enfrentar o inconsciente e nos permitir ser impactados e tocados pelo encontro.

O ritual mais importante em homenagem a Dionísio foi a *Anestheria*, celebração do novo vinho e festival para todas as almas, onde os mortos emergiam do submundo para passar um dia entre os vivos. Os adoradores usavam o vinho para devolver consciência aos mortos. Acreditava-se que essa bebida despertava *zoe*, "a energia do divino na natureza humana". *Zoe* é o fluxo da energia primordial, a força que pulsa por toda a vida. Na presença de *zoe*, o que é bem-cuidado volta à selvageria, as cristalizações se dissolvem, e o civilizado torna-se primitivo.

Na alquimia, o estágio de *solutio* ocorre quando os sólidos são dissolvidos em água, revitalizando substâncias rígidas. Antigos alquimistas contaram a história de um rei enfraquecido, cujo reino estava faminto porque os campos se apresentavam ressequidos e estéreis. Um dia, o monarca deixou o castelo e adentrou um campo, que começou a inundar. O soberano afogou-se e dissolveu-se na água, renascendo como jovem. Os campos tornaram-se verdes, e as colheitas começaram a crescer. Ao tranquilizar sua alma, o rei devolveu vida ao reino.

CAPÍTULO 10 – DIONÍSIO

Muitas pessoas imaginam Dionísio como sendo apenas o deus do vinho, da excitação sexual e da folia. Há mérito nessa associação, pois, após retornar do submundo com Sêmele, ele a chamou de Tione, "o extasiante furioso". Hoje, o êxtase foi diluído para representar uma experiência emocional, religiosa ou mesmo sexual, semelhante ao transe da autotranscendência. O êxtase também fala de se sentir arrebatado – alegria pura e felicidade. Em nosso mundo restritivo e moralmente refinado, não há, muitas vezes, amplo espaço para experiências de tamanha libertação e imaginação.

"O fogo transformador do êxtase", escreveu Robert A. Johnson, queima "todas as barreiras entre nós e nossa alma, concedendo-nos maior compreensão de nossa relação conosco mesmo e com o Universo."[18] O êxtase dionisíaco é *ex stasis*, "ficar fora de si". Grande parte da experiência dionisíaca nos afasta dos padrões de estabilidade e organização. Uma vez removidos daquilo que conhecemos, podemos ficar fora de nós e ver nosso padrão inconsciente de nova maneira.

Caminhar pelo submundo nos afasta da familiaridade da vida cotidiana. Na escuridão, somos removidos da jurisdição, de responsabilidades e agendas do dia a dia. Os ritmos da vida diária são suspensos quando o ego perde sua atitude direcionada.

A capacidade de abrir e destruir é vital ao crescimento psicológico. Despertar Dionísio não é um apelo à anarquia e à regressão bestial; trata do reconhecimento de que o afrouxamento é ingrediente essencial à reforma. A turbulência e o caos da incerteza, a exploração, as noites tardias e o comportamento selvagem não são ruins; são atos de afrouxamento e despertar.

À medida que a vida se desdobra, tornamo-nos cada vez mais obrigados a definir responsabilidades, expectativas e dependência – tudo isso são coisas que diminuem a experimentação, a liberdade e a espontaneidade. A maturidade e o desenvolvimento exigem que selecionemos, repitamos e permaneçamos nas linhas. Adorar Dionísio é reavaliar a destruição e a exploração, honrar o não domesticado e instintivo, pegar qualquer coisa contida e abri-la. Quando revigoramos a paixão e o entusiasmo, infundindo neles os padrões e a previsibilidade com criatividade e possibilidade, invocamos Dionísio.

---

18. Johnson. *Ecstasy*, p. vi.

Romper as velhas formas – dissolvendo a ordem consagrada pelo tempo – sempre será doloroso. "Para conhecer Dionísio", escreve Ginette Paris, "é preciso se abrir para a emoção, os sentidos e os aspectos trágicos ou cômicos da vida. Dionísio é abertura, acontecimento, não organização."[19] Podemos preferir estar no controle, seguros e ordenados, em vez de desenfreados, frenéticos, disformes e desconfortáveis. Grande parte da vida diária requer essa prevalência – pagamos contas, escovamos os dentes, dirigimos até o trabalho, cuidamos de nossos filhos e nos esforçamos para manter relacionamentos estáveis.

Tenha cuidado para não confundir necessidade de estabilidade com falta de mudança. Podemos alterar nosso mundo e ainda manter certo controle. No exato momento em que somos retirados de nós, pelo menos como habitualmente nos conhecemos, podemos, de alguma maneira misteriosa, ser trazidos para maior contato com quem realmente somos. Em momentos de escuridão, quando nos sentimos desatados de todas as fontes anteriores de conhecimento, conectamo-nos a partes novas e profundas de quem somos. Perséfone foi sequestrada para sua independência e governança; Orfeu tornou-se profeta; e Eneias sofreu a perda do pai para acabar com a peregrinação de seu povo.

O afrouxamento dionisíaco não deve ser colocado apenas na categoria de caos. Tem tanto a ver com contenção como com destruição, o rugido da libertação, assim como o silêncio que sucede. O reino de Dionísio é aquele em que o relaxamento e a quebra existem em relação ao que contém e ao que liga. Em nível arquetípico, a destruição traz a criação; a morte anuncia o nascimento. Para nos reformarmos, temos que deixar ir embora; para nos integrarmos, precisamos nos dissolver.

Desmembramento

Dionísio era *Dithyrambos*: o "morto e ressuscitado", "a porta dupla", o deus que sobreviveu ao milagre de um segundo nascimento. O desmembramento dionisíaco fala da vida que perdura, não importando quão dispersa ou repleta de destruição possa ser. Dionísio demonstra a vontade implacável de viver – o broto que irrompe e atravessa o cimento.

---

19. Paris. *Pagan Grace*, p. 23.

CAPÍTULO 10 – DIONÍSIO

"Quando nosso dia chegar para a vitória da morte", escreve Campbell, "não há nada que possamos fazer, exceto sermos crucificados – e ressuscitados; totalmente desmembrados, para depois renascermos."[20] Quando laços antigos desmoronam, convidamos à possibilidade de experimentar algo novo. Sofrer o movimento da morte na psique e, mesmo assim, não morrer. Retornar da escuridão é uma experiência poderosa e transformadora.

Na semana em que minha sogra morreu, tive dois sonhos. No primeiro, estava correndo por uma cidade escura. Agacho-me em um telhado, olho para uma janela do outro lado do caminho e me sinto consumida pelo medo do que pode se revelar. Uma escuridão não natural, desumana e disforme se move para a janela. No segundo sonho, estou grávida. Não quero estar assim e começo a fazer uma lista de todas as maneiras pelas quais estou despreparada. Dou à luz peixes verde-esmeralda de vidro. Eles caem em minhas mãos e escorregam no chão.

Nos sonhos, a presença esmagadora da escuridão é encontrada com o enverdecer da nova vida – força vital, nascimento, gravidez. Os sonhos sugerem que o vazio um dia será preenchido com algo novo e totalmente vivo. Os peixes são símbolo da vida abaixo da superfície, o conteúdo do inconsciente. Esmeralda é uma cor de vida, de tonalidade rica, o que é único, precioso e bonito. A Floresta Amazônica é chamada de Floresta Verde-Esmeralda. Os sonhos sugerem que o que quer que venha da tragédia familiar será das profundezas, incomum e, em algum momento e de alguma forma, cheio de vida.

Do ponto de vista onírico, há luto e morte, assim como nascimento. Algo novo está chegando. Para aproveitar a nova vida em meio à morte, acessar o incansável chamado à vida, até mesmo quando o inimaginável ocorreu, é ter contato com Dionísio. A morte advém com o nascimento; são dois lados da mesma moeda. Qualquer coisa que esteja separada pode ser reunida de novo – de novas formas. A dor da divisão pode ser um prenúncio da reforma.

A história está permeada de narrativas de pessoas empurradas ao limite, mostrando que, em meio a terríveis acontecimentos, elas podem optar pela vida em vez da aniquilação. Vítimas do Holocausto, crises de refugiados, guerras e violência sexual demonstram a capacidade indelével da humanidade de

---

20. Campbell. *The Hero with a Thousand Faces*, p. 17.

281

sobreviver ao sofrimento inimaginável. Crescer, prosperar e evoluir em qualquer circunstância nos remetem a Dionísio.

O desmembramento é uma ruptura violenta do que aconteceu. A divisão pode ser devastadora, uma fragmentação dolorosa do *self*, uma psique em pedaços. "Não se deve subestimar o efeito devastador de se perder no Caos", escreveu Jung, "mesmo que saibamos que essa é a condição *sine qua non* [condição essencial] de qualquer regeneração do espírito e da personalidade."[21] Lidar com emergências e crises não é um momento de desmembramento. Quando já estamos sendo destruídos, não precisamos de mais revelações; precisamos do tempo e do espaço para reflexão e expressão e nos deixarmos lamentar e sermos testemunhados. O momento chegará quando precisarmos desenrolar nossa escuridão; para fazer esse trabalho, precisaremos ter nível de estabilidade egoico.

Vivemos um tempo dionisíaco, quando muitas coisas estão em pedaços; quando a desordem, o caos e o desmembramento preenchem o ar. A fragmentação causada por estados patológicos destrói velhas maneiras de nos relacionarmos conosco e com o mundo. É natural temer a desestabilização, mas a destruição é necessária à restauração. Para deixar o velho desmoronar, temos que sacrificar o controle, a perfeição, a melhora e a estabilidade. Sacrifício (literalmente, tornar sagrado) é sobre deixar algo em nome da renovação da vida. "Ninguém pode ou deve parar o sacrifício", escreveu Jung. "Sacrifício não é destruição; sacrifício é a pedra fundamental do que está por vir."[22] Não podemos progredir e amadurecer sem abandonar comportamentos desgastados, identidades e fases da vida.

Há estações da vida quando sacrificar velhos caminhos trilhados é essencial ao crescimento. Se o sacrifício não for feito conscientemente – enlutado e sofrido –, ocorrerá de maneira inconsciente. O que reprimimos retorna de forma demoníaca.

Muitos de meus pacientes com câncer acreditam que sua doença é um sacrifício pelo próprio crescimento ou das configurações familiares. Para uma mulher, seu diagnóstico motivou o pai a parar de beber, e o marido, de repetir

---

21. Jung. *Psychology and Alchemy*, p. 89.
22. Jung. *The Red Book*, p. 230.

CAPÍTULO 10 – DIONÍSIO

padrões semelhantes. "Agora consigo o que preciso", ela me disse. "Meus filhos ficam com o avô, e meu marido não vai perpetuar o mesmo ciclo." Parte de sua cura e criação de significado foi acreditar que sua doença abriu caminho para a cura da família. Do crescimento canceroso indesejado em seu corpo veio o crescimento de sua alma e vida.

Cada passo para conhecermos a nós mesmos, a busca implacável por autoconsciência e integridade, requer sacrifício e luta. Todos aqueles que buscam mudança e profundidade desistem da ignorância, do conforto e da estabilidade. Com a dor e o tumulto do sacrifício podem vir as dádivas da expansão e do surgimento.

Comunidade

Para manter a intensidade de uma jornada dionisíaca com segurança, precisamos de estruturas coletivas de integração – comunidade, rituais, terapia em grupo, religião. A comunidade é essencial para nos ajudar a evitar resultados negativos. Enfrentando o caos do mundo interior e arriscando a desconstrução, precisamos saber e sentir que somos mantidos e apoiados. Ao quebrar defesas, feridas e traumas arraigados e dolorosos, beneficiamo-nos sobremaneira da presença de um mentor, terapeuta, conselheiro, amigo ou líder espiritual.

Na Grécia Antiga, a invocação a Dionísio sempre foi uma celebração comunitária testemunhada. As pessoas dançavam, relaxavam, cantavam e bebiam, lembrando-nos de que a experiência dionisíaca é demasiada selvagem, crua e dispendiosa para ser contida por conta própria.

Hoje, muitos de nós não têm senso de comunidade. O sofrimento e as doenças raramente são atendidos em nível coletivo. Lamentamos a perda da boa vizinhança e a escassez de igrejas que julgamos ser significativas. Culpamos as mídias sociais pelo aumento do isolamento, enquanto, cada vez mais, pessoas trabalham remotamente em vez de em escritórios. Nossos ancestrais derivaram a compreensão de anciãos, lendas, mitos, deuses e tradições, lidando com as dificuldades da vida como comunidade intergeracional. Agora, confiamos em nós mesmos e na internet para responder às nossas perguntas e até mesmo navegar por nossa geografia interior.

A jornada ao submundo inspira o contato comunitário, que atenua o luto, a solidão, a incerteza, a falta de responsabilidade e a dor. Durante a agonia inicial do acidente de Ben, sua rede de apoio variou desde amigos que trouxeram comida a círculos de oração de São Diego e de Florença, na Itália. As histórias de amor e experiências compartilhadas encheram os espaços escuros que, de outra forma, poderiam ter sido insuportáveis. Somos puxados nos momentos de descida ao mundo inferior. Aprendemos algo vital sobre o que significa ser humano quando nos exploramos em relação à comunidade.

Terapia em grupo ou grupos de processo têm energia dionisíaca, seja isso terapeuticamente adaptado ou grupos como os Alcoólicos Anônimos. Esses contêineres oferecem ambiente de apoio onde os participantes podem falar sobre a própria vida enquanto são testemunhados. Ouvir terceiros compartilhar o que estão passando nos ajuda a nos sentir menos sozinhos em nossas provações. Os membros do grupo fornecem novas perspectivas, validação, espelhamento e responsabilidade. Ao contrário da terapia individual, o trabalho em grupo nos expõe a como outras pessoas abordam problemas, enfrentam preocupações e fazem mudanças positivas. Isso estimula o empoderamento, a intuição e o significado, todas qualidades que inspiram motivação, responsabilidade, resiliência, conexão e compromisso. É a celebração de nossa humanidade compartilhada que cura.

Em *Tribe*, Sebastian Junger tece uma história do instinto compartilhado da humanidade de pertencer a pequenos grupos organizados em torno de determinados propósitos e saberes. Aprofundando sua experiência como jornalista de guerra, Junger explora a profundidade do significado, a lealdade e o pertencimento presentes na guerra, assim como a ausência dessa unidade sentida por muitos veteranos. O horror e as injustiças da guerra permanecem, mas a coesão e o significado compartilhado reduzem muitos dos sintomas psicológicos. A adversidade torna-se bênção; o desastre, vínculo. *Tribe* vem do grego *phyle*, que significa "unida por laços de sangue e descendência, clã".

Meu pai já descreveu como ida ao submundo o período em que lutou contra incêndios florestais no sul da Califórnia. Como membro de um corpo de bombeiros que desce de helicóptero em locais remotos, seu trabalho o aproximou das chamas do inferno. Ele se sentiu preso, com medo de que os ventos mudassem e de chamas imprevisíveis. No entanto, os membros da equipe

CAPÍTULO 10 – DIONÍSIO

sempre cuidavam uns dos outros de forma a tornar a floresta em chamas algo suportável e estranhamente seguro.

A experiência dionisíaca diz respeito a unir as pessoas para construir relacionamentos, retribuir e cultivar compaixão, empatia e humildade. Para desafiar e ultrapassar nossos limites, precisamos ser apoiados e contidos por aqueles ao nosso redor. Dionísio nos fala da intensidade do dilúvio e da energia capaz de conter as águas.

Em 1893, o sociólogo francês Émile Durkheim introduziu o conceito de anomia para definir uma qualidade disfuncional ou vontade insaciável que deixa uma cultura sem orientação ou padrões morais. Ele a descreveu como "mazela do infinito"[23] porque, sem limites, o desejo nunca é realizado: só cresce em intensidade. Sem contenção, limites e equilíbrio, a mente, assim como o corpo, perde a capacidade de se conter e morrer. Hábitos negativos, ideais e emoções correm soltos, crescendo em intensidade, assumindo, por fim, o controle da psique. O que precisa ir é, em vez disso, preservado. A anomia é uma condição com apenas o excesso dionisíaco, não a responsabilidade e a contenção comunitárias.

Na caminhada ao submundo, muitos de nós precisam sentir que nosso sofrimento é reconhecido e refletido pelos outros. Uma amiga me disse que, após a morte da mãe, a primeira coisa que queria fazer era contar a todos que a mãe falecera. Parecia importante que o mundo inteiro soubesse que a mãe dela havia ido embora. Depois que Diana, a princesa de Gales, morreu, estima-se que 2,5 bilhões de pessoas ao redor do mundo assistiram à transmissão de seu funeral.

Muitas vezes, o submundo é minimizado e "limpo". Após uma tragédia, muitos recebem uma semana de folga do trabalho antes de esperar que voltem à ativa, como se nada tivesse acontecido. Em nosso mundo acelerado, temos cada vez menos rituais para testemunhar e validar nossa dor e nossa perda. Veja, por exemplo, o declínio dos tradicionais velórios irlandeses, quando as mulheres do bairro chegavam à casa e lavavam o corpo do falecido. A matéria física era, então, coberta de linho branco e envolta em fitas pretas ou

---

23. Roger Cotterrell. *Emile Durkheim: Law in a Moral Domain*. Edimburgo: Edinburgh University Press, 1999, p. 19.

brancas e atendida durante todo o velório. Expressando tristeza profunda, os enlutados partiam para um lamento vocal. A comunidade circulava pela casa do falecido, testemunhando a dor um do outro, bebendo, comendo e compartilhando histórias da vida perdida. Fora das remotas aldeias irlandesas, os velórios tradicionais são raros agora.

O luto comunitário é importante – funerais e memoriais fornecem estrutura para a tristeza e as expressões de sofrimento e perda. Juntos, compartilhamos nossa dor, encontramos significado na vida de nosso ente querido e temos nossa dor espelhada. Se a escuridão não for testemunhada, poderá escorregar de volta ao inconsciente, onde apodrecerá, transformando-se em luto crônico, doença, complexos ou até medo da vida. David Kessler relata uma palestra na qual perguntou a uma multidão: "Quantos de vocês têm problemas, feridas ou traumas porque não foram autorizados a ir ao funeral?". Cerca de 15% das pessoas levantaram as mãos. Suprimir a dor não é curá-la. Temos que mergulhar nos lugares atingidos e sentir nosso sofrimento se quisermos encontrar significado na perda.

Algo essencial se perde quando navegamos pela tragédia sem o apoio da comunidade. Por intermédio de Dionísio, vemos o valor de manter a escuridão de maneira coletiva, abundante e testemunhada. Dançamos a dor, compartilhamos a tristeza e bebemos destilados em homenagem ao falecido – lamentamos e libertamos. Compartilhar o sofrimento é o remédio para a alma.

Hoje, nossos rituais são, muitas vezes, superficiais e apressados. Sentir remete a abrir as portas da liberdade. Reprimir é fechar essas mesmas portas. Terapia em grupo, funerais, palestras e reuniões religiosas nos permitem compartilhar nosso sofrimento no palco da vida. Lamentar juntos é honrar nossa humanidade compartilhada.

Teatro

Na peça *Os Sapos*, apresentada durante as leneanas, um dos festivais de Dionísio em Atenas, Aristófanes retrata a cidade de Atenas sofrendo de escassez de poesia. Dionísio responde viajando ao submundo, a fim de ressuscitar um dos grandes poetas. Lá, julga uma competição entre Ésquilo e Eurípides, decidindo favorecer Ésquilo. Mais uma vez, retorna ao mundo inferior para

CAPÍTULO 10 – DIONÍSIO

recuperar algo perdido. Ao voltar com Ésquilo, o deus revitaliza a sensibilidade poética – enxergando a vida por formas teatrais, emocionais, imaginativas e expressivas. Prosa e poesia, expressões imaginárias de nossa existência, podem nos levar a outras formas de conhecimento. A linguagem da alma é trazida à vida por meio da poética e da metáfora, da imagem e da interioridade. A falta de poesia é um problema de imaginação, enquanto a poesia em si nos coloca em relacionamento com a vida.

Recorremos a Dionísio para expressar o submundo com a poética, a atuação e a metáfora. Victor Frankl disse que prisioneiros e sentinelas em Auschwitz construíram um cabaré rudimentar, onde os prisioneiros se reuniam para rir, chorar, recitar poemas e cantar. Alguns até perdiam a espera na fila do pão para comparecer ao cabaré, sacrificando a alimentação material para esquecer a realidade por um tempo.[24] Em um lugar de absoluto terror, o teatro oferecia cura, fluidez e conexão.

O teatro dionisíaco não é apenas processar ou compreender o que está acontecendo nos bastidores, mas sim senti-lo e representá-lo. A diferença entre o modo de saber do intelecto e o modo de saber da psique parece ser crucial, uma questão de como vemos determinada coisa e a imaginamos. Para invocar sua presença, criamos um teatro de sofrimento – vivendo a escuridão para podermos testemunhar sua natureza, aprender seus segredos e discernir suas mensagens.

Em *Como Gostais*, de Shakespeare, o melancólico Jaques diz: "Todo o mundo é um palco,/ E todos os homens e mulheres, apenas atores;/ Eles têm suas saídas e suas entradas;/ E um homem, em seu tempo, encena muitas partes". Tratar nossa vida como encenações de mitos, enredos, personagens ou tragédias traz flexibilidade, escolha e novas perspectivas. Estamos menos presos. Em vez disso, como Hillman escreve, "[Somos todos] personagens em uma ficção, e, à medida que o drama se intensifica, a catarse ocorre; somos purgados de identificações com destinos literais e podemos encontrar liberdade em desempenhar partes, como se fossem um desmembramento parcial".[25]

A presença dionisíaca apresenta-se onde quer que haja drama, dramatização e fantasia. Nossa vida é moldada pelos estágios nos quais escolhemos

---

24. Frankl. *Man's Search for Meaning*, p. 61.
25. James Hillman. *Healing Fiction*. Putnam, CT: Spring, 1994, p. 38.

nos apoiar, pelos papéis que aceitamos e pelos roteiros que seguimos. Não queremos nos ver presos, vivendo o mesmo tema repetidamente.

A psique tem capacidade incrível de inventar mundos fantásticos para dar às partes ameaçadas de nós um lugar seguro e estimulante, para que possam se esconder – mas esse espaço pode vir a um alto custo; tem capacidade de se conectar com a realidade. Quando o mundo da fantasia se torna um estado permanente de ser, é como se estivesse sob o chamado de uma sereia, de um feitiço que nos afasta daquilo que realmente está acontecendo. Podemos perder a capacidade de nos vermos com objetividade, de reconhecermos em que estágio estamos ou de saber quais são os atores em cena.

Máscaras

Como deus das máscaras, Dionísio estava associado a máscaras, a falsas identidades, à liberdade de responder como bem quisesse e à escolha de se esconder ou de se revelar. Compreender a escuridão "dramaticamente" inclui explorar a psicologia das máscaras.

Respondemos aos desafios da vida de forma única. O submundo tem inúmeras máscaras. Mesmo uma emoção como a tristeza pode se apropriar de uma infinidade de faces; alguns de nós permanecemos isolados e desconectados; outros se mantêm ocupados, enquanto outros choram e se soltam. Todos na minha família reagiram ao acidente do meu irmão de maneira diferente. Alguns eram estoicos, emocionais ou criativos; outros, temerosos ou deprimidos. A tristeza pode se disfarçar de raiva, isolamento, entorpecimento ou distração. A solidão pode se disfarçar de desespero, cuidado ou carência. É um erro esperar que as faces da escuridão pareçam iguais.

Parte da realização do trabalho interior é o reconhecimento de que temos máscaras (o que os junguianos chamam de *persona*) e de que as utilizamos ao nos apresentarmos ao mundo. *Persona* é "uma espécie de máscara", explicou Jung, "projetada, por um lado, para causar impressão definitiva nos outros e, por outro, para esconder a verdadeira natureza do indivíduo".[26] Nossas culturas

---

26. C. G. Jung. *Two Essays on Analytical Psychology. Collected Works*, v. 7. Princeton: Princeton University Press, 1972, p. 190.

CAPÍTULO 10 – DIONÍSIO

e tradições nos forçam a mostrar facetas específicas à realidade. Se nossa cultura valoriza a bravura e a masculinidade, ou a contenção e a perfeição, esses serão os valores incorporados à *persona*, para que possamos nos encaixar na sociedade. Ser como os outros tem seu valor; o risco está em tornar-se tão fundido à fachada, a ponto de nosso verdadeiro *self* permanecer escondido.

Trabalho com uma paciente radiante, vigorosa e magnética – todo mundo gosta dela. Ela chama essa parte de si de "canto e dança", identificando-a como sua máscara, assim como uma atuação que mantém as pessoas entretidas, sem que se tornem empossadas ou íntimas. Para ela, usar essa máscara é algo cansativo e superficial. Ela sente o fardo de não permitir que seu verdadeiro eu brilhe.

A vida é permeada de momentos mascarados. Alguns são enganosos, enquanto outros são protetores ou até compassivos. A depressão força algumas pessoas a usar uma máscara sorridente, mesmo quando estão em sofrimento. Os pais mascaram sua exaustão dos filhos. A insegurança é, muitas vezes, mascarada pela inflação. As pessoas mascaram medo, tristeza ou inadequação por meio da raiva ou do cuidado. Como o ditado prega: "Finja até conseguir". Uma mulher me disse isso após o diagnóstico de câncer; ela "colocou uma máscara". Parte dela ia trabalhar, conversava com os amigos sobre amenidades, exercitava-se e alimentava o cachorro. Outra parte foi sentida como peso, com medo e exaustão, preocupando-se com os horários do tratamento, as mudanças na dieta, os exames clínicos e em como organizar as finanças para se preparar para uma possível morte. "Tive que usar a máscara", disse ela, "porque as pessoas não suportavam falar sobre câncer."

As máscaras também são ferramentas de expressão, transformação e cura. Em *BodySoul Rhythms*, *workshop* criado por Marion Woodman e Ann Skinner, as máscaras dão forma às energias das sombras. Os participantes moldam o rosto em gesso e são convidados a atuar e a incorporar a energia por trás da máscara – tornando-se poderosos ou pequenos, irritados ou tristes, alegres ou infantis. Para alguns, a máscara é como um animal – um urso para a maternidade, um peixe para a fluidez, uma águia para a clarividência. O objetivo é dar um rosto às partes até então inconscientes de nós – dar voz ao nosso sintoma esquecido, ao desejo de nossa ferida negligenciada, à face do nosso medo mais profundo. O que borbulha é, então, processado, para que cada participante possa se conscientizar das energias inconscientes reveladas.

Máscaras simbolizam a liberdade de papéis e identidades, comportamentos e crenças. Ao perceber as máscaras que usamos, podemos ficar curiosos em relação ao porquê as usamos, de onde vêm e como tirá-las, se assim o desejarmos. Quando nos tornamos conscientes de nossas máscaras, podemos brincar de colocá-las e tirá-las, e a mudança passa a ser bem mais simples.

A mesma história de vida pode ser contada de muitos pontos de vista diferentes. Podemos dizer a nós mesmos que somos vítimas ou governantes, que estamos perdidos no deserto ou num novo caminho, que somos rápidos e ágeis como Hermes ou que ansiamos pelo passado como Orfeu. Ao enfrentar os momentos mais sombrios da vida, não há personagem, máscara ou resposta correta.

Desde o primeiro dia do processo de recuperação de meu irmão, coloquei a máscara de cuidadora. Cuidei dele, assim como de meus pais, de minha irmã, do meu parceiro e de mim mesma. Nunca cuidara dessa forma. A situação exigiu de mim esse papel, e eu o senti; então, "ao me encaixar nele", toquei uma nova parte de minha personalidade. Com o tempo, o papel de cuidadora tornou-se um fardo. Eu me via tentando controlar tudo excessivamente, assumindo muita responsabilidade e não permitindo que minha família tivesse espaço suficiente para dirigir a própria vida. Uma máscara que me serviu começou a distorcer minha realidade e a limitar minha capacidade de responder às necessidades à medida que se modificavam.

Há um véu tênue entre os papéis que servem ao nosso funcionamento diário e as máscaras que nos confinam. Os horrores e o drama das experiências do submundo podem nos transformar a tal ponto que, talvez, seja possível reter certas qualidades (máscaras) de nossa antiga personalidade. E, enquanto estamos sem nossas máscaras habituais que nos protegem de nossas feridas abertas, até encontrarmos uma nova posição a tomar, a dissociação poderá ser a resposta fornecida. Quando a dor é insuportável e precisamos parar, um pouco, de enfrentá-la, podemos cortar nossa conexão conosco, fazendo que isso seja sentido como uma espécie de entorpecimento da mente e do corpo. Partes de nós estão separadas umas das outras. A personalidade cotidiana pode evitar a personalidade de "desativação" (dissociada). Para curar esses traços dissociativos, precisamos ter consciência deles, oferecendo à identidade reprimida maneiras de sentir e se expressar. Até que o façamos, podemos nem perceber que a dissociação também é uma máscara – não uma que se adapte às necessidades da sociedade, mas uma que "moldamos" inconscientemente para evitar afundar no submundo sem uma tábua de salvação.

Usamos máscaras e ficamos presos no personagem e na fantasia de determinado papel, confundindo nossa autoimagem com a realidade. Na religião grega, Dionísio também estava associado à possessão; era adorado como *Enthousiasmos*, "deus de dentro". Quando usamos uma máscara por muito tempo, nossa imagem começa a tomar conta de nós; perdemos de vista nosso "verdadeiro eu", e, com o tempo, a máscara torna-se nossa identidade.

Depois de uma vida inteira de feridas relacionadas ao abandono, uma paciente começa a relaxar e a sentir a própria autenticidade. Seus impulsos têm sido historicamente incessantes: seja forte, nunca exagere, faça as pessoas gostarem de você. Ela vestiu uma máscara para consolidar uma força que realmente não tinha, um brilho que, de fato, não sentia. O Hércules nela galvanizou a força para enfrentar o medo de não ser o bastante. Agora, a energia por trás da máscara serviu ao seu propósito, e, em vez de guerrear e se defender, ela precisa de conexão, paz e reconexão com as partes de si descartadas. A máscara é colocada e tirada. Não é tão simples quanto pôr um livro de volta na prateleira: as atitudes e os comportamentos no interior da máscara a protegeram por muitos anos.

Distanciamo-nos das folias e dos disfarces do deus mascarado. "Uma sociedade que não organiza mais carnavais e eventos com fantasia", explica Ginette Paris, "perde um importante recurso psicológico e empobrece o imaginário coletivo."[27] Hoje, a noção de usar máscara é negativa; implica falta de autenticidade. Há verdade nesse viés; as máscaras escondem nosso eu verdadeiro e, ao mesmo tempo, nos permitem incorporar características das quais podemos necessitar temporariamente e, sob outra perspectiva, negligenciar. Em um baile de máscaras, as inibições se soltam porque as identidades são fluidas. Por um tempo, somos livres para ser outra pessoa. O impulso dionisíaco desperta em nós a celebração da representação, da liberdade e da exploração. As máscaras também permitem que a energia inconsciente ascenda, revelando partes ocultas de nós e nos libertando de identidades cansativas, até mesmo aquelas que não percebemos como maquiagem provisória.

---

27. Paris. *Pagan Grace*, p. 47.

O deus das muitas faces molda nossa capacidade de ir além de um único conjunto de traços, ideias ou comportamentos. Dionísio é o crescimento constante, dinâmico e descontrolado do instinto e da identidade que afrouxa o que está em nós, com forma e em compartimentos. É definido e indefinido, fumaça e fogo. Oscila entre os extremos da alegria e do sofrimento, o Olimpo e o Hades, o êxtase e a ausência. Dionísio nos convida a perceber as máscaras que usamos e a ser menos rígidos no modo como nos mostramos a nós e aos outros.

O corpo

Dionísio também é o deus do corpo. Tudo sobre sua presença é fenomenológico – experiência vivida tornada tangível, imediata e carnal. Hoje, as pessoas preferem a consciência do ego e sua capacidade de mensuração, previsão e ordenação à inteligência somática. Reações instintivas, intuições, representações sensoriais, sonhos somáticos e sensações emocionais são considerados menos críveis que a razão e a lógica. Mas, apesar dessas predileções, o corpo é uma imensa fonte de sabedoria e cura, e revela, muitas vezes, mais do que a mente racional tem a dizer.

Uma mulher emocionalmente abusada quando criança conta, agora adulta, que fora a um centro de tratamento onde lhe pediram que desenhasse a figura aterrorizante que a perseguia em sonhos. Toda vez que ela tentava captar a figura, seu corpo se recusava a desenhá-la. Ela se dissociava e ficava entorpecida, esquecendo a imagem. Em outro momento, o terapeuta dela pediu-lhe que desenhasse a figura com a mão esquerda. No mesmo instante, a imagem se revelou, perfeitamente capturada na página. Quando a mulher explorou essa mudança repentina, percebeu que o hemisfério esquerdo do cérebro – a lógica, a razão, a matemática, a linguagem – ainda a envergonhava. Qualquer coisa com o lado esquerdo do cérebro foi associada ao pai dela, figura que lhe disse que ela era idiota e inútil. Ao partir em direção à função inferior – o hemisfério direito do cérebro, intuitivo, do qual ela se esquecera por tantos anos –, a mulher foi capaz de se reconectar com partes abandonadas de si mesma.

É inegável a conexão entre nosso estado de espírito e a saúde do nosso corpo. O pesquisador e médico Gabor Maté escreve e expressa extensivamente a relação entre a conexão mente-corpo com a doença. Ele faz um

CAPÍTULO 10 – DIONÍSIO

questionamento importante: o que cria a guerra civil no corpo? As práticas médicas em voga apresentam visão biológica – toxinas e genética se misturam para causar predisposições tratadas como sintomas. Esse dualismo médico, que divide em dois o que é um, molda todas as crenças ocidentais relacionadas à saúde e à doença. Buscamos entender o corpo separado da psique – acreditando que nosso corpo diverge, de alguma forma, do ambiente no qual nos desenvolvemos, vivemos e morreremos. Ignoramos o contexto pessoal, para não mencionar o fundo arquetípico da doença.

O doutor Maté compartilha a história de Mary, uma paciente que sofreu uma série de doenças que, por fim, culminou em uma condição autoimune denominada esclerodermia. À medida que sua condição piorava, ele pediu à paciente que compartilhasse sua história de vida. Mary foi abusada quando criança, acabou em um orfanato violento e, ao mesmo tempo, escolheu dedicar-se a proteger as irmãs. O fato é que ninguém a protegeu, a ouviu ou imaginou que ela fosse digna de atenção. Quando adulta, Mary sentiu-se presa a ciclos de assumir responsabilidade pelos outros. Maté perguntou a si mesmo se a doença autoimune que a matou não seria uma maneira de o corpo dela rejeitar a tendência de colocar os outros em primeiro lugar.

"O conteúdo inconsciente", escreveu Jung, "esconde-se em algum lugar do corpo, assim como tantos demônios da doença impossíveis de se apoderar dele, em especial quando dão origem a sintomas físicos cujas causas orgânicas não podem ser demonstradas."[28] Nossas sombras permeiam nossas células, infectando nosso tecido e surgindo como doença. Não conseguimos curar as feridas carregadas por nosso corpo habitando apenas o espírito e a mente. Temos que viajar para nosso interior, recuperando a conexão entre corpo e psique. Temos que ouvir a sabedoria e as mensagens de nosso corpo, em vez de ignorá-las e enxergar o corpo como máquina. Nas palavras de Rumi, "Há uma voz que não utiliza palavras. Ouça". Beneficiamo-nos enormemente quando respeitamos e amamos nosso corpo, ouvimos suas necessidades, o alimentamos com alimento de qualidade e lhe damos descanso, tempo na natureza e liberdade de se mover, se esticar e experimentar alegria.

---

28. Jung. *Mysterium Coniunctionis*, p. 238.

"Ao tentar nos proteger da crença de que há algo em nós que não pode ser amado", escreveu Marion Woodman, "as mulheres, e cada vez mais os homens, culpam o próprio corpo." Nosso desejo inconsciente de controle e perfeição nos deixa críticos em relação à nossa silhueta e envergonhados da necessidade de comer, transar e se movimentar. "Foi o medo gerado por mim mesma", continuou Woodman, "que estressou meu corpo e criou aquele inferno."[29] Apenas após o segundo encontro com o câncer ela percebeu como, no fundo, cultivava a crença de que era indesejada. E uma parte inconsciente dela sentia que merecia morrer. Depois disso, Woodman tornou-se confiante para enfrentar essa realidade, desenvolvendo compaixão por si mesma e pelos pais. A doença foi o despertar de seu corpo: "A agonia do meu corpo foi uma manifestação do meu terror, assim como uma tentativa de me manter no antigo; no entanto, paradoxalmente, não me foram oferecidas outras escolhas que não aquelas sobre a necessidade de mudar, expandir a vida e viver de forma mais autêntica".[30]

Também devemos explorar o terreno imagético e simbólico da soma. A linguagem da alma é a representação e pode ser usada para unir corpo e psique. Alguns sonhos apresentam sensações vívidas, por exemplo, assombrando-nos muito tempo depois de termos acordado. Nos sonhos somáticos, o inconsciente nos tem sob controle e busca o diálogo, utilizando o corpo como linguagem discursiva. Esses sonhos podem chamar a atenção para um sintoma, uma revelação ou um problema do qual não estamos cientes. Essas representações incorporadas podem ser aterrorizantes ou agradáveis, porque obscurecem a fronteira entre o ego e o inconsciente. Aprendendo a cuidar das "vozes" de nosso corpo, podemos cultivar uma sabedoria sensorial.

Muitos que sofrem de trauma desenvolvem sintomas "incorporados" – entorpecimento, enxaqueca, distúrbios alimentares, insônia, alergia, ataques de pânico, instabilidade muscular, atrasos no desenvolvimento, *flashbacks* ou enfermidades. Certa vez, conversei com uma mulher que, quando pequena, fora menosprezada pelo pai. Quando ela se mostrava alegre e feliz, sorridente, ele zombava dela e dizia-lhe que precisava crescer e parar de agir como

---

29. Woodman. "Spiraling Through the Apocalypse", pp. 68-72.
30. Ibidem, p. 74.

idiota. Hoje, quando ela sente bem-estar, reprime a emoção e a substitui por vergonha. À noite, ela sofre de bruxismo, quando seu corpo a lembra da necessidade de se fechar, sua voz é silenciada, e sua exuberância, reprimida.

Muitos que sofrem de trauma emocional vivem em estado de medo. O corpo dessas pessoas é incapaz de relaxar, o nível de cortisol dispara, a respiração se acelera, e o córtex orbitofrontal, responsável pelo processamento reflexivo, fica mais restrito. Com o tempo, o sistema límbico, emocional e responsável pelas respostas de luta ou fuga, passa a dominar, e um *loop* de *feedback* neurológico destrutivo toma conta daquele circuito.

Em nossa primeira sessão, uma paciente sentou-se com as pernas cruzadas e os braços ao redor do tronco. Quando perguntei o porquê daquela posição, ela a chamou de "escudo". Ficamos curiosas em relação à postura, explorando como ela se protege do passado doloroso. O corpo dela carrega suas feridas, e ela está tentando se proteger de outras novas. Nosso trabalho se concentrou em apoiar sua capacidade de libertação, reconstrução e movimentação, de maneiras pelas quais, até então, ela considerava inseguras.

O corpo mantém o placar da pontuação, como escreveu o psiquiatra Bessel van der Kolk. É um porto para aspectos rejeitados, esquecidos, desprezados e desconhecidos de nós mesmos. Às vezes, as energias inconscientes expressam-se na postura, na fala, nos gestos ou como sintomas; outras, aparentemente, acontecem fora de nós, por exemplo, em um acidente de carro a caminho de uma entrevista de emprego indesejada ou tropeçando ao sair de casa para um encontro sobre o qual estamos inseguros.

A medicina e a ciência modernas estão muito empenhadas em curas, buscando destruir todos os sintomas e desconfortos antes de estes terem a chance de revelar um significado. São disciplinas da abstração e da razão transformando sintomas em estatísticas e médias. A literalização da poética do corpo bloqueia nossa capacidade de imaginar a história subjacente a uma doença, um sintoma ou um órgão inflamado. A doença é um conjunto de sintomas, além de uma mensagem das profundezas do nosso ser.

Muitas vezes, procuro o símbolo na doença – como a enfermidade pode estar convidando alguém a reconsiderar suas atitudes, perspectivas e modo de vida. Esbarramos em como Jung acreditava que os "deuses" (energias arquetípicas) se tornaram, na contemporaneidade, doenças. Ao longo da jornada da vida que é tornar-se si mesmo, os "deuses" da psique podem se forçar à nossa consciência por meio da patologia. Russell Lockhart sugere que devemos buscar o deus na doença e cuidar da parte de nós simbolizada pelo deus que pode ter sido esquecido. Conectar-se ao deus na doença é voltar-se às possibilidades negadas em nós mesmos.

Essa abordagem da doença (que é, afinal, semelhante a uma jornada) não tem como foco a cura da enfermidade, embora haja sempre a esperança de que cuidar da psique tenha efeito curativo da patologia e da alma. A empreitada metafórica, espiritual e simbólica da doença é encontrar mais profundidade e significado por meio da conexão entre mente e corpo. É sobre como crescer até chegar a si mesmo.

Além de medir e testar nosso corpo, precisamos explorar as metáforas. Quais são a mensagem e o simbolismo da inflamação? O aumento de doenças inflamatórias, como câncer, doenças autoimunes e Alzheimer, seria meramente um aspecto físico? Ou espelha uma cultura da inflamação, com picos de cortisol, porque trabalhamos demais; insuficiência adrenal, porque não podemos nos adaptar à velocidade ímpia exigida pelo mundo moderno; toxicidade hepática, por causa de relacionamentos, notícias, ambientes ou mídias sociais tóxicos; ou, ainda, porque não estamos conectados à fonte de quem somos?

"Sempre fui intelectual", explicou Ben, "e isso foi ratificado e cultivado por nossa família. Mas, no processo, desconectei-me do meu conhecimento corporal instintivo. Repetidamente, minha jornada de cura me trouxe de volta ao corpo, tentando me ensinar a ouvir o valor de cada história, incluindo a de minha lesão cerebral."

"Qual é o valor dessa história?", perguntei.

"Reconectar-me ao lugar mais profundo do meu ser. À fonte que, muitas vezes, ignoramos, porque a mente é poderosa, bela e tem muito potencial. Mas também está sujeita ao ego, enquanto este tem menos controle sobre o corpo."

Atualmente, no Ocidente, estamos, em grande parte, desconectados das sensações dionisíacas e raramente as abraçamos. Fugimos com frequência, lutando para nos libertar da exigência da presença aclamada por esse deus. Poucos agentes de cura promovem a libertação somática dionisíaca – estremecer-se, gritar, chorar, desfazer. É intenso e assustador ver-se com emoções vulcânicas, bem sentidas e amplas demais. Preferimos sensações contidas, suaves e distantes. Tornamo-nos muito comedidos para abraçar a intensidade da *soma* dionisíaca.

Contamos com informações sobre nosso corpo, muito embora, em grande parte, ignoremos sua sabedoria. Analisamos os resultados laboratoriais, lemos estudos científicos e interpretamos nossos genomas. A mente ocidental acredita que a verdade é o que pode ser testado e mensurado. Intuições, sentimentos, sonhos e a imaginação não são, em geral, considerados formas válidas de compreensão. O conhecimento dionisíaco é adquirido por meio dos sentidos e dos sentimentos, não por meio do pensamento racional. Reprimir essa forma de conhecimento nos desconecta da completude. Corpo e psique devem andar juntos.

O deus proibido

Por volta de 30 d.C., as religiões abraâmicas substituíram os deuses greco-romanos. O mundo ocidental adotou o monoteísmo e a moralidade judaico-cristã e, no século XVIII, afastou-se da natureza, do instinto e da adoração dos deuses pagãos em nome da razão, do individualismo e da observação, reservando pouco espaço à energia transbordante, próxima, intoxicante e enlouquecida de Dionísio. No lugar das rajadas de vento, de inundações torrenciais e da lava, começamos a adorar o espírito, a contenção, a moralidade e o princípio. O deus outrora celebrado e coberto de hera ganhou cascos e tornou-se nosso Diabo.

No lugar de Dionísio, passamos a adorar Apolo – o deus da razão, da luz, da ética, do espírito e da ordem. "Apolo", explicou Nietzsche, "representa o senhor da luz, o *principio individuationis*, o mundo individualizado e iluminado pela luz solar. O mundo dionisíaco, por outro lado, representa o impulso do tempo que destrói e traz, simultaneamente, todas as coisas. É o poder gerador, empurrado para fora da escuridão."[31] Construímos um mundo embasado na lucidez, no progresso, na racionalidade e na segurança; e o preço a ser pago por nossa visão de mundo organizada é a falta de Dionísio.

---

31. Citado em Joseph Campbell. *Goddess: Mysteries of the Feminine Divine*. Safron Rossi (org.). Novato, CA: New World Library, 2013, pp. 216-7.

Não podemos acessar a energia dionisíaca pela razão ou pelo planejamento. Esse deus carrega um estilo mais sombrio e embrionário de experimentar a vida. O impulso dionisíaco retrata a emancipação do instinto desenfreado, a vingança da natureza sobre as forças da ordem, soltando-se e dando energia à força vital desabalada.

Hoje, somos encorajados a adentrar o submundo por um viés apolíneo. Contemo-nos, agimos de forma razoável e analisamos. Ensinam-nos habilidades comportamentais para regular as emoções e recebemos pílulas farmacêuticas a fim de retornarmos à estabilidade e à normalidade. Nosso objetivo médico é o alívio de sintomas, para conter anormalidades e o sofrimento entorpecido. Perdemos a capacidade de desabafar sem sermos vistos como desequilibrados ou insanos. Excluímos Dionísio da equação de cura.

Apolo nunca visitou o submundo. Acreditava-se que não poderia entrar em contato com os mortos. Como digerimos a escuridão enquanto imitamos um deus que não pode tocar o submundo? Em vez de tentarmos essa descida trajados de princípios rígidos como estabilidade e ordem, precisamos nos voltar a uma energia conectada à escuridão, confiando na catarse, na sabedoria do corpo, na liberdade de afrouxar comportamentos desgastados, aproveitando o instintivo e o selvagem para nos reconectarmos com as partes banidas de nós.

Abandonando formas bem definidas e conscientes de incorporar a energia dionisíaca, passamos a adorar inconscientemente – por meio do consumo e do vício sem sentido. Ao reprimirmos a energia primitiva necessária para nos sentirmos vivos e gratificados, tornamo-nos, psicológica e espiritualmente, ressequidos.

Robert Johnson chamou isso de desnutrição espiritual, cuja origem seria nossa preferência cultural por soluções rápidas em vez da nutrição espiritual profunda – preferência por soluções apolíneas em vez de dionisíacas. Johnson argumentou que tiramos Dionísio "de nossa consciência, o negamos por motivos morais e nos tornamos piores com isso".[32] Nossa mentalidade "higiênica" torna o encontro com Dionísio terrivelmente desconfortável.

Sem senso de conexão profundo conosco e com o mundo natural, tentamos preencher esse vazio com materialismo grosseiro e polidipsia emocional.

---

32. Johnson. *Ecstasy*, p. 21.

CAPÍTULO 10 – DIONÍSIO

Tome como exemplo a psicologia do vício, que, em muitos aspectos, é a psique procurando a cura do lado de fora. Se nossas feridas nos desconectarem de nossa realidade interior, seremos forçados a confiar em algo externo para nos libertar, nos dar identidade e significado, inspirar paixão e encontrar alívio para nossos defeitos. Não importa quanto trabalho interior façamos, os impulsos para a vida permanecerão inibidos, reprimidos ou ocultos por nossas defesas. Quando o mundo interior e a escuridão são negados e a energia da vida, o *self*, e o significado são encontrados apenas fora de nós, o inconsciente ascende de forma sombria. O vício em doces seria um impulso para a doçura da vida? O alcoolismo seria o desejo reprimido de liberdade e espírito? Negar o crescimento de uma forma é obtê-lo de outra.

A vida não pode ser vivida apenas por meio de um objeto externo – seja este uma pessoa, uma posse, um objetivo ou um trabalho. Nosso mundo moderno é, em grande parte, extrovertido. Curamo-nos por meios externos – produtos químicos, radiação e cirurgia, pílulas para o desequilíbrio mental. Culpamos o sofrimento por coisas fora de nós – fatores ambientais para nossas enfermidades, falta de dinheiro para nosso estresse, horas longas de trabalho para a exaustão, parceiros amorosos para nossos fracassos. Há, é claro, maneiras exteriores de lidar com questões cotidianas; no entanto, costumamos estar desconectados das interiores.

"Esforçar-se para alcançar o que não é autêntico para nós", escreveu Marion Woodman, "abre a porta para o vício."[33] Quando as experiências de escuridão são processadas apenas de forma racional, a psique profunda é negligenciada, e nossa melhor fonte de cura fica *off-line*. Procurar mitigar ou controlar talvez resulte em estabilidade temporária; todavia, essa dinâmica não aborda o chamado arquetípico por trás do vício.

Quando nossas escolhas não nos satisfazem, acreditamos equivocadamente que, se conseguirmos mais – somos, então, mais perfeitos ou mais controlados –, seremos mais felizes. Contudo, "mais" não é sinônimo de "suficiente", e nosso desejo pode ser insaciável. É possível reprimir um reflexo de si mesmo compassivo e amoroso, por mais que seja impossível destruir sua energia. As partes não preenchidas de nós se tornarão conhecidas de um jeito ou de outro.

---

33. Woodman. "Spiraling Through the Apocalypse", p. 66.

Uma paciente com quem trabalhei estava perdendo o interesse, terrivelmente, por qualquer um que percebesse como dependente. Para ela, confiar em outra pessoa era algo vergonhoso. Ela estava infeliz, mas não se permitia ser cuidada – atitude por trás de muitos relacionamentos fracassados. Quando estava crescendo, a mãe (que era solteira) trabalhava em dois empregos e chegava em casa exausta. Minha paciente foi forçada a amadurecer mais rápido que seu ritmo natural de desenvolvimento, assim como o de seus pares. Considerando isso, ela passou a associar a carência a causar dor à mãe. Essa associação mudou de desejo de ser querida, apoiada e amada para sentimentos de vergonha. Parte fundamental de seu trabalho comigo foi reconectar-se às partes dela mesma que nunca haviam sido cuidadas, mas que tão desesperadamente ansiavam por ser.

O que é reprimido não desaparece. Esconde-se nas sombras, latejando sob a superfície. Reprimir e esquecer são maneiras de ignorar nossa própria realidade, de não contar a nós mesmos a história completa. Precisamos encontrar maneiras de lembrar, dizer, falar nossa própria verdade. Quando o fazemos, revelamos quem somos – aos outros e, sobretudo, a nós mesmos.

Dionísio é o deus da catarse interior e da conexão, reconectando-nos à realidade imediata de nosso ser, para que possamos sentir a intensidade do mundo interior. Ele arromba, solta laços e nos aproxima da escuridão da vida. E é óbvio que a energia do excesso, do caos e da libertação traz consigo o potencial do abuso e do vício – o lado sombrio de Dionísio. No entanto, ao negar à energia dionisíaca uma cadeira à mesa, essa energia afunda no inconsciente, local onde faz com que se transforme em complexos, vícios e neuroses.

Quando reprimida, a presença dionisíaca contundente torna-se patológica. Sem consciência, sua energia emergente torna-se ainda mais bárbara, explodindo em nossa vida como obsessões, vícios e loucura. As paixões são vistas como escravidão; o desejo, como pecado; o relaxamento, como instabilidade. A associação de Dionísio à compulsão, ao excesso, ao desequilíbrio, à loucura e ao terror fazem dele alvo do moralismo. Mas o incêndio florestal não queima a despeito das árvores; o vulcão não entra em erupção a despeito da montanha; e os raios não caem a despeito da encosta. Essas energias são elementares e naturais, não intencionais – o vulcão entra em erupção porque os vulcões entram em erupção; ele precisa liberar sua carga.

CAPÍTULO 10 – DIONÍSIO

A repressão e a demonização de Dionísio levaram à crença cultural de que uma infinidade de doenças se esconde no submundo psíquico. Inibimos nossa capacidade de acessar uma experiência catártica de submundo de forma inata e humana – gritando, sentindo, movendo, criando, expressando, incorporando, liberando, encenando e libertando até uma simples descarga física, como pular de um trampolim ou fazer uma atividade aeróbica.

Dionísio pode desmembrar, mas também traz nascimento e redenção por meio da reconexão. Se quisermos parar de tentar preencher o vazio sem fim com mais alimento, objetos, sexo ou dinheiro, teremos que devolver as partes de nós deixadas no submundo. Sem isso, como Woodman alertou, "Podemos nos pegar desejando comida não saudável, bebida sem essência ou sexo sem união. Nossa fome é por alimento – mas por alimento da alma; estamos clamando pela nutrição que nos permitirá expressar nossa individualidade criativa".[34]

Dionísio viajou ao submundo para se reconectar com a mãe, representando suas raízes no mundo, sua ascendência. Nenhuma emoção ou comportamento pode ser nutritivo quando desconectado da fonte. Na sociedade moderna, orientada à superfície, muitos de nós lutamos para nos sentir satisfeitos. Ansiamos por estar conectados a algo mais profundo e significativo que nosso ego superficial, ou seja, nossas máscaras. Quando viajamos ao interior em busca da fonte de nosso ser, retornamos a algo mais instintivo e arraigado, invocamos Dionísio. Como Von Franz escreveu: "Se nada mais, o contato com o inconsciente pode se tornar o remédio contra o sentimento torturante da falta de raízes".[35]

Em vez de dionisíaca, temos uma interpretação cristã do submundo. "Entre nós e o submundo", argumentou Hillman, "encontra-se a figura de Cristo."[36] O sacrifício de Cristo é interpretado como significando que os crentes não precisam sofrer as próprias jornadas. Cristo superou as trevas para redenção de todas as almas. Tudo o que é preciso é acreditar na história cristã. Anulamos a necessidade de experimentar diretamente a escuridão. Esse sistema de crenças cria uma justificativa moral para evitar a descida ao submundo. Em vez de ser como um professor e um caminho, o submundo e seus inúmeros habitantes tornaram-se um inimigo maligno a ser evitado.

---

34. Woodman. "Spiraling Through the Apocalypse", p. 66.
35. Von Franz. *On Dreams & Death*, p. xii.
36. Hillman. *The Dream and the Underworld*, p. 85.

No mito, os reis Licurgo e Penteu rejeitaram a divindade de Dionísio e foram punidos com a loucura e a morte. O destino dos reis nos lembra que reprimir Dionísio é ameaçar a estabilidade de toda a esfera psíquica. Dionísio nunca ficará repousado na psique – sua energia é muito primordial e perturbadora para permanecer silenciosa e mansa. A solução não é administrar mais pílulas ou terapias em nossas feridas, mas sim retornar aos valores que Dionísio personifica – afrouxamento, consciência somática, liberdade, representação, selvageria e paixão. Curamo-nos honrando essas energias, dando-lhes um lugar à mesa em vez de as barrarmos à porta. Dionísio é um deus: sua energia merece reconhecimento em vez de repressão.

O retorno de Dionísio não é uma volta à casa que represente um estado louco, selvagem, instintivo, de total insanidade e desintegração. Perder completamente o caminho de si não serve à totalidade. Na filosofia budista, a morte do ego significa dissolução em um não estar, ou seja, em estado de iluminação. Na psicologia junguiana, a morte do ego é chamada de psicose. Precisamos de ego intacto para enfrentar o inconsciente. A jornada dionisíaca também requer ascensão, inclusão e integração daquilo que foi negligenciado e reprimido.

Hoje, o submundo dionisíaco é tudo, menos proibido. Os histéricos são presos, os deprimidos, aqueles em pânico, e os maníacos, sedados; crianças caóticas e incontroláveis tomam Ritalina e outros imunossupressores. Sentimo-nos envergonhados de nossos impulsos, culpados por nossas fantasias e desconectados da intuição centrada no corpo. Em nosso mundo refinado, o território selvagem e frenético, somático e emocional, instintivo e cru de Dionísio não é mais bem-vindo, testemunhado ou expresso. Essa repressão intensifica a energia, forçando-a a entrar em erupção na consciência de maneiras violentas e desequilibradas.

Quando pensamos na experiência do submundo, seja encontrando o inconsciente ou suportando os momentos mais difíceis da vida, a jornada pela própria natureza traz sofrimento, destruição, desmembramento, intensidade, sacrifício e um sabor apavorante do reino instintivo. Sentimos a pressão do luto no coração, oramos por alívio, sacudimos o medo do corpo, gritamos, choramos, imploramos e, quase sempre, perdemos algum aspecto de nós para a escuridão. Negligenciar o elemento dionisíaco no submundo é um erro grave. A experiência encarnada e emocional de sofrimento, dissociação e reformulação é necessária para que a integração e a criação do todo possam ocorrer.

CAPÍTULO 10 – DIONÍSIO

Reflexões

Dionísio é um deus libertador, embora aterrorizante. Esquecido e indesejado, pertence à psique temível, caótica e primordial. É a força vital descontrolada – os rugidos pulsantes da natureza, do instinto e da selvageria indomável. Dionísio afrouxa nossos laços; é energia de reconexão e devolve o que foi reprimido. Estar em sua presença é como ser desmembrado pelo sofrimento, pelo grito e pela loucura aparente. Depois que tudo aquilo que remete à nossa vida parecer acabado, estamos a renascer – em forma vibrante e infinita de vida. Ser dionisíaco é abandonar a ordem e a lógica e abraçar o primitivo, o somático, o corajoso e o profundamente vivo.

Reflita sobre como essas qualidades dionisíacas podem estar presentes em sua experiência de vida:

- Percebendo o que é reprimido e negligenciado em você.
- Curando pela conexão com o mundo natural.
- Experienciando o selvagem, o animado e o instintivo, constituintes de quem você é.
- Maneira somática ou corporal de se encontrar com a escuridão.
- Catarse e libertação.
- Despertando sua força vital.
- Experienciando a escuridão pessoal que o consumiu emocionalmente.
- Momentos em que você viveu nos extremos da vida.
- Êxtase como meio de ficar fora de si – experiências dissociativas, boas e ruins.
- Comunidade e ritual.
- Afrouxamento de qualquer coisa que o limite e o vincule.
- Desmembramento – momentos de dilaceramento que o levaram a renascer.
- Teatro ou metáforas que o fazem viver suas narrativas, para senti-las mais de perto.
- A presença de máscaras na vida.
- Libertando-se do controle do pensamento abstrato ao voltar-se para os instintos.

CAPÍTULO 11

FORJADO NA ESCURIDÃO

Nossas jornadas à escuridão são tão únicas quanto nossas impressões digitais. No entanto, a experiência arquetípica do submundo não é assim. As entrevistas e os exemplos de casos que coletei para este livro deixam uma coisa clara: todo mundo conhece o submundo. Em algum momento, em maior ou menor grau, a vida nos levará a uma jornada descendente. É uma experiência universal, não uma anomalia ou uma corrente subterrânea longínqua. Na realidade, a escuridão nos une também.

A *jornada ao submundo* significa estar em um lugar de incerteza, muitas vezes com medo, sofrimento, escuridão e sobrecarga. Para uma experiência humana tão universal, é desconcertante que tratemos a escuridão com negatividade e repressão. O problema não é o submundo, mas nossa falta de perspectiva inferior – nossa crença de que apenas a luz tem valor e de que devemos descartar todo o resto. Precisamos, hoje, da crença pessoal e cultural de que há algo de valor absoluto no abismo de nossas almas.

Aqueles que viajaram conscientemente para a escuridão têm essa perspectiva do submundo. A correnteza escura é tão difundida que tiveram que construir um relacionamento com ela. De fato, não há outra escolha. Como disse Victor Frankl, quando não somos mais capazes de mudar uma situação, somos desafiados a mudar a nós mesmos.[1] Uma das grandes questões da vida é: como afirmar a vida diante do submundo?

Adotar uma perspectiva do submundo significa valorizar os encontros com as partes escuras de nós, enfrentando-as como oportunidades de crescimento e profundidade. Se acreditamos que a escuridão nos afligiu injustamente, estamos delirantes – isso afeta a todos – e sempre voltamos àquilo por meio de reflexões morais: por que isso está acontecendo? O que fiz de errado? Por que eu? Você não fez nada errado. Essa é uma parte da vida para a qual, por razões exploradas ao longo destas páginas, nós, no mundo moderno,

---

1. Frankl. *Man's Search for Meaning*, p. 135.

viramos as costas e ficamos inevitavelmente surpresos quando somos forçados a encontrá-las. Claro e escuro são dois lados da mesma moeda. É impossível ter uma moeda com apenas um lado.

A tragédia da psicologia moderna é que aprendemos habilidades para nos distanciar e até tentar remover o submundo. A terapia tornou-se ferramenta de superação de acontecimentos e de fazer as águas escuras secarem. Mas, com tempo e sofrimento, podemos mudar nossa relação com a escuridão. Podemos reimaginar nossa história, permitir que ela se mova de maneiras diferentes, criar significado e deixá-la reconstruir nosso mundo. O que não podemos fazer é nos livrar disso.

Descartar a possibilidade de vivenciar a escuridão é o mesmo que descartar a vida em si. Cada um de nós vive a vida de maneira diferente. Somos todos tecidos de diferentes histórias, vivências, expectativas e perspectivas. Para honrar nossa singularidade, devemos tratar o submundo com a imaginação e a complexidade que ele merece.

A diferença entre os desafios psicológicos de nossa época e da de nossos ancestrais é uma visão de mundo mitológica permeada de símbolos e ritos religiosos que os guiavam, até mesmo atravessando o submundo e voltando dele. Hoje, enfrentamos o escuro sozinhos. "Nosso problema, na qualidade de indivíduos modernos, 'esclarecidos'", ponderou Joseph Campbell, é que "fomos privados da existência de todos os deuses e demônios por meio da racionalização."[2] Os deuses estão realmente mortos? Eles nos abandonaram para enfrentar as grandes questões da existência humana por nós? Claro que não! Eles acabaram de ser esquecidos.

Deuses, deusas e heróis gregos não são relíquias de uma cultura passada muito distante de nossa vida; são formas de imaginar. "Sempre foi a principal função da mitologia", explica Campbell, "fornecer os símbolos que levam o espírito humano a avançar."[3] Tudo o que imaginamos, sentimos, tememos e a que reagimos já obteve forma na imaginação arquetípica. Nossa vida é composta das representações de mitos.

Imagine tornar a vida miticamente significativa. Observe como deuses, deusas e heróis se espelham e se movem em sua vida. Ao dominar o mundo,

---

2. Campbell. *The Hero with a Thousand Faces*, p. 104.
3. Ibidem, p. 11.

CAPÍTULO 11 – FORJADO NA ESCURIDÃO

observe "Hércules" na força de vontade. Ao confiar em algo além de si, observe "Eneias" na rendição. Ao se sentir sem base sólida ou em estado intermediário, observe "Hermes" no perambular. Quando as dificuldades se repetirem como as estações do ano, observe "Perséfone" na resiliência. Quando a vida é violenta e caótica, observe "Dionísio" na crise.

Em meio a demônios e monstros, o medo e a incerteza aguardam por um tesouro inestimável que só pode ser encontrado na escuridão. Se você permitir, experiências de sofrimento e perda, doença e morte, vergonha e traição, tristeza e depressão se transformarão em fontes de profundidade, autenticidade e identidade. Campbell disse que, quando enfrentamos a escuridão do mundo interior:

> E ali onde pensávamos encontrar uma abominação, encontraremos uma divindade; onde pensávamos matar alguém, mataremos a nós mesmos; onde pensávamos viajar para o exterior, atingiremos o centro da nossa própria existência; e onde pensávamos estar sozinhos, estaremos com o mundo inteiro.[4]

O sistema radicular da escuridão – as vozes do sofrimento, todos os ancestrais que caminharam por aquele longo e escuro corredor – é, em si, a narrativa da humanidade. Fala do nosso desejo de fazer sentido, de nossos rituais e deuses, de nossos heróis e sombras. Retrata nossa necessidade de nos conectarmos uns aos outros, de viver de forma significativa e encontrar a integridade. Essas são histórias do submundo, as vozes que não podem ser encontradas à luz do dia.

É de partir o coração e, ao mesmo tempo, um alívio ter que ser levado para a escuridão e conhecer o milagre da vida, aprofundar e expandir nossa existência. Quão peculiares são as lições do submundo, com suas passagens em que somos forçados a nos tornar mais do que imaginamos ser. Ninguém escolhe descer ao abismo da alma, mas, para aqueles que estiveram no que Jung chamou de "o caminho do sol poente", pode ser que chegue um momento no qual percebam em quem se tornaram, e de fato, quem até aqui chegou foi, definitivamente, forjado na escuridão, na parte mais escura de si mesmo, numa descida ao "Hades interior" que habita em cada um de nós.

---

4. Campbell. *The Hero with a Thousand Faces*, p 25.

BIBLIOGRAFIA

Aeschylus. *Agamemnon*. In *Three Greek Plays*. Traduzido por Edith Hamilton. Nova York: W. W. Norton & Company, 1937.

Alighieri, Dante. *The Divine Comedy*. Tranduzido por John Ciardi. Nova York: Penguin Group, 1954/2003. [*A Divina Comédia*. São Paulo: Cultrix, 1966 (fora de catálogo).]

Apolodoro. *The Library of Greek Mythology*. Traduzido por Robin Hard. Oxford: Oxford University Press, 1997.

Armstrong, Karen. *A Short History of Myth*. Nova York: Canongate, 2005.

Athanassakis, Apostolos (trad.). *The Homeric Hymns*. Baltimore: Johns Hopkins University Press, 1976.

Athanassakis, Apostolos e Benjamin Wolkow (trads.). *The Orphic Hymns*. Baltimore: Johns Hopkins University Press, 2013.

Atsma, Aaron. *The Theoi Project: Guide to Greek Mythology*. Modificado pela última vez em 2019. Disponível em: <www.theoi.com/>.

Berman, Ali. "Eight Artists who Suffered from Mental Illness". Disponível em: <https://www.mnn.com/lifestyle/arts-culture/stories/8-artists-whosuffered-mental-illness>. Acesso em: 18 fev. 2020.

The Bible: Authorized King James Version. Organizado por Robert Carrol e Stephen Prickett. Oxford: Oxford University Press, 2008.

Bly, Robert. *A Little Book on the Human Shadow*. São Francisco: HarperOne, 1988.

———. *Iron John*. Boston: Da Capo Press, 1990.

Boer, Charles (trad.). *The Homeric Hymns*. Hubbardston, MA: Asphodel Press, 2006.

Brown, Brené. *The Gifts of Imperfection: Let Go of Who You Think You're Supposed to Be and Embrace Who You Are*. Center City, PA: Hazelden Publishing, 2010.

Burkert, Walter. *Greek Religion*. Traduzido por John Raffan. Malden, MA: Blackwell, 1977-1985.

Burroughs, John. *Leaf and Tendril*. Houghton, MI: Mifflin Company, 1908.

Campbell, Joseph. *The Hero with a Thousand Faces*. Princeton: Princeton University Press, 1949. [*O Herói de Mil Faces*. São Paulo: Cultrix, 1988.]

————. *The Power of Myth*. Organizado por Sue Flowers. Nova York: Doubleday, 1988.

————. *Goddess: Mysteries of the Feminine Divine*. Organizado por Safron Rossi. Novato, CA: Joseph Campbell Foundation, 2013.

Capote, Truman. "In Cold Blood: An Unspeakable Crime in the Heartland". *The New Yorker*, 25 set.-16 out. 1965.

Churchill, Winston. "Churchill's Greatest Speeches". Disponível em: <https://www.historyextra.com/period/second-world-war/churchills-greatestspeeches/>. Acesso em: 6 jan. 2020.

Conner, Steve. "Children Better at Recognising Pokémon Characters Than British Wildlife". *Independent*, mar. 2020.

Cotterrell, Roger. *Emile Durkheim: Law in a Moral Domain*. Edimburgo: Edinburgh University Press, 1999.

Downing, Christine. *Gods in Our Midst*. Nova Orleans: Spring Journal Books, 1993.

————. "Journeys to the Underworld". *Mythosphere* 9, n° 2, 1999, pp. 175-93.

Edinger, Edward. *Ego and Archetype*. Nova York: Penguin Books, 1972. [*Ego e Arquétipo*. 2ª ed. São Paulo: Cultrix, 2020.]

Eliade, Mircea. *Rites and Symbols of Initiation*. Traduzido por Willard Taske. Putnam, CT: Spring, 1994.

BIBLIOGRAFIA

Farnell, Lewis. *Greek Hero Cults and Ideas of Immorality*. Nova York: Elibron Classics, 2005.

Fisher, Nicole. "State of the States: 2020 Mental Health Rankings". *Forbes*, 5 fev. 2020. Disponível em: <https://www.forbes.com/sites/nicolefisher/2020/02/25/state-of-the-states-2020-mental-health-rankings/#3a79a6315ae3>.

Frankl, Victor. *Man's Search for Meaning*. Part One. Traduzido por Ilse Lasch. Nova York: Pocket Books, 1946-1985.

Freud, Sigmund. *New Introductory Lectures on Psychoanalysis*. Nova York: Norton, 1933.

———. *The Interpretation of Dreams*. Traduzido por Joyce Crick. Nova York: Oxford University Press, 1900-1999.

Gibran, Kahlil. *The Prophet*. Nova York: Vintage Books, 1923.

Graf, Fritz e Sarah Iles Johnston. *Ritual Texts for the Afterlife*. Nova York: Routledge, 2007.

Graves, Robert. *Goodbye to All That*. Nova York: Doubleday, 1957.

Greer, Patricia. *Breast Cancer: A Soul Journey*. Asheville, NC: Chiron, 2014.

Guthrie, W. K. C. *The Greeks and Their Gods*. Boston: Beacon Press, 1950.

———. *Orpheus and Greek Religion: A Study of the Orphic Movement*. Nova York: Norton, 1966.

Hall, Calvin e Veron Nordby. *A Primer in Jungian Psychology*. Nova York: Signet Classics, 1973.

Harrison, Jane Ellen. *Prolegomena to the Study of Greek Religion*. Whitstable, UK: Merlin, 1962.

Harrison, Robert Pogue. *The Dominion of the Dead*. Chicago: University of Chicago Press, 2003.

Herman, Judith Lewis. *Trauma and Recovery*. Nova York: Basic Books, 1992.

Hesíodo. *The Homeric Hymns and Homerica*. Traduzido por Hugh Evelyn-White. Rampton: Cambridge University Press, 1914.

Hesíodo. *The Works and Days, Theogony, the Shield of Herakles*. Traduzido por Richmond Lattimore. Ann Arbor: University of Michigan Press, 1959-1991.

Hillman, James. *Re-Visioning Psychology*. Nova York: HarperCollins, 1975.

———. *The Dream and the Underworld*. Nova York: Harper and Row, 1979.

——— (org.). *Puer Papers*. Dallas: Spring, 1991.

———. *Healing Fiction*. Putnam, CT: Spring, 1994.

———. *Mythic Figures*. Putnam, CT: Spring, 2007.

———. *Senex & Puer*. Organizado por Glen Slater. Putnam, CT: Spring, 2013.

Hollis, James. *Tracking the Gods: The Place of Myth in Modern Life*. Toronto, ON: Inner City Books, 1995.

Homero. *The Odyssey*. Traduzido por Robert Fitzgerald. Nova York: Farrar, Straus & Giroux, 1998.

———. *The Iliad*. Traduzido por Caroline Alexander. Nova York: HarperCollins, 2015.

Hopcke, Robert. *A Guided Tour of the Collected Works of C. G. Jung*. Boston: Shambhala, 1989.

Johnson, Robert A. *Inner Gold: Understanding Psychological Projection*. Asheville, NC: Chiron, 2008.

———. *Ecstasy*. São Francisco: Harper & Row, 1987.

Jung, C. G. *Psychological Types. Collected Works*, vol. 6. Princeton: Princeton University Press, 1921/1971.

———. *Psychogenesis of Mental Disease. Collected Works*, vol. 3. Princeton: Princeton University Press, 1928/1960.

———. *The Practice of Psychotherapy. Collected Works*, vol. 16. Princeton: Princeton University Press, 1931/1966.

———. *Modern Man in Search of a Soul*. Nova York: Harcourt, 1933.

BIBLIOGRAFIA

Jung, C. G. *Psychology and Alchemy. Collected Works*, vol. 12. Princeton: Princeton University Press, 1944/1968.

———. *Psychology and Religion: East and West. Collected Works*, vol. 11. Princeton: Princeton University Press, 1948-1969.

———. *Symbols of Transformation. Collected Works*, vol. 5. Princeton: Princeton University Press, 1952-1967.

———. *Mysterium Coniunctionis. Collected Works*, vol. 14. Princeton: Princeton University Press, 1955-1970.

———. *Dream Analysis*. Zurique: C.G. Jung Institute, 1958.

———. *The Structure and Dynamics of the Psyche. Collected Works*, vol. 8. Princeton: Princeton University Press, 1958/1969.

———. *The Archetypes and the Collective Unconscious. Collected Works*, vol. 9, pt. 1. Princeton: Princeton University Press, 1959-1969.

———. *Memories, Dreams, Reflections*. Organizado por Aniela Jaffe. Traduzido por Richard Winston e Clara Winston. Nova York: Random House, 1963.

———. *Alchemical Studies. Collected Works*, vol. 13. Princeton: Princeton University Press, 1967.

———. *Two Essays on Analytical Psychology. Collected Works*, v. 7. Princeton: Princeton University Press, 1972.

———. *The Red Book: Liber Novs*. Organizado por Sonu Shamdasani. Traduzido por John Peck e Sonu Shamdasani. Nova York: Philemon Series & Norton, 2009.

Kalsched, Donald. *The Inner World of Trauma*. Nova York: Routledge, 1996.

———. "Uncovering the Secrets of the Traumatized Psyche". In: *Understanding and Healing Emotional Trauma*. Organizado por Daniela Sieff. Nova York: Routledge, 2015.

Kerényi, Karl. *The Heroes of the Greeks*. Traduzido Herbert Jennings Rose. Nova York: Thames and Hudson, 1959-1974.

Kerényi, Karl. *Hermes Guide of Souls*. Traduzido por Murray Stein. Dallas: Spring, 1976-1900.

Kessler, David. *Finding Meaning: The Sixth Stage of Grief*. Nova York: Scribner, 2019.

Kushner, David. "Can Trauma Help You Grow?". *The New Yorker*, 15 mar. 2016. Disponível em: <https://www.newyorker.com/tech/annals-of-technology/cantrauma-help-you-grow?utm_campaign=likeshopme&client_service_id=31202&utm_social_type=owned&utm_brand=tny&service_user_id=1.78e+16&utm_content=instagram-bio-link&utm_source=instagram&utm_medium=social&client_service_name=the%20new%20yorker&supported_service_name=instagram_publishing>.

Le Grice, Keiron. *The Rebirth of the Hero: Mythology as a Guide to Spiritual Transformation*. Londres: Muswell Hill Press, 2013.

————. *Archetypal Reflections*. Londres: Muswell Hill Press, 2016.

Lewis, C. S. *The Problem of Pain*. Nova York: HarperCollins, 1940.

Litman, Robert. "The Air We Share". *Spirituality and Health*. Disponível em: <https://spiritualityhealth.com/articles/2020/01/04/the-air-we-share>.

Lloyd, Bruce. "Return from Exile". *In: Understanding and Healing Emotional Trauma*. Organizado por Daniela Sieff. Nova York: Routledge, 2015.

Lockhart, Russel A. *Words as Eggs*. Dallas: Spring Publications, 1983.

López-Pedraza, Raphael. *Hermes and His Children*. Einsiedeln, Suíça: Diamon Verlag, 1989.

Lu, Cuong. *Wait: A Love Letter to Those in Despair*. Boulder, CO: Shambhala Publications, 2021.

MacFarlane, Robert. *Underland*. Nova York: W. W. Norton & Company, 2019.

Miranda, Lin Manuel. *Hamilton: An American Musical*. Atlantic Records, 2015. MP3.

Moore, Thomas. *Care of the Soul*. Nova York: HarperCollins, 1992.

BIBLIOGRAFIA

Murdock, Iris. "The Sublime and the Good". *Chicago Review* 13, nº 3,1959. p. 51.

Neumann, Erich. *The Origin and History of Consciousness*. Traduzido por R. F. C. Hull. Princeton: Princeton University Press, 1954. [*História das Origens da Consciência*. 2ª ed. São Paulo: Cutrix, 2022.]

O'Brien, Tim. *The Things They Carried*. Boston: Houghton Mifflin, 1990.

Odier, Charles. *Anxiety and Magic Thinking*. Traduzido por Marie Louise Schoelly e Mary Sherfey. Nova York: International University Press, 1956.

Oliver, Mary. *Dream Work*. Nova York: Atlantic Monthly Press, 1986.

Otto, Walter F. *The Homeric Gods: The Spiritual Significance of Greek Religion*. Nova York: Pantheon Books, 1954.

————. *Dionysus: Myth and Cult*. Traduzido por Robert B. Palmer. Bloomington, IN: Indiana University Press, 1965.

Ovídio. *The Metamorphoses*. Traduzido por Allen Mandelbaum. Nova York: Harcourt, 1993.

Paris, Ginette. *Pagan Grace*. Traduzido por Joanna Mott. Dallas: Spring, 1990.

Perel, Esther. "There's You There's Me and There's Us". *Where Should We Begin*. 2 nov. 2017. Produzido por Esther Perel. *Podcast*.

"Persephonic." *Urban Dictionary Online*. Disponível em: <https://www.urbandictionary.com/define.php?term=Persephonic>. Acesso em: 13 fev. 2020.

Platão. *The Republic of Plato*. Traduzido por Francis Macdonald Conford. Nova York: Oxford University Press, 1968.

Popova, Maria. "Ursula K. Le Guin on Suffering and Getting to the Other Side of Pain". *Pocket Worthy*. 19 mar. 2020. Disponível em: <https://getpocket.com/explore/item/ursula-k-le-guin-on-suffering-and-getting-to-the-other-side-of--pain?utm_source=pocket-newtab>.

Rako, Susan e Harvey Mazer (orgs.). *Semrad: The Heart of a Therapist*. Lincoln, NE: iUniverse, 1980.

Rilke, Rainer Maria. *Duino Elegies*. Traduzido por J. B. Leishman e Stephen Spender. Nova York: W. W. Norton and Company, 1939.

———. *The Unknown Rilke: Expanded Edition*. Traduzido por Franz Wright. Oberlin, OH: Oberlin College Press, 1983.

Romanyshyn, Robert. *Soul in Grief*. Berkeley: North Atlantic Books, 1999.

Rumi, Jalal Al'Din. "I Died as a Mineral". *Consolatio*. Disponível em: <https://www.consolatio.com/2005/04/i_died_as_a_min.html. Acesso em: 18 set. 2020.>

Schawbel, Dan. "Brené Brown: How Vulnerability Can Make Our Lives Better". *Forbes*. 21 abr. 2013. Disponível em: <https://www.forbes.com/sites/danschawbel/2013/04/21/brene-brown-how-vulnerability-can-make-our-livesbetter/#7a32378936c7>.

Schul, Jeanne. "Frequently Asked Questions about Dreams: An Interview with Jungian Analyst Barry Williams". *Dream Network Journal* 24, n° 2, 2005, pp. 21-33.

Shakespeare, William. *As You Like It*. Organizado por Barbara Mowat e Paul Werstine. Nova York: Simon & Schuster, 1997.

Tarnas, Richard. *The Passion of the Western Mind: Understanding the Ideas That Have Shaped Our Worldview*. Nova York: Harmony Books, 1991.

Thomas, Dylan. *The Poems of Dylan Thomas*. Organizado por Daniel Jones. Nova York, NY: New Directions, 1937.

Van Matre, Steve e Bill Weiler. *Earth Magic*. Greenville, WV: Institute for Earth Education, 1983.

Virgil. *The Aeneid*. Traduzido por Allen Mandelbaum. Nova York: Bantam Classic, 2004.

Von Franz, Marie Louise. *The Feminine in Fairytales*. Nova York: Spring Publications, 1972.

———. *On Dreams & Death*. Traduzido por Emmanuel Kennedy-Xipolitas. Chicago: Carus, 1986-1998.

BIBLIOGRAFIA

Whitmont, Edward. *The Symbolic Quest*. Princeton: Princeton University Press, 1969. [*A Busca do Símbolo*. 2ª ed. São Paulo: Cultrix, 2024.]

Wilkinson, Tanya. *Persephone Returns*. Berkeley: Pagemill Press, 1996.

Williams, Holly. "The Art Hidden from Nazi Bombs 2018". *Culture*. BBC, 16 abr. 2018. Disponível em: <www.bbc.com/culture/story/20180413-the-art-hidden-from-nazibombs>.

Wohlleben, Peter. *The Hidden Life of Trees*. Traduzido por Jane Billinghurst. Vancouver, BC: Random House, 2016.

Woodman, Marion. *Bone: Dying Into Life*. Nova York: Viking Penguin, 2000.

———. "Spiraling Through the Apocalypse". *In: Understanding and Healing Emotional Trauma*. Organizado por Daniela Sieff. Nova York: Routledge, 2015.